EBS
독서 문해력 평가

EBS
독서 문해력 평가

성인을 위한 독(讀)한 실전서

　요즘의 시대처럼 문해력이 각광받은 적은 없었다. 이처럼 문해력이 주목을 끄는 이유는 무엇일까? 아마도 문해력이 일상의 삶을 꾸려 나가는 데 있어서 꼭 필요한 능력이라고 여기기 때문일 것이다. 지금 시대가 인터넷을 중심으로 한 디지털 매체 중심의 시대임은 틀림없다. 하지만 디지털 매체 사용을 유심히 잘 살펴보면, 디지털 매체 역시 문자 매체를 기반으로 하고 있음을 알 수 있다. 그렇기 때문에 문자 매체를 잘 다루지 못한다면 디지털 매체도 잘 다룰 수 없다. 우리는 하루도 빠짐없이 스마트폰과 컴퓨터를 활용하여 인터넷에서 수많은 언어 활동을 한다. 메일을 주고받고, 문자를 보내고 받고, 채팅을 하고, SNS를 통해 인간관계를 형성 및 유지하고, 문서를 작성하고, 검색을 통해 필요한 정보를 얻는 등 이루 다 말할 수 없는 여러 언어 수행을 한다. 많은 사람들이 이러한 수행의 성공과 실패를 디지털 기기의 능숙한 조작 여부로 판가름하기도 한다. 이는 상당 부분 편견이다. 디지털 기기 사용의 근간이 되는 문해력을 고려하지 않고 있기 때문이다.

　그렇다면 문해력이란 무엇일까?[●] 문해력은 개인적 차원에서 보면 인간이 인간답게 사는 데 필요한 인지적, 정의적, 사회적 성장과 발달의 토대이다. 사회적 차원에서는 그 사회를 유지하고 발전시키는 원동력이다. 그렇기 때문에 문해력은 읽고 쓰는 능력을 넘어 모든 분야에서 필수불가결하게 요구되는 핵심 역량으로 부각되고 있다. 국가적 차원에서도 경쟁력을 확보하기 위해서는 국민들의 문해력이 기반이 되는 것은 불문가지이다.

　문해력이라는 용어의 어원은 라틴어 'litteratus'이다. 로마 시대에는 '학식 있는 사람', 중세 초기

[●] 이하의 문해력의 개념에 대한 논의는 '이도영·서수현·김종윤(2021: 11~12)'에서 가져온 것이다.

에는 '라틴어를 읽을 수 있는 사람', 종교 개혁 이후에는 '모어로 읽고 쓸 줄 아는 능력'이라는 의미로 사용되었다. 그 후 문해력은 의사소통을 목적으로 하는 전반적인 문자 언어의 사용 능력으로 변하게 된다. 이러한 문해력의 개념 변화는 읽기의 개념 확대와 밀접한 관련이 있다. 전통적으로 읽기는 언어 기호를 해독하는 능력으로 간주되었다. 해독 능력으로서의 읽기는 낱자, 단어, 문장을 축자적으로 해석하여 유창하게 읽는 능력을 중시한다. 이를 쓰기에 대응시키면, 쓰기 능력은 낱자, 단어, 문장을 정확하면서도 빠르게 쓰는 능력이 된다. 이러한 읽기와 쓰기 능력은 사회생활을 영위하는 데 필요한 최소한의 능력임은 두말할 필요도 없다. 우리가 소위 말하는 최소 수준 문해력 또는 기초적 문해력이 이에 해당한다.

해독 능력으로서의 읽기의 개념은 변화를 맞이하게 한다. 읽기를 단순한 해독이 아닌, 텍스트와의 상호 작용, 더 나아가 의미를 구성하는 행위로 간주하는 관점이 등장하게 된 것이다. 이러한 변화된 관점은 문해력의 개념에 정보 처리 능력, 사고력, 의사소통 능력을 더하게 된다. 또한 구성의 주체인 개인의 인지적, 정의적 능력에 관심을 표명하기 시작한다. 이에 발맞춰 대두된 개념이 기능적 문해력(functional literacy)이다. 기능적 문해력은 사회적 맥락 안에서 문식성이 그 역할을 다하기를 기대한다. 다시 말하면, 개개인의 자아 계발, 직업 수행, 세계 시민으로서의 역할, 공동체의 구성원들과의 의사소통 등에서 문자 언어 생활을 효과적이면서도 효율적으로 수행하는 것을 요구한다. 현재 화두가 되고 있는 성인 문해력이 중요해진 이유이기노 하다.

이러한 확장된 문해력의 개념은 단일하지가 않다. 다층적이고 복합적인 여러 요인이 개입한다. 문해력은 태생적으로 언어적, 사회적, 문화적, 역사적, 정치적, 경제적 맥락 등과 밀접한 연관이 있다. 이러한 맥락 속에서 문해력이라는 개념이 생겨났고 그 개념이 변화해 왔던 것이다. 통상적인 의미에서의 문해력은 특정 맥락과 무관하게 존재한다고 여겨지는 수많은 읽기 능력과 쓰기 능력의 추상적인 집합체로 간주되었다. 현재의 우리나라 교육에서도 이러한 관점을 택하고 있다. 이 역시 중요하기는 하지만, 지금의 문해력은 이를 뛰어넘는다. 역사 문해력, 윤리 문해력, 정치 문해력, 환경 문해력, 스포츠 문해력, 정보 문해력, 디지털 문해력 등 다양한 문해력의 등장이 이러한 확장된 개념의 문해력을 여실히 보여 주고 있다고 할 수 있다.

문해력의 이러한 특성상 문해력은 학생들뿐만 아니라 주어진 업무를 해내야 하는 직장인들에게도 매우 중요한 능력이다. 업무에서 요구되는 문제 해결, 의사 결정, 창의성, 리더십, 협상 등과 같은 핵심 역량의 기본 토대가 바로 문해력이기 때문이다. 대부분의 업무와 비즈니스는 여러 가지 형태의 커뮤니케이션을 기반으로 이루어지는데, 이 커뮤니케이션 능력을 좌우하는 것도 문해력이다. 또 빅 데이터, 인공 지능, 사물 인터넷과 같은 4차 산업 혁명 시대의 새로운 기술을 습득하고 활용하는 데에도 꼭 필요한 기초 능력이다.

이처럼 문해력은 직장 생활과 떼려야 뗄 수 없는 관계이다. 그렇기 때문에 질 좋은 문해력은 더 나은 직장 생활을 영위할 수 있는 기반이 된다. 반대로, 질이 낮은 문해력은 직장 생활을 더 힘들게 만들 수도 있다. 통상적으로 성인 문해력은 직업과 관련된 전문적인 읽기 및 쓰기가 중심이 된다. 실제로 어느 직업에 종사하더라도 읽기와 쓰기는 직무 수행에 필히 수반된다. 이러한 성인 문해력은 특정한 직업을 갖기 위해서라도 필요하고 특정 직업을 갖고 있어도 필요하기 때문에 직업 문해력 또는 직장 문해력이라고 하기도 한다. 직업 문해력은 직무 수행에 필요한 읽기와 쓰기 능력으로 직무 수행에 필요한 지식과 기능, 태도를 포함한다. 그리고 직업 문해력은 실질적인 업무 수행 능력과 밀접한 관련이 있다.

이 책은 성인 독서 문해력을 어떻게 평가하면 좋은지에 대한 실전서이다. Ⅰ장에서는 성인 독서 문해력 평가의 개념이 무엇인지, 기존의 읽기 중심 평가와 어떻게 같고 다른지를 살펴볼 것이다. 그런 다음 성인 독서 문해력 평가의 목표를 어떻게 설정해야 하는지를 논하고, 이를 바탕으로 평가 영역과 범위 및 평가 내용을 도출할 예정이다. Ⅱ장은 성인 독서 문해력 평가 문항 제작 방법이 중심이 된다. 이를 위해서 평가 문항을 몇 가지 유형으로 나누어 제시할 것이다. 크게는 독서력 평가와 문해력 평가로 나누어 살펴볼 것이다. Ⅲ장에서는 독서 문해력 평가 실전 모의고사를 제공하여 독자들이 자기 스스로 독서 문해력 실력을 가늠해 볼 수 있도록 하였다.

새로운 방식의 독서 문해력 평가를 다루고 있어서, 문항들이 낯설 수도 있다. 모쪼록 이 책을 통해 독자들이 실질적인 성인 독서 문해력을 키웠으면 한다.

2023년 가을 대구 중앙로에서 저자 일동

목 차

Ⅲ 성인 독서 문해력 평가, 어떻게 실전에 대비하는가

성인 독서 문해력 평가란 무엇인가

I장에서는 성인 독서 문해력 평가가 무엇인지 소개한다.

성인 독서 문해력 평가는 기존의 독서 평가, 문해력 평가와 어떤 차이가 있을까?

성인 독서 문해력 평가는 인간의 어떤 능력을 평가하고자 하며,

그 평가 영역 및 내용은 무엇인가?

성인 독서 문해력 평가의 개념, 평가 목표, 평가 영역 및 내용을 살펴보며,

이들 질문에 대한 답을 찾아보도록 하자.

①

성인 독서 문해력
평가의 개념

독서 문해력 평가라는 개념이 낯설 수도 있다. 독서 문해력 평가는 기존의 읽기 중심 평가와 어떤 점에서 같고 어떤 점에서 다를까? 이 질문에 답하기 위해서는 우선적으로 읽기와 독서의 개념을 살펴보아야 한다. 그런 다음 이를 문해력과 관련지어야 한다.

일반적으로 문해력은 읽고 쓸 수 있는 능력을 일컫는다. 여기서 '읽고 쓸 수 있는'이라는 말을 깊이 고찰할 필요가 있다. 우리말의 어미 '-고'는 여러 의미로 쓰인다. 아마도 '두 가지 이상의 사실을 대등하게 벌여 놓는 연결 어미'로 사용하는 것이 대표적인 용법일 것이다. '물이 맑고 차다.'가 그 전형적인 예라 할 수 있다. 하지만 문해력에서의 읽기와 쓰기는 대등하지 않다. 늘 읽기가 쓰기에 선행한다. 읽을 수 없으면 쓰기는 불가능하다. 그렇기 때문에 문해력의 기본은 읽기가 될 수밖에 없다. 우리가 읽기가 무엇인지를 먼저 살펴야 하는 까닭도 읽기가 문해력의 중심축이기 때문이다.

❶ 독서와 읽기의 개념

읽기의 개념을 논할 때 자주 등장하는 논점 중의 하나는 '읽기와 독서(讀書), 독해(讀解), 해독(解讀)'의 관계 설정이다.[1] '읽기'는 순우리말이다. '읽기'는 주로 국어과 교육에서 하나의 하위 영역으로 많이 사용된다. '독서'는 '책을 읽는다'라는 뜻이다. '독서'라는 용어는 교과서 이외의 책을 읽는 행위를 나타내는 말로 많이 쓰인다. 그래서 도서관에 있는 여러 종류의 책을 읽는 행위를 '읽기'라고 하지 않고 '독서'라고 한다.

'독해'는 '읽어서 이해한다'라는 뜻이다. '독해력'과 같이 읽기나 독서 능력을 지니고 있음을 뜻할 때 자주 사용한다. '해독'은 주로 초등학교 저학년의 문자 읽기를 의미한다. 의미를 모르더라도 글자를 올바로 소리 내어 읽을 수 있으면, 그 문자를 해독했다고 한다.

---

[1] '읽기와 독서, 독해, 해독'의 관계에 대한 내용은 '천경록(2008: 241~246), 이경화(2003: 23~25), 천경록·김혜정·류보라(2022: 22~25)'를 참고하였음을 밝혀 둔다.

❷ '읽기와 독서'의 관계를 바라보는 견해

읽기 연구자들은 대개 '독해'와 '해독'을 '읽기'와 '독서' 능력의 하위 요소로 간주한다. 따라서 '읽기와 독서, 독해, 해독' 중 '읽기와 독서'의 관계를 살펴보는 것이 논의의 출발점이 된다. '읽기와 독서'의 관계를 바라보는 견해에는 대략 다음과 같이 다섯 가지 관점이 존재한다.

● 첫 번째 관점: 읽기 = 독서

읽기와 독서를 구별 없이 같은 의미로 사용하는 관점이다. 이러한 관점의 지지자들은 읽기와 독서를 필요에 따라 서로 넘나들면서 사용한다. 이는 읽기와 독서 모두 영어로는 'reading'에 해당하기 때문에 가능한 관점이다. 여기에는 글자를 해독하는 과정, 의미의 구성을 강조하는 독해의 과정, 어휘를 확장하는 과정, 필자가 제시하는 생각을 뛰어넘어 새로운 것을 발견하는 창조적 과정 등이 모두 포함된다. 시간이 흐르면 자연스럽게 어느 한 용어가 지배적인 용법이 될 수 있다.

● 두 번째 관점: 읽기 ≠ 독서

읽기와 독서는 서로 다른 현상을 가리키기 때문에 이 둘을 구별해야 한다는 관점이다. 읽기와 독서는 교육 행위의 목적, 장소, 근거, 내용, 주체, 발달 관계, 관점 등은 물론, 대상 텍스트도 서로 다르다고 본다.

읽기는 국어과의 하위 영역의 하나로서 전문가인 교사의 도움을 받아 주로 초·중등학교 교실에서 국민공통교육 기간에 국어 교과서를 가지고 지도하는 영역을 지칭할 때 사용한다. 읽기의 교육 내용은 국가 수준의 국어과 교육과정에 제시되어 있다. 현재의 국어과 교육과정은 '듣기·말하기, 읽기, 쓰기, 문법, 문학, 매체' 여섯 영역으로 되어 있다. 이때의 '읽기'는 대상의 측면에서 '비허구 또는 논픽션(nonfiction)' 또는 '정보 텍스트(informational text)'를 주로 다룬다. 이에 비해 '허구 또는 픽션 텍스트(fiction text)'를 다루는 영역은 '문학'으로 되어 있다. 또한 '읽기'는 2007 교육과정 시기까지 초등학교 국어과에서 사용되는 교과서의 명칭이기도 하였다. 이 당시 읽기 교과서에서는 비허구 텍스트와 허구 텍스트를 모두 다루었다. 종합하면, 읽기는 국어과 교육과정에 근거한 교육 내용의 영역 명칭이며, 교육과정에 따라 의도적으로 개발된 교과서를 사용한다.

이에 비해 독서는 가정, 학교, 사회 등 여러 장소에서 특정한 내용이나 목적의 제한을 가지지 않은 채, 자기 주도적으로 또는 다른 사람의 도움을 받아서 다양한 종류의 책을 읽는 현상을 가리킨다. 예를 들어, 학교에서 책을 읽더라도 국어과 읽기 시간이 아니라 특별 활동 또는 창의 체험 활동에서 교양서적을 읽으면, 이러한 행위는 '읽기'가 아니라 '독서'라고 부른다. 또한 국어과 교육과정에서는 고등학교 선택 과정과 과목의 명칭을 '읽기'라고 하지 않고 '독서'라고 한다.

● 세 번째 관점: 읽기 ⊃ 독서

읽기가 독서를 포함한다는 관점이다. 읽기를 광범위하게 바라보는 관점이기도 하다. 이때의 읽기는 모든 기호나 상징체계를 통해 소통되는 문화적 코드(code)를 이해하는 행위이다. 그러한 문화적 코드 중의 하나가 책이다. 책 이외에도 문화적 코드에는 영화, 연극, 텔레비전, 신문, 라디오, 컴퓨터, 정치, 시대, 상황, 음악, 미술 등이 포함될 수 있다. 그렇기 때문에 모든 문화적 매체나 형식을 이해하는 행위는 읽기가 된다. 책 읽기, 영화 읽기, 신문 읽기, 연극 읽기, 드라마 읽기, 역사 읽기, 사회 현상 읽기 등이 모두 '읽기' 현상인 것이다. '독서'는 문화적 코드로서의 책 읽기에 해당하므로 독서는 읽기에 포함된다. 이러한 관점을 받아들일 때, 영어권에서는 'reading'보다는 'literacy'를 사용하는 것을 더 선호한다. 'literacy'는 우리말 '문식성(文識性)' 또는 '문해력(文解力)'에 상응하는 말이다. 이 중 '문식성'은 어떤 분야나 매체에 대한 읽기 능력을 갖추어 그 분야나 매체에 대한 식견(識見)이 있다는 것을 의미한다. 반면, '문해력'은 매체를 읽고 이해할 수 있는 능력을 더 강조한 말이다.

● 네 번째 관점: 읽기 ⊂ 독서

읽기가 독서에 포함된다는 관점이다. 여기서 읽기는 글이나 책을 구성하는 문자 체계를 음독하거나 묵독하는 것으로 독서의 하위 과정 중의 하나인 기초 기능 단계를 가리킨다. 이러한 기초 기능을 습득 또는 학습하면 추후 독서로 발달한다는 견해를 취하는 관점이기도 하다.

이 관점에서는 국어과 수업 시간에 교사가 국어과 교육의 한 하위 영역으로 가르치는 '읽기' 교육은 국어과 시간 이외의 학교, 가정, 사회에서 배우는 '독서' 교육의 한 부분이라고 생각한다. 국어과 시간 이외에도 '방과 후 독서 지도, 특별 활동의 독서 지도, 도서관에서 진행하는 독서 지도, 학교 자체의 독서 프로그램' 등의 다양한 활동이 모두 학교에서 진행되지만, 이를 읽기 교육이라고 하지 않고 독서 교육이라고 한다. 또한 독서 교육은 학교뿐만 아니라 가정, 사회에서도 진행된다. 이 관점은 대체로 국어 시간에 교사의 도움을 받아 면서 '읽기'를 학습한 후에, 국어과 시간 이외에 여러 가지 목적으로 자율적으로 책을 읽는 '독서'로 발달한다는 견해를 지지한다.

이 관점은 사고 기능의 측면에서도 읽기와 독서를 구별한다. 읽기란 문자를 소리 내어 읽는 음독(音讀, oral reading)과 문자의 축자적 의미를 좇아 가면서 읽는 해독(解讀, decoding) 중심으로 글을 읽는 것을 뜻한다. 이에 비해, 독서는 음독과 해독을 숙달한 사람이 다른 사람의 도움을 받거나 자기 주도적 학습 방법으로 교양, 직무, 학문을 위해 고등 사고 기능을 발휘하여 글의 의미를 중심으로 묵독(默讀, silent reading)하며 책을 읽는 현상을 지칭한다.

● 다섯 번째 관점: 읽기 ∩ 독서

읽기와 독서는 완전히 서로 다른 것이 아니라 겹치는 부분이 있다는 관점이다. 겹치는 부분이 있다는 것은 읽기와 독서는 서로 구별되는 지점도 존재한다는 뜻이다. 무엇이 겹친다는 것일까? 겹치는 부분은 다름 아닌 독해(讀解)이다. 이 관점을 수학 기호로 표현하면 '읽기 ∩ 독서 = 독해'가 된다. 독해와 '읽기와 독서'는 분명히 구별이 된다. 독해는 읽기와 독서의 하위 과정으로 텍스트의 의미를 구성하는 과정이기 때문이다. 읽기나 독서를 하였지만 독해가 되지 않았다면 진정으로 읽기나 독서를 했다고 할 수 없다. 독해가 이루어지지 않으면 읽기나 독서는 헛된 것이다. 읽기든 독서든 모두 의미를 구성하는 독해가 핵심적인 요소이다. 따라서 이 관점은 '독서 ≠ 읽기' 관점에서 독해라는 의미 구성 과정을 부각시킨 것이라고 할 수 있다.

❸ '독서 문해력'을 평가하기 위한 방향 설정

이 책은 위의 관점 중 다섯 번째 관점을 바탕으로 하여 '독서 문해력'의 개념을 설정하고자 한다. 현재 대다수의 문해력 관련 지필 평가는 대부분 읽기 중심의 독해력 평가라고 할 수 있다. 일정 정도 길이의 언어 자료를 주고 대략 정해진 문항 수를 출제하는 것이 관행이다. 어떤 책을 읽었는지, 얼마만큼의 책을 읽었는지, 책을 끝까지 다 읽었는지, 책을 읽고 중요한 내용을 숙지하고 있는지, 책의 저자를 알고 있는지 등 독서와 관련한 문항은 거의 출제가 되지 않는다.

이 책에서 제안하는 독서 문해력 평가는 기존의 이러한 평가 관행을 보완하고자 한다. 보완의 기본 틀은 '읽기 ∩ 독서'의 관점을 받아들이면서 '읽기 ∩ 독서 = 독해'의 공식을 평가에 도입하는 것이다. 이렇게 하면 기본적으로 독서 능력과 읽기 능력을 아우를 수 있는 평가 문항 개발이 가능하다. 이에 더해 기존의 읽기 평가가 지니고 있는 장점을 취하고 새로운 유형의 문항을 추가함으로써 '독해력'을 '문해력'으로 확장하고자 한다. 이렇게 평가의 관점을 설정하면 독서의 중요성이 부각된다. 그렇다고 무작정 책을 많이 읽기만 하는 것은 바람직하지 않으므로, 문해력을 신장시킬 수 있도록 독서의 방향을 평가 문항을 통해 제시해야 한다. '독서 문해력'을 평가하기 위한 평가 방향을 제안하면 다음과 같다.

첫째, 특정 책을 읽었다는 것을 전제로 문항을 출제한다. 책을 읽었다면 문항의 정답을 쉽게 맞힐

수가 있지만, 그렇지 않으면 정답을 찾기가 쉽지만은 않을 것이다. 물론 책을 읽지 않아도 문항을 풀 수 있도록 문항에 실마리를 제공한다.

둘째, 책의 구성 요소를 최대한 활용하여 평가 문항을 출제한다. 책의 구성 요소에는 제목, 저자, 목차, 소제목 등이 있다. 이를 지문과 문두와 답지에 적절히 노출하여 독서력의 수준을 평가한다.

셋째, 책의 핵심적인 내용을 중심으로 문항을 출제한다. 책에는 수많은 정보가 담겨 있다. 하지만 책을 읽으면서 그 많은 정보를 다 숙지할 필요는 없다. 책을 읽었다는 가장 큰 증거는 그 책의 중심 내용을 알고 있는지 여부이므로, 이를 평가의 근간으로 삼아야 한다.

넷째, 실제적인 문해력을 신장시킬 수 있는 문항을 출제한다. 기존의 읽기 평가는 대체로 '순수한' 독해력만을 평가하고 있다. 여기서 '순수한'이라는 말은 평가에 동원되는 지문이 현실과 거리가 멀다는 의미이다. 독해력 평가만을 위해서 가공한 정제된 지문만이 평가 자료의 대상이 되다 보니, 수험생들은 독서를 하기보다는 문제 풀이에 더 많은 시간 투자를 한다. 따라서 '독서 문해력' 평가에서는 현실적이면서 실용적인 문해력을 신장시킬 수 있는 지문을 평가에 도입하고자 한다.

②
성인 독서 문해력
평가 목표

　독서 문해력의 평가 목표는 어떻게 설정해야 하는가? 그 답은 독서 문해력, 특히 독서의 힘에서 찾을 수 있다. 이는 책을 읽는 목적과 불가분의 관계에 놓여 있다. 동서고금을 막론하고 대부분의 국가에서는 독서의 중요성을 적극적으로 피력하였다. 다음의 예는 이를 웅변적으로 보여 주고 있다.[2]

　　서울에는 '독서당로(讀書堂路)'라는 길 이름이 있다. 독서당로는 용산구 한남동 한남역 교차로에서 성동구 행당동 응봉사거리까지 이어지는 길로 총거리는 약 4.2km이다. 독서당(讀書堂)은 세종에서 영조까지 약 340년간 존속했던 기관으로, 독서당이 갖는 의미는 왕이 국정 운영을 위한 철학으로 독서를 중요시했다는 점이다. 성삼문, 정철 등 조선 시대 우수한 관료들이 독서당에서 책을 읽고 책을 집필하여 당시의 지식 문화 발전에 기여했을 뿐만 아니라 독서당은 좋은 책들이 모이는 도서관의 기능을 했던 공간적 특징을 갖고 있다.

　그러면 현대 사회를 살아가는 지금, 우리에게는 독서가 얼마나 필요한가? 현대 사회를 흔히 지식 정보 사회라고 한다. 지식 정보 사회에서는 삶에 필요한 지식과 정보를 수집하고 분석하고 평가하는 고등 수준의 사고력이 필요하다. 이러한 사고력을 신장시키는 지름길은 다름 아닌 독서이다. 더구나 지식 정보 시대인 현대 사회에서 읽어야 할 내용은 과거보다 질적으로나 양적으로 훨씬 많아졌다. 이러한 현대 사회에 효과적으로 적응하기 위해서는 필요한 내용을 빠른 시간 내에 효과적으로 읽어 내야 하므로 오히려 독서의 중요성은 날로 증대된다고 할 수 있다.

---

2) 다음 기사의 일부분을 인용한 것이다. '정윤희, 출판 불황과 독서 문화 위기는 같은 문제다, 프레시안, 2022. 8. 22.'

❶ 독서의 목적

그렇다면 사람들은 책을 왜 읽을까? 아마도 수많은 이유와 동기가 있을 것이다.[3] 국제 읽기 문식성 연구학회(PIRLS, 2000)의 보고서와 경제협력개발기구(OECD)에서 실시하는 국제학업성취도 평가(PISA, 2013)의 보고서에서는 독서의 목적을 '지식 습득(학습)', '공동체 참여', '독자의 개인적 즐거움' 등으로 나누고 있다. 이보다 더 넓은 범주에서 독서의 목적을 논의한 동기 이론과 욕구 이론에 따르면, 대체로 사람들은 인지적 목적, 교양적 목적, 정서적 목적, 관계적 목적 때문에 책을 읽는다고 알려져 있다.

인지적 목적의 글 읽기는 텍스트 자체에서 정보를 찾는 것을 목적으로 한다. 인지란 대상에 대한 인식 방식으로, 텍스트의 정보를 확인하는 활동 역시 텍스트 인지 활동이라고 할 수 있다. 글의 목적이 정보 전달이냐 설득이냐와 관계없이 독서의 목적은 정보의 탐색 및 선택이 기초가 된다. 설득을 목적으로 한 글에서 필자의 의도나 주장, 근거 또한 독자 입장에서는 하나의 정보에 해당한다고 할 수 있기 때문이다. 텍스트의 분류에서 문학적인 텍스트 이외의 모든 텍스트를 정보 텍스트로 분류하는 것도 이러한 관점을 보여 준다고 할 수 있다. 이러한 읽기를 위해서는 필요한 정보를 찾고 정보의 신뢰성과 가치를 평가하고 목적에 맞게 정보를 활용할 수 있는 능력이 필요하다.

교양적 목적의 글 읽기는 구체적인 목표를 달성하기 위해 글을 읽는 것이 아닌 책 읽기의 일반적인 목적에 해당한다. 이러한 목적은 일반적으로 완성된 글 단위이거나 도서로 발간된 책을 중심으로 설정하며 평생 독자의 목적에 보다 부합한다고 할 수 있다.

정서적 목적의 독서는 책을 읽는 독자에 초점을 둔 목적이다. 독자의 정서적 측면에 긍정적인 영향을 미치는 독서가 이에 해당한다. 이러한 성공적인 독서 경험은 독서의 동기를 강화함으로써 지속적인 독서 활동에 영향을 미친다.

관계적 목적의 독서도 가능하다. 업무적 또는 개인적으로 관련된 사람들이 블로그나 SNS에 게시하는 글을 읽고 이에 대해 반응을 하는 읽기 행위는 현실적으로 매우 활발하게 이루어지고 있는데, 이는 관계적 읽기의 대표적인 유형이라고 할 수 있다.

이와 같은 독서의 목적은 특정한 기준으로 분류가 가능하다. 먼저 독서 행위의 도달 지점이 해당 독서 행위의 범위 안에서 자족적으로 이루어지는지 아니면 그 행위를 통해 다른 행위로 이어지는지를 기준으로 독서의 목적을 구분할 수 있다. 즉, 독서의 목적이 독서 그 자체로 충족되는 내재적 독서인지 아니면 독서를 수단으로 하여 다른 목적을 달성하고자 하는 외재적 독서인지가 독서 목적 분

---

3) '길호현(2108: 90~96)'과 '김해인(2020: 104, 111~114)'을 참고하여 필자가 재구성한 것이다.

류의 한 축이 된다. 또 다른 축은 독서 행위를 통해 파악하고자 하는 정보의 성격을 기준으로 구분할 수 있다. 텍스트의 내용이 일반적인 것을 읽고자 하는 것인지 구체적인 정보를 찾고자 하는 것인지에 따라서 독서의 목적이 달라질 수 있다. 이러한 두 가지 축은 '무엇을', '어떻게' 읽는지에 해당하므로 독서 행위의 본질적인 속성을 반영한 것이라고 할 수 있다.

한 걸음 더 나아가 네 가지 독서 목적을 상세화할 수도 있다. 상세화는 정도의 문제이므로 모든 독서 목적을 망라할 수는 없을 것이다. 개략적으로 다음과 같이 독서 목적을 정리할 수 있다.

● **인지적 목적의 독서**
- 구체적인 지식과 정보를 얻기 위하여
- 일반적인 지식과 정보를 찾기 위하여
- 새로운 정보를 찾기 위하여
- 일(업무)에 도움을 받기 위하여
- 학교 공부, 취업을 위하여
- 지적으로 자극을 받고 성장하기 위하여
- 알게 된 책에 대한 정보를 확인하기 위하여

● **교양적 목적의 독서**
- 특정 분야에 대한 일반적인 지식을 쌓기 위하여
- 일반적인 분야의 상식을 쌓기 위하여
- 일반적인 분야의 교양을 쌓기 위하여
- 지적인 호기심을 충족시키기 위하여

● **정서적 목적의 독서**
- 정서적인 호기심을 충족시키기 위하여
- 즐거움 / 재미 / 스릴 / 휴식 / 스트레스 해소를 위하여
- 감동을 받기 위하여
- 대리 경험을 위하여
- 깨달음 / 성찰을 위하여
- 인격을 완성하기 위하여

- 마음의 위로와 평안을 얻기 위하여
- 나만의 시간을 갖기 위하여
- 시간을 보내기 위하여
- 독서 습관을 유지하기 위하여
- 현실을 잊기 위하여
- 자신의 만족감을 위하여

● 관계적 목적의 독서
- 관계의 유지 또는 향상을 위하여
- 다른 사람과 대화를 잘 하기 위하여
- 사회적으로 인정받기 위하여
- 다른 사람에게 도움을 주기 위하여
- 지적으로 우수하다는 것을 자랑하기 위하여
- 동료들에게 뒤처지지 않기 위하여
- 공감 능력을 신장시키기 위하여

물론 한 사람이 위의 모든 목적을 위해서 책을 읽지는 않을 것이다. 하지만 성장 과정에서 책을 꾸준히 지속적으로 읽는다면 위의 목적 대부분을 달성할 수도 있다. 결론적으로 말하면, 독서는 한 인간을 '지적, 교양적, 정서적, 관계적'으로 성장시킨다고 할 수 있다.

❷ '독서 문해력'의 평가 목표

독서의 힘에 대한 위의 논의를 바탕으로 '독서 문해력'의 평가 목표를 도출할 수 있다. 이는 독서 문해력을 갖춘 인재를 선발하는 이유이기도 하고, 독서 문해력을 지닌 인재가 어떠한 능력을 소유해야 하는지의 근거이기도 하다.

첫째, 독서 문해력을 갖춘 인재는 다음과 같은 인지적 능력을 발휘한다.
- 효율적인 업무 수행을 위해 필요한 책을 선택한다.
- 독서를 통해 지식이나 정보를 얻고 필요한 정보를 선별한다.
- 독서를 통해 문제 해결을 위한 비판적·창의적 사고를 신장시킨다.

둘째, 독서 문해력을 갖춘 인재는 다음과 같은 교양적 능력을 발휘할 수 있다.

- 시대에 뒤떨어지지 않기 위해 여러 분야의 책을 읽는다.
- 독서를 통해 당대를 살아가는 데 필요한 품성을 함양한다.
- 지적인 호기심을 잃지 않고 독서를 통해 호기심을 충족시킨다.

셋째, 독서 문해력을 갖춘 인재는 다음과 같은 정서적 능력을 발휘할 수 있다.

- 독서를 통해 감정을 조절하고 마음의 평안을 얻는다.
- 독서를 통해 자기 성찰을 하고 바람직한 삶의 방향을 제시한다.
- 지속적으로 책을 읽는 습관을 지닐 수 있도록 독서를 생활화한다.

넷째, 독서 문해력을 갖춘 인재는 다음과 같은 관계적 능력을 발휘할 수 있다.

- 독서를 통해 얻은 지식이나 정보를 타인과 공유한다.
- 독서를 통해 자기가 속해 있는 조직의 발전을 도모한다.
- 독서를 통해 공감 능력을 길러 타인과 원만한 관계를 유지한다.

③
성인 독서 문해력
평가 영역 및 내용

성인 독서 문해력 평가 영역은 '독서력'과 '문해력'으로 나눌 수 있다. 독서력 평가는 말 그대로 독서를 기반으로 한 평가이다. 책을 읽었다는 전제로 문항을 출제하는 것이다. 당연히 특정 책의 독서 유무가 문항 풀이에 중요하게 작용한다. 이에 반해, 문해력 평가는 특정 책의 독서 유무가 크게 중요하지 않다. 독해력 중심의 평가 체재를 지향하므로 정교한 문해력을 요구하게 된다.

❶ 독서력 평가의 평가 영역과 내용

독서력 평가는 독서 기반 평가이다. 따라서 어떤 책을 대상으로 평가를 하느냐가 매우 중요하다. 이론적으로는 모든 책을 대상으로 평가할 수 있다. 하지만 이는 가능하지도 않고 바람직하지도 않다. 따라서 평가 목표를 감안하여 책을 한정할 필요가 있다.

'성인 독서 문해력 평가'의 독서력 영역에서는 평가 대상인 책을 소위 '고전(古典, Classic)'으로 불리는 도서들로 한정한다. 알다시피 고전은 오랫동안 많은 사람에게 널리 읽히고 모범이 될 만한 책을 말한다. 고전의 어원은 라틴어 클라시쿠스(classicus)이다. 고전은 원래 상층 시민 계급을 일컫는 말이었으나 점차로 가치를 드러내는 '뛰어난 것'이라는 평가적 의미로 전용되었다. 또한 이 말은 원래 오래된 서지(書誌)나 전적(典籍)을 뜻하였으나, 여기에 가치 개념이 추가되었다. 고전은 일시적인 베스트셀러와는 대립되는 개념으로, 문학 작품 이외의 음악, 미술 등 과거에 저작된 모범적이면서도 영원성을 지니는 예술 작품을 뜻한다. 즉, 질적 가치가 인정될 뿐만 아니라 후세 사람들에게 끊임없이 영향력을 행사할 수 있는 작품인 것이다. 고전은 결국 과거의 것이고, 질적으로 높은 수준을 지니고, 후세에 모범이 되며, 하나의 전통을 수립하고 지속시키는 데 기여하는 작품을 말한다. 엘리엇(T. S. Eliot)은 고전의 조건으로 '정신의 원숙, 언어의 원숙, 보편적 문장의 완성'을 들기도 했다.[4]

---

4) 고전의 개념은 '네이버 지식백과, 고전[古典] (문학비평용어사전, 한국문학평론가협회, 2006.)'을 참고하였다.

물론 '어디까지가 고전이냐'라고 물을 수 있다. 이 물음에 대한 답을 명쾌하게 제시해 줄 사람은 아마도 없을 것이다. 고전의 가치는 시대에 따라서 문화에 따라서 가변적이기 때문이다. 그렇다고 하더라도 많은 사람들이 동의하는 고전의 범주는 존재할 수 있다. 이러한 고전의 범주 안에 드는 책으로 평가 범위를 한정하면 다음과 같은 이점이 있다.

첫째, 별다른 가치가 없는 책보다는 고전을 많이 읽게 됨으로써 자신의 관심의 폭을 넓힐 수 있다.
둘째, 자기 전공 분야를 새로운 시각으로 바라봄으로써 비판적이고 창의적인 사고를 신장시킬 수 있다.
셋째, 고전 읽기를 통해 인류의 지적 재산을 공유함으로써 공감 능력과 인문 정신을 기를 수 있다.
넷째, 고전을 접함으로써 책을 보는 안목이 높아져 이후의 독서 생활의 수준을 높일 수 있다.
다섯째, 여러 시대 여러 분야의 책을 읽게 됨으로써 진정한 의미의 문해력을 신장시킬 수 있다.

현실적으로는 고전을 평가 대상으로 삼으면 평가의 공정성을 꾀할 수 있다. 특정 전공에 따른 유불리를 최소할 수 있다. 물론 고전이 특정 전공 분야에 많이 몰릴 수도 있지만, 이는 분야별로 고전을 골고루 선정한다면 그리 큰 문제가 되지는 않을 것이다. 또한 평소의 독서력을 평가 대상으로 삼으면 피평가자는 고전을 읽은 만큼 평가에 유리하게 된다.

그렇다면 독서력 평가의 평가 내용은 무엇이 될까? 독서력 평가를 이해하기 위해서는 책이라는 매체의 특성을 이해해야 한다. 우리가 책을 읽을 때 책의 구성 요소 모두를 숙지할 필요는 없다. 중요한 요소를 취사선택하여 내 것으로 만들면 된다. 가장 기본적인 숙지 사항은 책 제목과 저자이다. 자기 자신이 읽은 책의 제목과 저자를 모른다면, 그 책을 읽었다고 말하기 힘들다. 읽은 책의 제목과 저자는 모르면서 책의 내용은 알고 있을 수도 있지만, 이는 반쪽짜리 독서라 할 수 있다. '제목 – 저자 – 내용'의 연결 고리를 잃어버리면 곤란해질 수도 있기 때문이다. 알고 있는 책의 내용을 다른 저자의 책으로 알고 있다면 낭패라 아니 할 수 없다.

책의 제목과 저자를 아는 것이 중요하다고 해도 역시 독서의 본령은 책의 핵심 내용, 핵심 제재, 핵심 이론 등을 이해하는 일이다. 텍스트 구조는 크게 문장 내 또는 문장의 연결 관계를 의미하는 미시 구조(micro-structure), 문단 이상 단위의 연결성과 논리적 전개를 의미하는 거시 구조(macro-structure), 거시 구조 분석을 통해 드러나는 일반적이고 추상적인 텍스트 구조를 의미하는 상위 구조(super-structure, 또는 초구조)로 나뉠 수 있다. 독자는 책을 읽었다면 거시 구조, 상위 구조를 중심으로 책의 내용을 기억해야 한다. 이를 달리 말하면, 책의 핵심 내용을 이해했는지의 여부로 독서력을 가늠할 수 있다는 것이다. 이상의 논의를 바탕으로 독서력 평가 내용을 다음과 같이 설정할 수 있을 것이다.

- 저자
- 핵심 내용
- 부분 중심 내용
- 제목
- 심화된 핵심 내용
- 시대 상황
- 상호 텍스트성

❷ 문해력 평가의 평가 영역과 내용

문해력 평가는 독해력 기반 평가이다. 문해력 평가는 책을 대상으로 하기보다는 글을 대상으로 하기 때문에, 특정 도서를 한정하는 식의 평가 범위를 정하기가 어렵다. 따라서 문해력의 평가 범위는 독해력의 수준을 바탕으로 결정하는 것이 적절하다. 즉 '사실적 독해, 추론적 독해, 비판적 독해, 감상적 독해, 창조적 독해' 등이 문해력의 평가 범위가 되는 것이다. 각각의 독해에서 평가할 수 있는 하위 독해를 일부 제시하면 다음과 같다.

● 사실적 독해
- 텍스트의 정보와 아이디어를 재인하고 회상하기
- 글에 명시된 의미를 이해하기
- 명시된 세부 내용, 중심 생각, 줄거리, 내용의 연결 관계, 등장인물의 특성 등을 재인 및 회상하기
- 개요 파악, 요약, 내용의 종합 등을 통해 글 재구조화하기

● 추론적 독해
- 단어, 문장, 문단의 연결 관계를 파악하기
- 자신의 배경지식을 활용하여 생략된 정보를 파악하기
- 글에 제시되어 있는 내용을 바탕으로 하여 글 속에 분명히 드러나 있지 않은 중심 내용과 주제를 파악하기

- 필자의 입장이 되어서 글 속에 숨겨진 가정이나 전제 또는 필자가 글을 쓰게 된 동기나 목적을 파악하기

● 비판적 독해
- 자신의 가치관이나 신념에 비추어 글 전체를 평가하기
- '글의 내용(아이디어) · 조직(구성, 구조) · 표현'의 정확성, 적절성, 타당성, 효용성을 판단하기
- 단어 선택 및 문장 · 문단 · 글 전체 구조의 측면에서 정확성을 판단하기
- 내용 전개 측면에서 글 전체의 통일성, 일관성, 논리성 등의 적절성을 판단하기
- 수사적인 측면에서 표현의 적절성을 판단하기
- 글의 주제나 목적, 건전한 상식이나 사회 통념, 윤리적 가치, 미적 가치 등에 비추어 텍스트 내용의 타당성을 판단하기
- 독자의 독서 목적과 상황, 관점을 바탕으로 글에 제시되어 있는 정보의 효용성을 판단하기

● 감상적 독해
- 텍스트의 미적 구조와 텍스트에 드러난 사회 · 문화적 양상을 이해하기
- 글의 내용이나 구조 속에 나타난 비유, 정서, 인물의 심리 및 삶의 태도 등을 음미하기
- 텍스트에 드러난 인간과 삶의 다양한 모습을 이해하기

● 창조적 독해
- 글의 내용을 기존과는 다르게 해석하기
- 글을 통해 자신과 자신의 삶을 다시 돌아보기
- 글에서 배운 바를 삶에 적용해 보기
- 읽은 내용을 활용하여 독자 스스로 표현 활동을 하면서 읽은 내용을 내면화하기

문해력 평가는 평가 대상자가 제시된 텍스트를 얼마나 잘 이해했느냐를 평가하는 방식으로 이루어진다. 그러면 한 편의 텍스트를 잘 이해했다는 것은 무슨 뜻인가? 과연 한 편의 글을 완벽하게 다 이해할 수 있는가? 평가 장면만을 염두에 두면, 단어, 어구, 문장, 문장, 문단의 형식과 의미 또는 이들의 연결 관계 등 텍스트에 제시된 어떠한 것이든 물을 수 있다. 또한 그 텍스트를 이해하는 데 필요한 평가 대상자의 배경지식, 가치관, 세계관 등을 텍스트와 관련지어 평가할 수 있고, 그 텍스트와

연관된 맥락에 대해 물을 수도 있다. 그렇다면 문해력 평가의 내용은 독자의 독해 수준과 텍스트 단위를 고려하여 〈그림〉과 같이 설정할 수 있을 것이다.

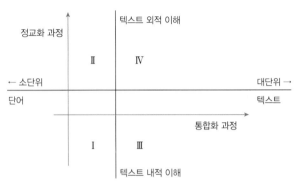

〈그림〉독해 수준과 텍스트 단위를 고려한 문해력 평가 내용 설정 틀

첫째, 텍스트를 기호의 연속체로 보았을 때, 낱자와 텍스트를 그 양극단으로 하는 축을 하나 설정할 수 있다. 보통 텍스트 단위의 순서를 낱자, 글자, 형태소, 단어, 어절, 구, 절, 문장, 텍스트로 구분하기도 하므로, 이러한 단위들 모두가 평가 대상이 될 수 있다. 그러나 독해력을 중심으로 문해력을 평가하고자 할 때에는 단어 이하의 단위는 염두에 두지 않는 것이 적절하다. 그리고 단어 이해에서부터 텍스트 전체를 이해하는 과정은 통합화 과정이라고 명명할 수 있다. 이는 물론 작은 언어 단위를 큰 언어 단위에 통합하면서 글을 읽게 된다는 점을 고려한 것이다.

둘째, 축자적 이해와 탈축자적 이해를 그 양극단으로 하는 문해 수준의 축을 설정할 수 있다. 물론 문해는 전적으로 축자적 이해와 탈축자적 이해만으로 이루어지는 것은 아니다. 이들 중간에 여러 수준들이 존재할 수 있다. 축자적 이해와 탈축자적 이해는 텍스트 내적 이해와 텍스트 외적 이해로 달리 부를 수도 있다. 앞서 살펴본 독해 수준을 고려하면, 문해 수준은 '사실적 이해, 추론적 이해, 비판적·감상적 이해, 창조적(생산적) 이해' 네 가지로 설정하는 것이 합리적일 것이다. 사실적 이해를 제외하면, 나머지 이해들은 텍스트 외적인 독자의 배경지식, 사전 지식, 가치관, 세계관, 경험 등을 바탕으로 글을 해석하거나 텍스트의 산출과 이해와 관련된 상황이나 맥락, 목적 등을 고려하여 글 내용을 파악해야 한다. 이때 텍스트 이해에 필요한 텍스트 외적인 요인들은 각 이해들마다 양과 질에서 차이가 나는데, 중요한 것은 양보다 질이다. '사실적 이해 → 추론적 이해 → 비판적·감상적 이해 → 창조적(생산적) 이해'로 갈수록 텍스트 외적 이해의 정도가 깊어진다. 이 책에서는 특히 텍스트 외적 이해의 정도가 깊어지는 과정을 정교화 과정이라 명명하고자 한다. 여기에서의 정교화 과정이란 텍스트의 내용이나 형식, 구조 등을 정확하고 치밀하게 이해하여 그것들을 완전히 독자의 것으로 만든다는 의미로 사용한다.

이와 같은 두 가지 축을 중심으로 사분면을 설정하여 각각의 분면에 속할 수 있는 평가 내용을 제시하면 다음과 같다.

● Ⅰ 사분면: 소단위인 단어, 구, 절, 문장을 텍스트 내적으로 이해하는가를 평가하는 내용 요소
  • 어휘의 사전적 의미
  • 구절·문장의 의미

● Ⅱ 사분면: 소단위인 단어, 구, 절, 문장을 텍스트 외적으로 이해하는지를 평가하는 내용 요소
  • 문맥적 의미
  • 비유적 의미
  • 심상
  • 관용 표현(속담, 격언, 사자성어, 고사성어, 관용어, 관용구 등)

● Ⅲ 사분면: 중·대단위인 문단과 전체 텍스트를 텍스트 내적으로 이해하는가를 평가하는 내용 요소
  • 문장(문단)의 구조
  • 대용 표현
  • 문장의 연결 관계
  • 세부 내용
  • 글의 종류 또는 장르에 따른 글의 구조적 특성

● Ⅳ 사분면: 중·대단위 문단과 전체 텍스트를 텍스트 외적으로 이해하는가를 평가하는 내용 요소
  • 정보의 예견 및 추론
  • 중심 내용 파악 및 재구성
  • 텍스트 내용의 위계적 요약
  • 생략된 정보의 추론
  • 숨겨진 가정 및 전제
  • 텍스트 내용의 적용, 분석, 종합, 평가

- 텍스트에 대한 정서적 반응
- 기존 텍스트 활용하여 새로운 텍스트 생산

어느 평가이든지 평가에서 가장 중요하게 논의되어야 하는 사항은 평가 영역과 내용 설정 방안이다. 지금까지의 논의를 바탕으로 성인 독서 문해력 평가 영역과 영역별 평가 요소 및 평가 내용, 언어 자료를 표로 정리하면 다음과 같다.

평가 영역	평가 요소	평가 내용	언어 자료
독서력	저자	저자 이름 재인하기	한국 고전 동양 고전 서양 고전
		저자의 핵심 사상 이해하기	
		저자의 주장 추론하기	
		저자의 다른 저작물과 연관 짓기	
	핵심 내용	책에 대한 설명의 적절성 판단하기	
		서술 대상 인지하기	
		핵심 이론 도출하기	
		핵심 제재의 특징 추론하기	
		핵심 내용 함축적으로 이해하기	
	부분 중심 내용	생략된 내용 추론하기	
		저자 정보 기반 핵심 용어 이해하기	
		제목 기반 개념어 찾기	
		저자 및 제목 기반 핵심 명제 완성하기	
		세부 내용 정교화하기	
	제목	제목 재인하기	
		목차와 제목 관련짓기	
		제목의 의미 상세화하기	
		저자와 제목 연결하기	
		책의 개요 기반 제목 확인하기	
	심화된 핵심 내용	사례 적용하기	
		관점 적용하기	
	시대 상황	후대에 끼친 영향 판단하기	
		현재의 가치에 대해 평가하기	

문해력	상호 텍스트성	공통점 찾기	인문 사회 예술 과학 기술 공문서 보도자료
		차이점 찾기	
	텍스트 내적 이해 1(소단위)	어휘의 사전적 의미	
		구절·문장의 의미	
	텍스트 내적 이해 2(중·대단위)	문장(문단)의 구조	
		대용 표현	
		문장의 연결 관계	
		세부 내용	
		글의 구조적 특성	
	텍스트 외적 이해 1(소단위)	문맥적 의미	
		비유적 의미	
		심상	
		관용 표현	
	텍스트 외적 이해 2(중·대단위)	정보의 예견 및 추론	
		중심 내용 파악 및 재구성	
		위계적 요약	
		생략된 정보의 추론	
		숨겨진 가정 및 전제	
		적용, 분석, 종합, 평가	
		텍스트에 대한 정서적 반응	
		새로운 텍스트 생산	

〈표〉 성인 독서 문해력 평가 영역과 영역별 평가 요소 및 평가 내용

성인 독서 문해력,
어떤 유형으로 평가하는가

II장에서는 성인 독서 문해력 평가의 유형을 소개한다.

성인 독서 문해력 평가는 독서력 평가 문항과 문해력 평가 문항으로 구성되어 있다.

독서력 평가 문항은 널리 알려진 저자의 저서를 대상으로,

저자, 핵심 내용, 제목 등 해당 저서에 대한 이해를 묻는 문항을 출제한다.

문해력 평가 문항은 다양한 언어 자료를 대상으로,

텍스트에 대한 내적 이해와 외적 이해를 묻는 문항을 출제한다.

성인 독서 문해력 평가의 다양한 유형을 살펴보며,

성인 독서 문해력 평가에 대해 실제적으로 접근해 보도록 하자.

독서력 평가

❶ 저자

독서력 평가 문항의 지문은 널리 알려진 저자의 저작물에서 발췌하여 사용한다. 저자에 초점을 둔 문항 유형에서는 저자에 대한 이해, 저자의 핵심 사상에 대한 이해 등을 활용하여 평가 대상자가 해당 저작물을 집필한 저자와 저자의 핵심 사상 등에 대해 알고 있는지를 묻는 방식의 문항이 출제될 수 있다.

● **다음 글이 실린 책을 쓴 저자의 이름에서 유래한 용어는?**

체사레 보르자는 잔인한 인간으로 통하였다. 그러나 그의 엄격한 조치들은 로마냐의 질서를 회복하고, 이 지방을 통일하여 평화와 충성을 다하도록 하였다. 그렇다면 다시 한번 생각해 보자. 피렌체 시민들이 냉혹하다는 악평을 듣지 않으려고 피스토이아의 사분오열을 방치했던 것에 비하면 보르자가 훨씬 더 자애롭다고 판단될 만하다.

따라서 현명한 군주는 자신의 백성들을 결속하고 그들이 충성을 다하도록 하기 위해서 잔인하다는 악평쯤은 개의치 않아야 한다. 왜냐하면 자애심이 깊어 오히려 혼란 상태를 초래하고 급기야는 살육이나 약탈을 횡행케 하는 그런 군주보다는 소수의 몇몇을 시범적으로 처벌함으로써 기강을 바로잡는 군주가 결과적으로 훨씬 더 자애롭기 때문이다. 후자는 군주가 내리는 엄격한 재판이 단지 특정한 개인들에게만 해를 끼치는 데 불과하지만, 전자는 사회 전체에 해를 끼친다.

① 니체이즘　　　　　　　② 대처리즘
③ 마르크시즘　　　　　　④ 마키아벨리즘
⑤ 네오다위니즘

정답 ④

위 문항의 지문은 『군주론』에서 발췌히였다. 『군주론』은 이탈리아 정치 이론가인 마키아벨리의 저서로, 국가와 군주의 역할 등에 대한 역사적 고찰을 담고 있다. 『군주론』은 군주의 통치 기술을 다루고 있는데, 군주가 국가를 통치하기 위해서 가져야 할 가장 중요한 덕목으로 권력에 대한 의지, 야심, 용기를 갖추어야 한다고 주장하고 있다. 이러한 주장은 정치적 목적을 달성하기 위해 수단을 가리지 않는 것을 의미하는 '마키아벨리즘(Machiavellism)'이라는 용어를 파생하였다.

📝 **문항에 접근하기**

제시된 지문은 '현명한 군주는 자신의 백성들을 결속하고 그들이 충성을 다하도록 하기 위해서 잔인하다는 악평쯤은 개의치 않아야 한다.'라는 진술을 제시하고 있다. 이는 군주가 권력을 유지하고 강화하기 위해서는 전통적인 도덕이나 종교에 얽매이지 않아야 함을 함의한다. 평가 대상자가 위 문항에 답하기 위해서는 해당 지문이 마키아벨리의 핵심 사상을 담고 있음을 파악하고, 이를 토대로 정치적 목적을 달성하기 위해 수단을 가리지 않는 '마키아벨리즘'이라는 용어를 추론할 수 있어야 한다.

저자 관련 평가 문항은 저자의 주장을 일반화하여 다른 상황에 적용 가능한지를 묻는 문항으로도 구성할 수 있다.

● 다음 글이 실린 책을 쓴 저자가 제안한 문해 학습 방법으로 적절하지 <u>않은</u> 것은?

읽기는 지적이며 어렵고 고된 작업이지만 즐거운 일이기도 합니다. 호기심의 주체, 읽기의 주체, 발견 과정의 주체가 되어 비판적 입장을 취하지 않고서는 어느 누구도 진정으로 공부할 수 없습니다. 읽기는 읽은 것의 의미가 무엇인지를 찾는 일이며 새로운 이해를 창조하는 일입니다. 따라서 다른 기본적인 것들 중에서도 읽기와 쓰기를 정확하게 가르치는 것은 매우 중요합니다. 읽기를 가르친다는 것은 참여하는 것만이 아니라, 이해하고 서로 의사소통하는 이른바 이해를 둘러싼 창조적인 경험입니다. 우리가 일상 세계에서 나온 여러 개념들과 학교생활 경험에서 나온 개념들을 이분화하기보다는 종합해 갈 수 있다면, 이해의 경험은 더욱 심화될 것입니다. 읽기와 쓰기에 꼭 필요한 연습은 일상생활에서 나타나는 감각적인 경험에서 시작해, 학교 언어에서 얻어지는 일반화로, 그리고 다시 만져 볼 수 있을 만큼의 구체적인 것으로 쉽게 옮겨 가는 연습입니다. 이 연습을 할 수 있는 방법 중 하나는 내가 말한 바 있는 '세계에 대해 이미 읽었던 바를 읽는 것'입니다. 여기서 '세계를 읽는다.'고 했을 때 그 '읽기'는 글 읽기에 선행하는 것이며, 대상에 대한 이해와 관련되어 있지만 일상생활의 차원에서 이루어지는 읽기로 이해해야 합니다. 글 읽기는 텍스트를 이해하고 그 속에 포함된 대상을 이해하는 하나의 기능으로서, 우리가 세계에 대해서 이전에 읽었던 것으로 눈을 돌리게 해 줍니다.

① 학습자가 스스로를 자신이 속한 사회에서 삶을 만들어 가는 사람으로 인식하게 한다.
② 학습자가 문자 코드를 알고 자신을 정치화하며 언어와 세계를 총체로 보도록 안내한다.
③ 학습자가 일상에서 접하는 단어와 문장을 반복적으로 연습할 수 있는 교재로 학습하도록 안내한다.
④ 학습자가 상식적인 수준의 지식과 체계적이고 정교한 수준의 지식을 종합할 수 있도록 안내한다.
⑤ 학습자의 사회적 지위가 낮은 까닭이 자신이 살고 있는 사회의 이데올로기적 맥락 때문이라는 것을 인식하게 한다.

정답 ③

📝 자료 들여다보기

위 문항의 지문은 『프레이리의 교사론』에서 발췌하였다. 『프레이리의 교사론』은 브라질의 교육학자 프레이리의 저서로, 교사에게 보내는 열 편의 편지로 구성되어 있다. 프레이리는 교육이 정치적 실천이라는 전제하에 교육자가 자신의 정치적 선택에 맞는 행동을 해야 함을 설파하며, 가르치는 것과 배우는 것이 중요한 이유, 교사가 갖추어야 할 자질과 사명감 등에 대해 논하고 있다.

📝 문항에 접근하기

제시된 지문은 '읽기는 읽은 것의 의미가 무엇인지를 찾는 일이며 새로운 이해를 창조하는 일'임을 언급하며 읽기가 '텍스트를 이해하고 그 속에 포함된 대상을 이해하는 하나의 기능'임을 나타낸다. 평가 대상자가 위 문항에 답하기 위해서는 해당 지문이 프레이리가 갖고 있는 진보적 교육의 관점에서 읽기를 설명하고 있음을 파악하고, 이를 토대로 프레이리의 관점이 반영된 읽기 교육의 방법이 무엇인지 판단할 수 있어야 한다.

② 핵심 내용

독서력 평가 문항의 지문은 출판된 도서에서 발췌하여 사용한다. 이때 발췌된 부분은 해당 도서의 대표적인 내용을 담고 있는 부분, 해당 도서를 관통하는 주제를 담고 있는 부분, 해당 도서에서 널리 알려진 부분 등이다. 이러한 구절을 활용하여 평가 대상자가 글이 실린 책의 핵심 내용을 알고 있는지 평가하는 문항이 다양한 방식으로 출제될 수 있다. 여기에는 책에 대한 설명의 적절성을 판단할 수 있는지, 핵심 이론을 도출할 수 있는지, 핵심 내용을 함축적으로 이해하고 있는지를 묻는 문항 등이 포함될 수 있다.

● 다음 글이 실린 책에서 '집단'에 대해 설명한 내용으로 적절하지 않은 것은?

인간 사회를 둘러싸고 일어나는 제반 문제를 현실주의적 관점에서 분석해 보면, 사회의 요구와 양심의 요청 사이에는 여간해서 화합되기 힘든 지속적인 모순과 갈등이 발견된다. 간단히 정치와 윤리의 갈등이라고 규정할 수 있는 모순과 갈등은 도덕 생활의 이중적 성격으로 인해 불가피하게 발생하는 것이다. 하나는 개인의 내면적 생활이고, 다른 하나는 사회생활의 요구이다.

사회를 중심에 놓고 보면, 최고의 도덕적 이상은 정의이다. 그리고 개인을 중심에 놓고 보면, 최고의 도덕적 이상은 이타성이다. 사회는 도덕성이 높은 사람들로부터 전혀 도덕적 승인을 얻어 낼 수 없는 이기심, 반항, 강제력, 원한 등과 같은 방법을 여러 면에서 어쩔 수 없이 사용하게 될지라도 종국적으로는 정의를 추구해야 한다. 그리고 개인은 자신보다 뛰어난 것을 보고서 자신을 잃기도 찾기도 하면서 스스로의 삶을 실현해 가도록 노력해야 한다.

이 두 도덕적 입장은 상호 배타적이지 않으며, 양자 사이의 모순도 절대적이지 않다. 그렇다고 쉽게 조화되지도 않는다.

① 집단들 간의 관계는 윤리적이라기보다는 극히 정치적이다.
② 매우 친밀하고 직접적인 사회 집단도 강제력에 의존하여 사회생활을 조직한다.
③ 인간의 집단적 생활을 개인적 이상에 일치시킬 수 없음은 인간 정신의 비극이다.
④ 도덕의 문제가 개인적 차원에서 집단의 관계로 옮겨 갈 때 발생하는 이기적 충동은 사회적 억제를 통해서 제어가 가능하다.
⑤ 모든 집단은 개인과 마찬가지로 생존의 본능에 뿌리를 두면서 동시에 그것을 넘어서려고 하는 팽창적인 욕망을 갖고 있다.

정답 ②

🖋 **자료 들여다보기**

위 문항의 지문은 『도덕적 인간과 비도덕적 사회』에서 발췌하였다. 『도덕적 인간과 비도덕적 사회』는 미국의 신학자 니버의 대표작으로, 개인의 도덕성만으로는 사회 제도나 구조의 문제를 해결할 수 없다는 주장을 담고 있다. 이는 개인적으로는 자신의 이익을 희생하면서 타인을 배려할 수 있는 도덕적인 사람일 수 있지만, 이들 개인이 모여 집단이 되면 그 집단은 이기적으로 변모할 수 있음을 함의한다.

✏️ 문항에 접근하기

위 문항의 문두에서는 니버의 사상을 이해하는 데에 핵심이 되는 '집단'에 주목하여 문항을 풀이하도록 안내하고 있다. 그리고 지문에서는 개인이 지향하는 최고의 도덕적 이상이 '이타성'인 데 비해, 사회가 지향하는 최고의 도덕적 이상은 '정의'라고 제시하며 이들이 '쉽게 조화되지도 않'는다고 언급하고 있다. 평가 대상자가 위 문항에 답하기 위해서는 해당 지문이 『도덕적 인간과 비도덕적 사회』에서 발췌된 것임을 인지하고, 글에 나타난 사회와 개인의 차이에 주목하여 니버의 입장에서 이들의 속성을 이해할 수 있어야 한다.

● **다음 글이 실린 책에 제시된 핵심 이론은?**

나는 자연 도태는 일반적으로 매우 서서히 작용한다는 것을 인정한다. 자연 도태는 어떤 지역의 자연 조직 안에 현재 살고 있는 생물 중에서, 어떤 것을 변화시킴으로써 그것이 가장 우세하게 점령될 수 있는 요소가 있을 때에 한해서만 작용할 수 있는 것이다.

이러한 요소는 일반적으로 매우 서서히 일어나는 물리적인 변화에 의해, 또는 가장 적합한 생물의 이주가 방해될 때 형성되는 것이다. 전부터 살고 있는 생물 중에서 어떤 소수의 것이 변화되면, 이에 따라 그 밖의 다른 것들의 상호 관계가 동요되고, 가장 잘 적응된 생물에 의해 충만될 새로운 장소를 마련하게 되는 것이다. 그러나 이런 일은 매우 완만하게 일어난다. 같은 종의 개체는 모두 조금이라도 서로 차이가 있으나 체제의 여러 부분에 올바른 성질의 차이가 생길 수 있을 때까지는, 이에 대응할 시간이 필요할 것이다. 자주 자유로운 교배에 의해 이 결과가 매우 지연되는 것 같다.

① 진화론
② 용불용설
③ 생물 계통론
④ 친족 선택 이론
⑤ 이중 나선 이론

정답 ①

위 문항의 지문은『종의 기원』에서 발췌하였다.『종의 기원』은 영국 생물학자 다윈의 대표작으로, 자연 선택을 통한 진화론의 개념을 도입함으로써 진화 생물학을 확립했다는 평가를 받는 저서이다. 다윈은 '진화'의 개념이 종의 다양성, 생물 개체의 복잡성, 종의 변화 및 분화 등과 같은 자연 현상을 설명할 수 있는 개념으로 상정하고 이 개념을 정립하고자 하였다.

📝 문항에 접근하기

제시된 지문은 자연 도태와 자연 선택의 개념을 설명하고 있다. 평가 대상자가 위 문항에 답하기 위해서는 해당 지문이『종의 기원』에서 발췌된 것임을 인지하고,『종의 기원』을 관통하는 핵심 개념이 '진화'임을 파악할 수 있어야 한다.

● 다음 글과 관련된 사자성어로 적절한 것은?

진(晉)나라 순식이 굴 지방에서 생산되는 좋은 말 네 필과 수극에서 나는 아름다운 구슬을 뇌물로 쓰면서 우(虞)나라의 길을 빌어 괵(虢)나라를 치겠다고 헌공에게 청하였다.

이에 헌공이 "이것은 진나라 보배이므로 줄 수가 없다."라고 대답하자, 순식은 "만약에 우나라를 통하여 괵나라를 공격하고, 곧이어 우나라를 멸해서 영토를 얻으면 되므로 국외의 창고에다 그 구슬을 두는 것과 마찬가지입니다."라고 했다.

(중략)

헌공이 우나라에 길을 빌려 괵나라를 치려 하자 궁지기가 간했다. "괵나라는 우나라의 겉면이니, 괵나라가 망하면 우나라도 반드시 따라 망할 것입니다. 진나라에게 길을 열어 주어서는 안 되고, 적들에 대해 방심해서도 안 됩니다."

① 간담상조(肝膽相照)
② 권토중래(捲土重來)
③ 순망치한(脣亡齒寒)
④ 이이제이(以夷制夷)
⑤ 토사구팽(兔死狗烹)

정답 ③

위 문항의 지문은 『춘추좌씨전』에서 발췌하였다. 『춘추좌씨전』은 공자가 편찬한 것으로 전해지는 역사서인 『춘추』에 대한 주석서이다. 『좌전』, 『좌씨전』, 『좌씨춘추』로도 알려져 있다. 『춘추좌씨전』의 저자는 노나라의 좌구명으로도 알려져 있으나 이는 분명하지 않아 작자 미상의 저서로 전해진다. 『춘추』가 역사적 사실을 간략하게 기술하고 있는 데에 비해, 『춘추좌씨전』은 역사적 사실을 자료를 바탕으로 상세하게 기술한 후 해당 사건에 대한 평가를 제시하는 방식으로 구성되어 있으며, 문장의 기술과 인물의 묘사 및 글의 구성이 탁월하여 문학적으로도 높은 평가를 받고 있다. 『춘추좌씨전』과 같이 사건에 대해 평을 덧붙이는 방식의 구성은 이후 역사서 기술 방식에도 영향을 미쳤다.

💧 **문항에 접근하기**

제시된 지문에서 춘추 시대 진나라 헌공은 우나라에게 괵나라를 치러 갈 때에 길을 빌려줄 것을 청한다. 이에 우나라의 궁지기는 "괵나라는 우나라의 겉면이니, 괵나라가 망하면 우나라도 반드시 따라 망할 것입니다."라고 말하며 헌공의 청에 반대한다. 제시된 지문에 이어지는 내용은 궁지기의 충언에도 우나라는 진나라에게 길을 빌려주게 되고, 이후 진나라는 괵나라를 정복하고 돌아오는 길에 우나라까지 정복하게 된다는 내용이다. 이 이야기는 가까운 사이에 있는 하나가 망하면 다른 하나도 그 영향을 받아 온전하기 어려움을 비유적으로 이르는 말인 '순망치한(脣亡齒寒)'과 관련된다. 평가 대상자가 위 문항에 답하기 위해서는 제시된 지문이 가까운 사이에 있는 나라들이 서로 영향을 받고 있다는 내용을 파악하고, 이러한 내용을 함축적으로 내포하고 있는 의미를 찾을 수 있어야 한다.

❸ 부분 중심 내용

독서력 평가 문항의 지문은 널리 알려진 저작물을 대상으로 한다. 이에 따라 인문, 사회, 과학, 기술, 예술 등 해당 영역을 대표하는 구절을 발췌할 수 있다. 발췌된 부분은 발췌된 부분만으로도 해당 저작물을 특정할 수 있도록 핵심 개념을 담고 있는 경우가 대부분이다. 이러한 구절을 활용하여 평가 대상자가 지문으로 제시된 구절의 중심 내용을 알고 있는지, 특정한 개념 및 용어를 이해하고 있는지를 묻는 문항이 다양한 방식으로 출제될 수 있다. 여기에는 생략된 내용을 추론할 수 있는지, 저자 정보에 기반하여 핵심 용어를 이해할 수 있는지, 세부 내용을 정교화할 수 있는지 등을 묻는 문항이 포함된다.

진나라 역사서 『승(乘)』과 초나라 역사서 『도올(檮杌)』과 노나라 역사서 『춘추(春秋)』는 하나다.

『승』의 내용은 자세하지 않다. 조기(趙岐)는 "밭에 부과하는 세금과 말 타는 일을 썼다."라고 말했다. 혹자는 말했다. "당시의 행사를 취하여 기재함을 이름한 것이다."

『도올』은 나쁜 짐승의 이름이다. 옛날엔 그런 사실을 따라 흉악한 사람을 부르는 말로 사용되기도 하였으므로 (㉠   )으로 취한 것이다.

『춘추』는 기록한 사람이 반드시 연도를 표시하여 기사의 첫 부분에 놓았다. 한 해엔 사시(四時)가 있기 때문에 봄과 가을을 번갈아 기록한 것의 명칭을 삼았다.

① 악을 기록하여 경계하는 뜻
② 세상에는 악이 더 많다는 뜻
③ 악을 제거하는 방편이라는 뜻
④ 선과 악은 대립되는 관계를 이룬다는 뜻
⑤ 악은 악인을 잘 살펴보아야 알 수 있다는 뜻

정답 ①

📝 자료 들여다보기

위 문항의 지문은 『맹자집주』에서 발췌하였다. 『맹자집주』는 맹자가 남긴 말을 기록하여 편찬한 것으로 전해지는 『맹자』를 중국의 남송 시대 유학자인 주희가 성리학적 관점에서 해석한 주석서이다. 『맹자집주』를 통해 주희는 성리학의 주요 개념인 사단과 성선에 대한 논리를 정립하였기 때문에, 이 책은 후대에 폭넓은 영향을 미치게 되었다.

📝 문항에 접근하기

제시된 지문에서 진나라의 역사서 『승(乘)』과 초나라의 역사서 『도올(檮杌)』, 노나라의 역사서 『춘추(春秋)』는 사서라는 점에서 '하나'라고 제시하고 있다. '도올'은 '나쁜 짐승의 이름'을 뜻한다. 『맹자집주』에서는 사서의 이름을 이렇게 지은 뜻은 경계의 의미를 담고 있다고 해석하고 있다. 평가 대상자가 위 문항에 답하기 위해서는 '나쁜 짐승의 이름'을 사서의 이름으로 삼은 의도를 추론할 수 있어야 한다.

● 다음은 정약용이 쓴 책의 서문의 일부이다. ㉠에 들어갈 말은?

　군자의 학문은 수신(修身)이 반이고, 나머지 반은 (　　　　㉠　　　　)이다.
　성인의 시대는 너무 멀어서 그 말씀이 희미해져서 그 도(道) 또한 점점 어두워졌으니, 오늘날 백성을 다스리는 자들은 오직 거두어들이는 데만 급급하고 백성을 기를 줄은 모른다. 이 때문에 하민(下民)들은 여위고 시달리고, 시들고 병들어 쓰러져 진구렁을 메우는데, 그들을 기른다는 자들은 화려한 옷과 맛있는 음식으로 자기만을 살찌우고 있다. 어찌 슬프지 아니한가?

① 경세(經世)
② 관용(寬容)
③ 목민(牧民)
④ 제가(齊家)
⑤ 청렴(淸廉)

정답 ③

자료 들여다보기

　위 문항의 지문은 『목민심서』에서 발췌하였다. 『목민심서』는 조선 시대 실학자 정약용의 저서로, 지방 관리인 목민관이 가져야 할 마음가짐을 제시하는 내용으로 구성되어 있다. 이 책은 목민관이 부임할 때부터 퇴임할 때까지 해야 할 일을 상세하게 제시하여 행정 업무 지침서로서의 성격이 강하다. 그러나 전체적으로는 목민관으로서 청렴과 근검, 절약 등의 덕목이 필요함을 강조하고 있다는 점에서 목민관의 윤리적 각성을 강조하였다는 특징이 나타나기도 한다.

문항에 접근하기

　제시된 지문에서 군자의 반은 수신(修身)이고 나머지 반은 '백성을 다스리는 자'가 갖추어야 할 마음가짐을 언급하며 '오늘날 백성을 다스리는 자'가 '백성을 기를 줄은 모른다.'라고 비판하고 있다. 평가 대상자가 위 문항에 답하기 위해서는 '정약용'이라는 저자가 지문에서 비판하고 있는 대상이 무엇인지 파악해야 한다. 그리고 나서 '목민(牧民)'이라는 핵심 용어가 백성을 다스리고 기른다는 의미임을 고려하여 답을 추론할 수 있어야 한다.

다른 나라에서는 공화국이라 불리는 자기 나라가 아무리 잘살더라도, 개개인이 먹고살 것을 따로 챙겨 놓지 않으면 영락없이 굶어 죽기 십상이라고 믿습니다. 이 잔혹한 현실로 사람들은 나라와 국민, 즉 다른 사람들보다는 자신을 우선적으로 챙겨야 한다고 부득불 생각합니다.

반면에 (㉠   )에서는 모든 것이 공동 소유이기 때문에, 공공의 창고가 채워져 있기만 하다면, 사람들은 자기가 쓸 것 중에서 뭐 하나라도 부족하면 어쩌나 걱정하지 않습니다. 모든 것은 넉넉하게 분배되므로 그 나라에는 가난한 자도 없고 거지도 없습니다. 아무도 사유 재산이 없지만, 모든 사람이 부자입니다. 온갖 걱정과 염려에서 벗어나 즐겁고 편안한 마음으로 살아가는 것보다 더 큰 부는 없기 때문입니다.

① 가상의 국가이다.
② 종교의 자유가 존재한다.
③ 농업을 기반으로 한 사회이다.
④ 관직은 시민의 투표를 통해 선출된다.
⑤ 노예가 존재하지 않는 평등한 사회이다.   정답 ⑤

자료 들여다보기

위 문항의 지문은 『유토피아』에서 발췌하였다. 『유토피아』는 영국 정치가이며 인문주의자인 토머스 모어의 저서로, 히스로디라는 선원에게 들은 이상적인 국가 '유토피아'의 제도 및 풍속 등을 기록하는 형식으로 이상 사회를 서술한 글이다. 그리스어에서 유래한 '유토피아'는 아무 데에도 없는 곳을 뜻하는데, 이 나라는 종교·경제·노동·교육 등에 관해 관용적이고 평화적이며 진보적인 입장을 취하고 있다. 유토피아의 시민들은 교대로 농경에 종사하며 정해진 시간 동안 일하고 여가 시간은 교양을 쌓는 데 보낸다.

문항에 접근하기

제시된 지문은 '모든 것이 공동 소유'인 유토피아의 경제 체제를 언급하며, '모든 사람이 부자'이고 '온갖 걱정과 염려에서 벗어나 즐겁고 편안한 마음으로 살아가는' 유토피아의 모습을 묘사하고 있다. 평가 대상자가 위 문항에 답하기 위해서는 해당 지문이 유토피아의 모습을 묘사한 것임을 파악하고, 이 단서를 바탕으로 해당 도서 전체에서 나타나는 '유토피아'의 특성을 정교하게 판단할 수 있어야 한다.

④ 제목

독서력 평가 문항의 지문은 저명한 저자의 도서를 대상으로 구성한다. 해당 도서의 제목을 직접적으로 묻거나 제목과 관련된 정보를 바탕으로 의미를 구성할 수 있는지 묻는 문항이 다양한 방식으로 출제될 수 있다. 여기에는 책의 제목을 알고 있는지, 제목의 의미를 상세화할 수 있는지, 책의 개요에 기반하여 제목을 이해할 수 있는지 등을 묻는 문항이 포함된다.

● **다음 글이 실린 책의 제목은?**

감각계를 벗어나는 인식에서는, 경험은 아무런 인도의 실마리도 주지 않고 잘못을 고쳐 주지도 않지만, 바로 거기에 우리 이성의 탐구가 있다. 우리는 이런 탐구를 그 중요성으로 보아, 지성이 현상의 영역에서 배울 수 있는 그 어느 것보다도 훨씬 탁월한 것으로 보고, 또 그 궁극 의도를 더 숭고한 것으로 간주한다. 그때 우리는 이런 연구를 어떤 의심 때문에 단념하거나, 경멸이나 무관심 때문에 포기하기보다는, 오히려 오류에 빠질 위험을 무릅쓰고서라도 감행하는 것이다. 순수 이성 자신의 이 피할 수 없는 과제는 '신', '자유', '불사'이다. 그리고 모든 준비를 갖추어, 궁극적으로 이들 과제를 해결하고자 하는 학문이 형이상학이다.

① 판단력 비판
② 순수 이성 비판
③ 실천 이성 비판
④ 윤리 형이상학 정초
⑤ 세계 시민적 견지에서 본 보편사의 이념　　　　　　　　　　　　　　　정답 ②

자료 들여다보기

위 문항의 지문은 『순수 이성 비판』에서 발췌하였다. 『순수 이성 비판』은 독일 철학자 칸트의 저서로, 인간의 주체성을 표상하는 이성의 특질을 파악한 글이다.

문항에 접근하기

여기에서 이성은 넓은 의미에서 인식 능력을 의미한다. '이성의 탐구'는 '지성이 현상의 영역에서 배울 수 있는 그 어느 것보다도 훨씬 탁월한 것'이며, 이는 '오류에 빠질 위험을 무릅쓰고서라도 감행하는 것'이다. 평가 대상자가 위 문항에 답하기 위해서는 해당 지문에서 '이성의 탐구', '순수 이성'이라는 단서를 찾은 후, 이를 바탕으로 해당 도서가 칸트의 저서임을 판단하는 것이 필요하다. 다만, 위 문항에 제시된 답지인 『판단력 비판』, 『실천 이성 비판』, 『윤리 형이상학 정초』, 『세계 시민적 견지에서 본 보편사의 이념』은 모두 칸트의 저서에 해당하기 때문에 다른 저작물과 구별되는 『순수이성 비판』의 특징을 파악해야 위 문항을 올바르게 풀이할 수 있다.

● 〈보기〉를 참고할 때, 다음 글이 실린 책의 제목에 대한 설명으로 적절하지 <u>않은</u> 것은?

만약 단순한 자연 상태에서 합당한 의혹이 있는데도 양쪽이 현재 이행하지 않지만 서로 신뢰한다고 하는 신약이 맺어진다면 그것은 무효이다. 그러나 이행을 강제하기에 충분한 권리와 힘을 가진 공통의 권력이 그들 위에 있다면 그 신약은 무효가 되지 않는다. 강제력에 대한 공포가 없다면, 언어로 이루어진 약속은 인간의 야심, 탐욕, 분노나 그 밖의 정념을 구속하는 데 지나치게 약하기 때문에 먼저 약속을 이행하는 사람은 다른 사람이 나중에 그것을 이행할 것이라는 확신을 갖지 못한다.

┌─ 보기 ┌─
입에서는 횃불이 나오고 불꽃이 튄다. 콧구멍에서 펑펑 쏟아지는 연기는, 끓는 가마 밑에서 타는 갈대 연기와 같다. 그 숨결은 숯불을 피울 만하고, 입에서는 불꽃이 나온다. 목에는 억센 힘이 들어 있어서, 보는 사람마다 겁에 질리고 만다. 살갗은 쇠로 입힌 듯이, 약한 곳이 전혀 없다.

① 절대 권력을 가진 국가를 비유하는 말로 사용된다.
② 구약성서에 등장하는 바다 괴물의 이름에서 유래하였다.
③ 인간의 모든 권리와 권력의 요구를 심판할 수 있는 불멸의 신이다.
④ 자유 의지가 없는 충동적인 존재로, 만인의 만인에 대한 투쟁 상태를 이른다.
⑤ 정치와 종교를 비롯하여 모든 인간사에 있어 절대적인 권한을 가진 존재를 나타낸다.

 정답 ④

📝 자료 들여다보기

위 문항의 지문은 『리바이어던』에서 발췌하였다. 『리바이어던』은 영국 철학자 홉스의 저서로, 통치와 안전을 보장할 수 있는 권력과 시민을 복종시킬 수 있는 절대 주권자를 본질로 하는 국가론을 담고 있다. '리바이어던'은 구약성서 욥기에 등장하는 바다 괴물로, 불멸의 영원한 신 아래에서 시민을 통치하는 유한한 신을 의미한다. 『리바이어던』에서 '리바이어던'은 시민을 보호하는 국가 통치권자로서의 정부를 비유한다.

✏ 문항에 접근하기

제시된 지문은 '이행을 강제하기에 충분한 권리와 힘을 가진 공통의 권력'을 설명하고 있으며, 〈보기〉는 '리바이어던'을 묘사한 글로, 바다 괴물이 인간의 힘을 넘어서는 강력한 존재임을 제시하고 있다. 평가 대상자가 위 문항에 답하기 위해서는 〈보기〉에서 설명하는 대상이 무엇인지 파악한 후 제시된 지문의 내용과 연관 지어 책의 제목인 '리바이어던'을 도출해야 한다. 그러고 나서 '리바이어던'이 책 전체에서 어떻게 상세화되었는지 판단할 수 있어야 한다.

● 다음 글은 저자가 청나라의 풍속과 제도를 시찰하고 자신의 의견을 덧붙여 쓴 책의 일부이다. 이 책의 제목은?

지금 나라 안에 구슬을 캐는 집이 없고 저자에 산호 따위의 보배가 없다. 또 금과 은을 가지고 가게에 들어가도 떡을 살 수 없는 형편이다. 이것이 참으로 검소한 풍속 때문일까? 아니다. 이것은 물건을 이용하는 방법을 모르기 때문이다. 이용할 줄 모르니 생산할 줄 모르고, 생산할 줄 모르니 백성은 나날이 궁핍하여지는 것이다.

① 북학의(北學議)　　　　　② 택리지(擇里志)
③ 반계수록(磻溪隨錄)　　　④ 성호사설(星湖僿說)
⑤ 지봉유설(芝峯類說)　　　　　　　　　　정답 ①

✏ 자료 들여다보기

위 문항의 시문은 『북학의』에서 발췌하였다. 『북학의』는 조선 시대 실학자 박제가의 저서로, 청나라의 풍속과 제도를 시찰하고 돌아와 집필한 견문록이다. '북학(北學)'이라는 말에는 청나라를 문명화된 선진국으로 인정하고 겸손하게 배운다는 뜻이 담겨 있다. 『북학의』는 상공업의 발전과 적극적인 무역 정책을 주창한 저서로, 일상생활에 필요한 모든 기구와 시설에 대한 개혁, 농업 기술의 개량과 무역의 이점에 대한 내용을 담고 있다.

제시된 지문은 백성이 '물건을 이용하는 방법'을 모르는 상황을 언급하며, '이용할 줄 모르니 생산할 줄 모르고, 생산할 줄 모르니 백성은 나날이 궁핍하여지는 것이다.'라고 이 상황을 분석하고 있다. 평가 대상자가 위 문항에 답하기 위해서는 문두에 제시된 '청나라의 풍속과 제도를 시찰하고 자신의 의견을 덧붙여 쓴 책'이라는 책의 개요와 지문에서 언급한 물건의 이용과 생산, 그리고 백성의 궁핍이 관련되어 있음을 이해하고 책의 제목을 파악해야 한다.

⑤ 심화된 핵심 내용

독서력 평가 문항에서는 책의 내용 자체를 파악하고 이해하는 데에서 더 나아가 책의 내용을 해석하고 적용할 수 있는지를 물을 수 있다. 평가 대상자가 책의 내용이나 책 전반에 나타난 저자의 관점이나 생각을 새로운 상황이나 사례 등에 적용하여 판단할 수 있는지를 묻는 문항이 다양한 방식으로 출제될 수 있다.

● **다음 글의 내용을 실천한 인사 사례로 적절하지 <u>않은</u> 것은?**

인재를 태어나게 함에는 고귀한 집안의 태생이라 하여 그 성품을 풍부하게 해 주지 않고, 미천한 집안의 태생이라고 하여 그 품성을 인색하게 주지만은 않는다. 그런 때문에 옛날의 선철(先哲)들은 명확히 그런 줄을 알아서, 더러는 초야(草野)에서도 인재를 구했으며, 더러는 병사(兵士)의 대열에서 뽑아냈고, 더러는 패전하여 항복한 적장을 발탁하기도 하였다. 더러는 도둑 무리에서 고르며, 더러는 창고지기를 등용했었다. 그렇게 하여 임용한 사람마다 모두 임무를 맡기기에 적당하였고, 임용된 사람들도 각자가 지닌 재능을 펼쳤다. 나라는 복(福)을 받았고 다스림이 날로 융성하였음은 이러한 도(道)를 써서였다. 그래서 천하를 다스리는 큰 나라로서도 혹시라도 그러한 인재를 놓칠세라 오히려 염려하여, 근심 많은 듯 앉거나 누워서도 생각하고 밥상머리에 앉아서도 탄식했었다.

① A 기업은 입사 원서에 출신 배경을 쓰지 않도록 함
② B 기업은 해커 출신 중에서 전산 보안 요원을 선발함
③ C 기업은 국가 공인 자격을 가진 사람을 우선 선발함
④ D 기업은 실적과 능력이 뛰어난 평사원을 이사로 발탁함
⑤ E 기업은 학력의 제한을 두지 않고 능력 위주로 신입 사원을 선발함

정답 ③

자료 들여다보기

위 문항의 지문은 허균의 『성소부부고』에 수록된 「유재론(遺才論)」에서 발췌하였다. 「유재론」은 조선 시대 문신 허균의 작품으로, 출신에 따른 차별의 문제점을 지적하며 바람직한 인재를 등용하기 위한 방법에 대해 논한 글이다.

문항에 접근하기

제시된 지문은 태생에 연연하지 않고 인재를 쓰는 자세를 가질 때에 '임용한 사람마다 모두 임무를 맡기기에 적당하였고, 임용된 사람들도 각자가 지닌 재능을 펼'칠 수 있으며 나라가 융성해질 수 있음을 언급하고 있다. 이는 인재를 뽑을 때에 그 사람이 갖고 있는 능력이나 재능을 고려하는 것이 중요함을 함의한다. 평가 대상자가 위 문항에 답하기 위해서는 지문에 나타난 인재 등용 방법을 파악하고, 그러한 방법이 적용된 사례를 답지에서 찾을 수 있어야 한다.

● **다음 글의 관점이 가장 잘 드러나는 사례로 적절한 것은?**

□ 공자께서 말씀하셨다. 군자의 중용이란, 군자답게 때에 맞는 것이며, 소인의 중용이란, 소인답게 거리낌이 없는 것이다.

□ 공자께서 말씀하셨다. "순임금께선 크게 지혜로우신 분이다. 순임금께선 묻기를 좋아하시고, 비근한 말에서도 살피길 좋아하시며, 나쁜 점을 감춰 주시고 좋은 점을 널리 알리시며, 양극단을 잡아 그 가운데를 백성에게 쓰셨으니, 이것이 순임금이 되신 이유이니라!"

① 흉년에 백성들의 고통을 직접 듣고 세율을 낮춤
② 역병이 도는 시기에도 군사 훈련을 원칙대로 실시함
③ 정치적으로 불리하더라도 자신의 소신을 굽히지 않음
④ 자신의 나쁜 점을 감추고 좋은 점만 보여 주려고 노력함
⑤ 한쪽에 치우치지 않고 항상 중도적 입장을 가진 사람들의 의견을 반영함

정답 ①

자료 들여다보기

위 문항의 지문은 『중용』에서 발췌하였다. 『중용』은 공자의 손자인 자사의 저서로, 치우치지 않고 조화와 평형을 얻는 자세를 강조하고 있다.

제시된 지문은 '군자는 군자답게' 행동해야 함을 언급하고 있으며, '양극단을 잡아 그 가운데'를 쓰는 것을 지혜로운 임금의 덕목으로 논하고 있다. 평가 대상자가 위 문항에 답하기 위해서는 『중용』에 나타난 조화와 평형을 이해한 후, '양극단을 잡아 그 가운데'를 적용하는 경우에 해당하는 사례가 무엇인지 판단해야 한다.

❻ 시대 상황

독서력 평가에서는 현대적인 관점에서 계승할 만한 가치 있는 내용을 담은 글을 지문으로 사용한다. 좋은 글은 시대를 넘어서며 깨달음을 준다는 점을 고려하여, 독서력 평가에서는 시대 상황과 관련한 문항 유형을 구성할 수 있다. 여기에는 글이 후대에 끼친 영향을 판단하거나 글이 지닌 현재적 가치에 대해 평가하는 등의 문항이 포함된다.

● 다음 글이 실린 책이 후대에 영향을 끼친 이유로 적절하지 <u>않은</u> 것은?

　정치 혁명은 기존 제도가 주변 환경에 의해서 제기되는 문제들을 이제 더 이상 적절하게 해결할 수 없다는 의식이 팽배해지면서 시작되는데, 이런 의식은 종종 정치적 집단에 국한되며, 여기에서의 주변 환경은 기존 제도가 일정 정도 만들었던 것이다. 이와 상당히 비슷한 방식으로 과학 혁명이란, 과학의 탐구를 주도했던 기존 패러다임이 자연 현상에 대한 다각적인 탐사에서 이제 더 이상 적절한 구실을 하지 못한다는 의식이 점차로 증대되면서 시작되는데, 이런 의식은 과학 전문 분야의 좁은 하위 분야에 종종 국한된다. 정치적, 과학적 발전의 양쪽에서 위기로 몰고 갈 수 있는 기능적 결함을 깨닫는 것이 혁명의 선행 조건이다.

① 과학 발전의 객관적 보편성에 이의를 제기했기 때문에
② 과학의 발전이 어떻게 전개되는가에 초점을 맞추었기 때문에
③ '과학 혁명', '패러다임', '정상 과학' 등 새로운 개념을 제시했기 때문에
④ 과학의 발전은 과학의 이상 현상의 출현으로 이루어진다고 보았기 때문에
⑤ 이 책의 발상이 다른 문화 현상을 설명하는 데에도 도움을 주었기 때문에

정답 ②

위 문항의 지문은 『과학 혁명의 구조』에서 발췌하였다. 『과학 혁명의 구조』는 미국 과학 사학자 겸 철학자인 토머스 쿤의 저서로, 과학 지식의 변천과 발전이 패러다임의 변화에 따라 이루어진다고 설명하고 있다. 과학의 발전은 기존의 과학 지식에 이의를 제기하고 이상 현상의 출현으로 기존의 과학이 붕괴될 때 이루어지는데, 이러한 현상은 그 시대 과학자들이 공유하는 패러다임으로는 설명할 수 없기 때문에 새로운 패러다임을 적용하여 새로운 과학이 출현해야 설명할 수 있다. 과학의 발전이 패러다임의 전환에 따라 발생한다는 이러한 논의는 자연 과학의 발전 양상뿐만 아니라 다른 문화 현상을 설명하는 데에도 널리 활용되었다.

✏ 문항에 접근하기

제시된 지문은 과학 혁명이 '과학의 탐구를 주도했던 기존 패러다임이 자연 현상에 대한 다각적인 탐사에서 이제 더 이상 적절한 구실을 하지 못한다는 의식이 점차로 증대되면서 시작'되며, '정치적, 과학적 발전의 양쪽에서 위기로 몰고 갈 수 있는 기능적 결함을 깨닫는 것'이 혁명의 선행 조건이라고 언급하고 있다. 평가 대상자가 위 문항에 답하기 위해서는 지문이 『과학 혁명의 구조』에서 발췌되었음을 파악한 후, 이 책이 후대에 지속적으로 영향을 미친 까닭이 패러다임이라는 개념으로 과학 현상을 설명하였기 때문임을 이해해야 한다.

● 다음 글이 실린 책의 주장에 대한 의문으로 적절하지 <u>않은</u> 것은?

A: 그런데 우리가 세운 나라에서는 어떤 종류의 사람들이 제일 많겠나? 대장장이일까 아니면 그 나라를 지키는 수호자겠나?

B: 대장장이가 훨씬 더 많겠지요.

A: 직업 중에서 제일 수가 적은 것이 나라를 지키는 수호자 아니겠나?

B: 그렇습니다. 그들이 제일 적습니다.

A: 결국 각자 자기 소질을 발휘하기 위해 세운 그 나라도 제일 적은 수를 차지하는 사람들 덕택에 지혜로운 나라가 되는 셈이군. 그 나라를 지배하고 이끌어 나가는 최소의 사람들의 지식으로 유지되니까. 그런 사람들은 종족으로 보더라도 매우 소수이네. 하긴 지혜의 소유자가 적은 것은 당연하지만.

B: 옳은 말씀입니다.

A: 결국 우리는 그 네 가지의 덕 가운데서 하나를 발견한 셈이군. 그리고 그것을 어떤 사람들이 소유하고 있는지도 밝혀졌고.

B: 그렇습니다.

① 다수가 아니라 오직 소수만이 선에 관한 지식의 전문가가 될 수 있는가?

② 선을 추구하는 것이 정치가 떠맡아야 할 우선적이거나 유일한 과제인가?

③ 선에 대한 객관적인 지식이 가능하고 인간은 그러한 지식을 획득할 수 있는가?

④ 정치와 사회를 총괄적으로 조망하고 그것을 '상호 의존적인 체계'로 보는 것이 합당한가?

⑤ 철인에게 정치를 맡기면 선한 시민을 양성한다는 공동체의 목적을 효율적으로 달성할 수 있는가?

정답 ④

✏️ 자료 들여다보기

위 문항의 지문은 『국가론』에서 발췌하였다. 『국가론』은 플라톤의 저서로, 소크라테스가 아테네인들과 대화를 나누는 형식을 통해 철학과 정치 이론에 대한 광범위한 내용을 다루고 있다. 플라톤은 국가가 서민 계급, 수호자 계급, 철인 계급으로 나누어져 성립되며, 각 계급은 목표하는 덕을 가져야 한다고 설명한다. 서민 계급은 절제의 덕, 수호자 계급은 용기의 덕, 철인 계급은 지혜의 덕을 가져야 하며, 각각의 계급이 자신의 덕을 지키며 실천할 때에 국가는 정의를 실현할 수 있다고 설파하였다.

✏️ 문항에 접근하기

제시된 지문은 수호자 계급을 예로 들어 특정한 계급이 지켜야 할 덕목이 있음을 언급하고 있다. 평가 대상자가 위 문항에 답하기 위해서는 지문이 『국가론』에서 발췌되었음을 파악한 후, 이 책에서 주장하는 바가 각 계급에 따른 역할을 충실하게 수행하는 것이 필요하다는 것임을 이해해야 한다. 그러고 나서 이러한 주장이 현재의 가치 또는 관점에서 볼 때에 타당한 것인지 판단해야 한다.

🔶 ⑦ 상호 텍스트성

상호 텍스트성은 모든 텍스트는 다른 텍스트와 직·간접적으로 연결되어 있으며, 텍스트의 의미는 다른 텍스트와의 관련성 속에서 찾아질 수 있다고 보는, 텍스트의 상호 의존적 존재 방식을 의미한다. 독서력 평가에서 상호 텍스트성과 관련한 평가 문항을 출제하기 위해서는 최소한 두 개 이상의 지문이 요구된다. 각 지문 간 관련성에 주목하기 때문에 여기에는 공통점이나 차이점을 파악하는 문항이 포함된다.

● (가)와 (나)는 특정 문학 양식의 등장을 설명하는 글이다. 두 글에서 공통적으로 추론할 수 있는 특정 문학 양식의 등장 이유로 가장 적절한 것은?

(가)

삼대(三代) 이전은 순박함을 잃지 않았으며, 성인은 중화(中和)의 극치이므로 말을 하면 문장이 이루어진다. 속된 것도 창달하는 데 적당하여 비루한 데로 흐르지 않으며, 신기한 것은 비유가 잘 맞아 허탄한 데에 빠지지 않으며, 격동시키는 것은 깨닫게 되기를 기약하되 어그러지는 데 떨어지지 않는다. 이것을 소리에 비유하면 크게는 뇌성벽력으로부터 작게는 모기나 파리 소리에 이르기까지 일일이 들어 헤아리면 어찌 천 가지 만 가지에 그치겠는가? 선대 왕들이 음악을 만들 때 음은 다섯에 지나지 않았고, 율(律)은 열둘에 지나지 않은 것은, 절도를 취하여 알맞게 한 것이다.

(나)

별이 빛나는 창공을 보고, 갈 수가 있고 또 가야만 하는 길의 지도를 읽을 수 있던 시대는 얼마나 행복했던가? 그리고 별빛이 그 길을 훤히 밝혀 주던 시대는 얼마나 행복했던가? 이런 시대에 있어서 모든 것은 새로우면서도 친숙하며, 또 모험으로 가득 차 있으면서도 결국은 자신의 소유로 되는 것이다. 그리고 세계는 무한히 광대하지만 마치 자기 집에 있는 것처럼 아늑한데, 왜냐하면 영혼 속에서 타오르는 불꽃은 별들이 발하고 있는 빛과 본질적으로 동일하기 때문이다. 다시 말해서, 세계와 자아, 천공(天空)의 불빛과 내면의 불꽃은 서로 뚜렷이 구분되지만, 서로에 대해 결코 낯설어지는 법이 없다.

① 왕들의 시대가 끝났기 때문에
② 조화롭던 세계가 타락하였기 때문에
③ 새로운 세상에 대한 모험 정신 때문에
④ 이야기를 좋아하는 인간의 성향 때문에
⑤ 세계가 변증법적인 과정을 통해 변화하기 때문에

정답 ②

위 문항에서 (가) 지문은 『삼한의열녀전』의 서문에서, (나) 지문은 『소설의 이론』에서 발췌하였다. 『삼한의열녀전』의 서문은 조선 시대 문인 김매순의 글로, 글을 짓는 체(文之體)를 간결함(簡), 참됨(眞), 바름(正)으로 보여 주고 있다. 또한 『소설의 이론』은 헝가리 문예 이론가 루카치의 저서로, 소설이라는 문학 형식이 시대에 가장 적합하고 의미 있는 예술 형식이라고 주장하고 있다. 두 개의 지문모두 소설이라는 특정 문학 양식이 등장한 이유를 설명하고 있다는 데에 공통점이 있다.

✎ 문항에 접근하기

제시된 지문 (가)에서는 '중화(中和)의 극치이므로 말을 하면 문장이 이루어'지는 시대가 있었음을, (나)에서는 '세계와 자아, 천공(天空)의 불빛과 내면의 불꽃은 서로 뚜렷이 구분되지만, 서로에 대해 결코 낯설어지는 법이 없'는 시대가 있었음을 언급하고 있다. 평가 대상자가 위 문항에 답하기 위해서는 문두를 통해 각각의 지문에서 공통적으로 상정하고 있는 문학 양식이 있음을 파악한 후, 지문에서 이에 해당하는 문학 양식이 소설임을 도출해야 한다. 그리고 지문의 내용을 토대로 소설이라는 문학 양식이 등장하게 된 까닭을 파악해야 한다.

● (가)와 (나)의 책에서 공통적으로 중시하는 가치를 드러내는 말끼리 가장 잘 연결한 것은?

(가)

이제 어떤 사람이 아장아장 걷는 아이가 우물에 들어가는 것을 느닷없이 보게 된다면 모두 깜짝 놀라 측은히 여기는 마음이 생길 것이다. 그 아이의 부모와 교제하기 위한 것도 아니고, 마을 친구들에게서 명예를 얻기 위한 것도 아니며, 그 소리가 싫어서 그런 것도 아니다. 이것으로부터 볼 때 측은해하는 마음이 없으면 사람이 아니고, 부끄러워하고 미워하는 마음이 없으면 사람이 아니며, 사양하는 마음이 없으면 사람이 아니고, 시비를 판단하는 마음이 없으면 사람이 아니다.

(나)

초나라 사람 직궁이 그의 아버지가 양을 훔치자 관리에게 자신의 아버지를 고발했다. 영윤은 "직궁을 죽여라."라고 말했다. 임금에게 곧은 백성이지만 아버지에게는 못된 자식이었기 때문에 직궁을 벌하라고 판결한 것이다. 이것으로 볼 때 임금에게 곧은 신하는 아버지에게는 못된 자식이 되는 것이다.

노나라 사람이 임금을 따라 전쟁에 참여를 했는데 세 번 전쟁에 나가서 세 번 모두 도망쳐 나왔다. 중니(공자)가 그 까닭을 물으니 대답하기를 "저에게는 늙으신 아버지가 계신데, 제가 죽으면 봉양할 사람이 없습니다." 하였다. 중니는 그를 효자라고 여기고 추천하여 높은 벼슬을 주었다. 이를 통해 보건대 아버지에게 효자는 임금을 배반하는 신하이다. 고로 영윤이 직궁을 죽임으로써 초나라의 간사한 일이 윗사람에게 알려지지 않게 되었으며, 중니가 그 사람에게 상을 줌으로써 노나라 군대는 쉽게 항복을 하거나 도망을 가니, 상하의 이익이 이와 같이 달랐던 것이었다.

① 유가 - 법가   ② 유가 - 도가

③ 도가 - 유가   ④ 묵가 - 법가

⑤ 법가 - 도가

정답 ①

🖋 자료 들여다보기

위 문항에서 (가) 지문은 『맹자』에서, (나) 지문은 『한비자』에서 발췌하였다. 『맹자』는 중국 전국 시대 사상가인 맹자의 저서로 알려져 있으며, 인간의 천성은 선하며 이러한 본성을 지키고 다듬는 것이 필요하다는 성선설을 담고 있다. 『한비자』는 중국 전국 시대 사상가인 한비와 그 제자들이 집필한 저서로 알려져 있으며, 군주는 도덕성보다는 존엄한 위세를 갖추어 냉철하게 백성을 다스려야 한다는 내용을 담고 있다. 두 개의 지문은 모두 백성을 다스릴 때에 필요한 자세에 대한 내용을 담고 있으나, 그 자세가 무엇인지에 대해서는 상반된 주장을 보이고 있다.

🖋 문항에 접근하기

제시된 지문 (가)에서는 '측은해하는 마음이 없으면 사람이 아니고, 부끄러워하고 미워하는 마음이 없으면 사람이 아니며, 사양하는 마음이 없으면 사람이 아니고, 시비를 판단하는 마음이 없으면 사람이 아니다.'라는 구절을 통해 인(仁)에서 우러나는 측은지심(惻隱之心), 의(義)에서 우러나는 수오지심(羞惡之心), 예(禮)에서 우러나는 사양지심(辭讓之心), 지(智)에서 우러나는 시비지심(是非之心)을 언급하고 있다. (나)에서는 '영윤이 직궁을 죽임으로써 초나라의 간사한 일이 윗사람에게 알려지지 않게 되었으며, 중니가 그 사람에게 상을 줌으로써 노나라 군대는 쉽게 항복을 하거나 도망'가는 상황을 언급하며 원칙에 맞는 법 집행이 우선시되어야 함을 언급하고 있다. 평가 대상자가 위 문항에 답하기 위해서는 문두를 통해 각각의 지문에서 중시하는 가치가 있음을 파악한 후, 지문의 내용을 토대로 이러한 가치가 각각 유가의 가치와 법가의 가치임을 도출할 수 있어야 한다.

② 문해력 평가

문해력 평가 문항은 문해 수준과 텍스트 유형과 맥락을 교차하여 출제할 수 있다. 하나의 지문에 복수의 문항이 출제되는 것이 일반적이다. 하나의 지문에서 텍스트 내적 이해와 외적 이해 모두를 물을 수도 있으며 텍스트 내적 이해 또는 외적 이해의 세부적인 평가 요소를 달리하여 물을 수도 있다.

❶ 텍스트 내적 이해

텍스트 내적 이해는 텍스트 그 자체를 이해하는 데에 초점을 둔다. 텍스트 내적 이해는 단어, 문장, 문단 단위에서 이루어질 수 있으며 텍스트가 제시하고 있는 축자적 이해, 텍스트 구성 요소의 연결 관계 및 구조 등을 파악하는 데에 중점을 둔다. 여기에는 어휘의 사전적 의미를 이해하는 것부터 구절이나, 문장, 문단의 의미를 파악하는 것, 글에 나타난 세부 내용을 파악하는 것 등이 모두 포함된다.

● 다음 글을 읽고 물음에 답하시오.

(가)

보도자료	2022년 ○월 17일(수)
EBS	2022년 ○월 17일(수) 배포 시점부터 보도해 주시기 바랍니다.
	담 당 EBS △△부, □□□ (02 – 526 – ××××)
	문 의 EBS △△부, ◇◇◇ (02 – 526 – ××××)

㉠어른들도 몰라요

당신의 문해력 플러스

7부 '생존을 위한 법 읽기'

＊ 방송일시 : 2022년 ○월 18일(목) 밤 10시 45분, EBS 1

▶ 전세 계약 갱신을 앞두고 있다면 주목!

　임대차보호법 개정 이후, 1년간 이와 관련한 법률상담만 7,200건. 생활에 꼭 필요한 주거 문제인 만큼, 임대인과 임차인의 갈등 및 소송을 겪는 사례들이 쏟아지고 있다. 많은 사람들이 계약갱신청구권은 알고 있지만, 전세 계약 갱신 시 반드시 같이 챙겨야 하는 '이것'은 잘 알지 못한다. ○○○ 변호사는 "전세 계약 갱신 전에 계약갱신청구권과 더불어 '민간임대주택에 관한 특별법'을 반드시 함께 확인해야 한다."고 말한다. 왜 이 두 법을 동시에 확인해야 하는 걸까?

▶ ⓛ부동산 계약, 집 수리, 명예훼손 등 생존을 위한 '법 문해력'

　법 없이 살 수 있는 사람이 있을까? 현대 사회에서 '법'은 더 이상 불법이나 잘못을 뜻하지 않는다. 내가 살고 있는 집 천장에서 물이 샐 때, SNS에서 의도치 않게 누군가의 명예를 훼손했을 때 등 내가 생활하고 살아가는 데 필요한 많은 것들이 법에 의해 규칙으로 정해진다. 때문에 현대 사회에서 법을 잘 읽고 해석하는 것은 필수불가결한 능력! 하지만 어려운 법률 용어와, 한 문장이 1,800자가 넘을 정도로 문장이 길고 구조가 복잡한 법조문은 많은 사람들을 '법알못(법을 잘 알지 못하는 사람)'을 자처하게 할 만큼 어렵기만 하다.

(중략)

　ⓒ법조문 잘 읽게 되는 꿀팁이 있을까? 아무리 읽어도 어렵기만 한 법조문. 분쟁과 갈등을 피하려면? '법 문해력'을 통해 우리가 미처 알지 못한 나의 권리를 찾아보자. 분쟁과 갈등을 피하고 싶은 어른들을 위한 꿀팁은 ○월 18일 밤 10시 45분 〈당신의 문해력 플러스〉 '7부 생존을 위한 법 읽기' 방송을 통해 공개된다.

＊ 관련 사진은 ×××.co.kr−××××××에 있습니다.

(나)

보도자료		2022년 ○월 29일(월)
EBS	2022년 ○월 29일(월) 배포 시점부터 보도해 주시기 바랍니다.	
	담 당　　EBS △△부, □□□ (02 – 526 – ××××)	
	문 의　　EBS △△부, ◇◇◇ (02 – 526 – ××××)	

제19회 EBS 국제다큐영화제(EIDF 2022) 수상작 공개

부문별 대상에 〈넬리와 나딘〉, 〈사라지는 유목민〉 선정

- ○월 22일~28일, 7일간 진행된 〈제19회 EBS 국제다큐영화제〉 수상작 공개
- 28일(일), EBS 사옥 스페이스홀 공감에서 〈EIDF 2022〉 시상식 진행
- '대상'에 〈넬리와 나딘〉, 〈사라지는 유목민〉, '유스아이상'에 〈스칼라 극장〉

②EBS(사장 김유열)가 주최하고 고양특례시(시장 이동환)가 후원하는 제19회 EBS 국제다큐영화제(이하 'EIDF 2022')가 지난 28일(일) EBS 사옥 스페이스홀 공감에서 시상식을 열고 올해의 수상작을 발표했다.

이날 시상식의 진행은 개그맨 김용명, 영화 〈웰컴 투 X-월드〉의 한태의 감독이 맡았으며, '페스티벌 초이스: 글로벌', '페스티벌 초이스: 아시아', '유스아이상', 'EIDF-고양 모바일 단편 공모전' 부문에서 총 10편의 작품이 수상작으로 선정됐다.

⑩(중략)

시상식에 참석한 EIDF 집행위원장 김유열 EBS 사장은 "오늘 수상하신 다큐 창작자분들에게 축하의 인사를 드리며, 이번 행사가 원활히 진행될 수 있도록 도움 주신 여러 관계기관 관계자분들과 EIDF 스태프, 자원활동가분들과 매년 변함없는 애정과 성원을 보내 주시는 시청자·관객분들께 감사를 드린다."라며 축하와 감사를 전하고, "'다큐의 푸른 꿈을 찾아서'라는 올해의 슬로건처럼 여러분들과 함께 품은 그 푸른 꿈을 기억하며 내년에는 더 뜨거운 열정을 담아 다시 찾아뵐 것을 약속드린다."는 인사와 함께 다음 행사에 대한 다짐을 전했다.

1. (가), (나)의 '보도자료'에 대해 판단한 내용으로 적절하지 않은 것은?

① 방송 프로그램이나 주최한 행사를 알리려고 작성했다.

② 관련 담당자가 언론에 기삿거리를 제공하기 위해 작성했다.

③ 실명을 밝히고 발언을 직접 인용한 것으로 보아, 객관적 사실보다 전문가의 의견을 중요시했다.

④ (가)에서는 글 자료뿐만 아니라 사진 자료도 제공하는 것으로 보아, 전달 효과를 위해 시각 자료도 함께 준비했다.

⑤ (나)에서는 글 전체의 내용을 요약하여 제시한 것으로 보아, 보도자료의 내용을 쉽게 파악할 수 있도록 작성했다.

정답 ③

2. ㉠~㉤에 대한 설명으로 적절하지 <u>않은</u> 것은?

① ㉠: 소개하고 있는 방송이 청소년을 대상으로 법 문해력을 높이기 위한 정보를 제공하는 프로그램임을 알 수 있다.

② ㉡: 분쟁과 갈등이 발생할 수 있는 상황에 대해 이를 피할 방법이 방송에서 다루어질 것임을 알 수 있다.

③ ㉢: 비유적 표현을 사용하거나 문장을 완결 짓지 않음으로써 방송 내용에 대한 관심을 유발한다.

④ ㉣: 시상과 관련된 정보를 한 문장으로 제시함으로써 이후에 이어질 내용을 짐작할 수 있게 한다.

⑤ ㉤: 부문별 '대상'과 '유스아이상'을 수상한 작품에 대한 설명이 제시되었을 것이다.

정답 ①

📝 자료 들여다보기

위 독해력 평가는 2개의 지문과 2개의 문항으로 구성되어 있다. 위 지문은 보도자료의 일부이다. (가)는 '당신의 문해력 플러스'라는 프로그램의 보도자료로, 개인의 권리를 보호하고 타인과의 분쟁 및 갈등을 피할 수 있는 데에 활용되는 법 문해력을 다루는 프로그램의 내용을 소개하고 있다. (나)는 'EBS 국제다큐영화제' 수상작과 관련한 보도자료로, 제19회 EBS 국제다큐영화제 수상작을 소개하고 시상식과 관련한 내용을 다루고 있다.

📝 문항에 접근하기

두 문서 모두 보도자료라는 점에서 직무를 수행하기 위해 필요한 문해력과 직접적으로 관련되어 있다고 볼 수 있다. 이 중 텍스트 내적 이해를 평가 요소로 설정한 것은 2번 문항이다. 2번 문항은 밑줄 친 부분에 해당하는 내용의 세부 내용을 파악할 수 있는지 묻는 문항이다. 평가 대상자가 2번 문항에 답하기 위해서는 밑줄 친 부분에 해당하는 내용을 꼼꼼히 읽은 후 글 전체에서 각각의 문장이 갖는 의미가 무엇인지 이해해야 한다.

❷ 텍스트 외적 이해

텍스트 외적 이해는 텍스트 자체의 의미를 넘어서 텍스트 바깥에 존재하는 독자의 배경지식, 사전 지식, 가치관, 세계관, 경험 등을 바탕으로 글을 해석하거나 텍스트의 산출과 이해와 관련된 상황이나 맥락, 목적 등을 고려하여 글 내용을 파악하는 것을 의미한다. 여기에는 텍스트의 중심 내용을 재구성하거나 요약하는 것에서부터 생략된 정보를 추론하거나 숨겨진 가정 및 전제를 파악하는 것, 텍스트 내용을 적용하고 분석하거나 종합하고 평가하는 등 독자의 배경지식을 활용하여 텍스트를 이해하는 것, 기존의 텍스트를 활용하여 새로운 텍스트를 생산하는 것까지를 포함한다. 텍스트 외적 이해의 수준이 깊어질수록 독자는 텍스트의 내용을 정확하고 치밀하게 이해할 수 있게 된다.

● **다음 글을 읽고 물음에 답하시오.**

평균적인 신체, 평균적인 지능과 같이 ㉠평균적 인간과 관련하여 보편화된 개념은 잘못된 통념일 수 있다. 현대 사회의 시스템은 평균에 의존하여 표준화된 성적이나 IQ 같은 단위를 기준으로 사람의 가치를 판단하는 경향을 조장해 왔다. 그런데 다차원적으로 이루어진 인간의 복잡한 특성을 평균에 의존하여 일차원적 단위로 판단하는 것은 문제가 있다.

[A]
어떤 사람의 체격에 대해 판단해 보라고 하면 일반적으로 덩치가 큰지, 작은지, 아니면 보통인지로 따진다. 그런데 체격 지수는 키, 몸무게, 어깨너비, 팔 길이, 가슴둘레, 몸통 둘레, 허리둘레, 엉덩이둘레, 다리 길이의 관련성이 낮은 서로 다른 차원들로 구성된다. 또한 한 개인의 각 차원들은 균일하지 않고 평균에서 들쭉날쭉하기 때문에 평균 치수로 체격이 크거나 작다고 말할 수 없다. 즉 A와 B 중 '어느 쪽의 체격이 더 큰가?'라는 질문은 '어느 쪽의 키가 더 큰가?'라는 질문처럼 쉽게 답할 수 없다.

또 성격을 일련의 특성에 따라 유형화하는 검사들을 생각해 보자. 우리는 특정 유형으로 성격과 행동을 판단하여 규정하면서 이런 성격이 본질적으로 그 사람의 내면에 존재하고 있어서 특정 상황에서 발현할 것이라고 보고, 이를 통해 그 사람의 진짜 정체성을 꿰뚫어 볼 수 있다고 믿는 경향이 있다. 그러나 어떤 사람을 이해하고 싶다면 그 사람의 유형화된 평균적 경향이나 기질을 이야기하는 방식을 취해서는 안 된다. 개인의 행동은 특정 상황 맥락과 따로 떼어서는 설명될 수도 예측될 수도 없으며 개개인의 경험과 따로 떼어서도 규명될 수 없다. 그러므로 인간의 행동은 표준화된 틀로 해석하려 하기보다 그 사람의 상황 맥락에 따른 행동 특성에 초점을 맞추어 보려는 태도가 필요하다.

한편 우리는 인간의 발달이 표준화된 경로나 평균적 단계에 따라 이루어진다고 생각한다. 예를 들어 아기가 기는 것은 걷기 전의 필수 단계이며 평균적 발달의 경로가 있다고 여기는데 이는 문화적 산물일 뿐이다. 인간의 발달은 그 종류를 막론하고 단 하나의 정상적인 경로라는 것이 있을 수 없다. 개개인의 발달은 진전의 속도와 결과에 이르기까지의 순서가 다양하며, 어떤 결과에 이르기까지 다양한 길들이 존재하고 자신에게 가장 잘 맞는 경로는 개인성에 따라 결정된다는 것을 알아야 한다.

1. ⊙에 대한 글쓴이의 관점으로 적절하지 **않은** 것은?

① 인간의 성격은 평균적인 기질이나 성향으로 유형화할 수 없다.

② 인간의 발달은 표준화된 경로나 평균적 단계에 따라 이루어지지 않는다.

③ 복잡한 인간 특성의 단면만을 보게 하는 표준화된 개념에 불과한 것으로 실제로 존재하지 않는다.

④ 특정 성격의 유형이나 정상적인 발달의 경로가 있을 수 없으므로 개인성도 본질적으로 존재하지 않는다.

⑤ 인간의 행동을 이해하기 위해서는 표준화된 도구가 아니라 개인의 경험과 상황 맥락에 대한 관심이 필요하다.

정답 ④

2. [A]를 바탕으로 〈보기 1〉을 판단한 내용 중, 옳은 것만을 〈보기 2〉에서 있는 대로 고른 것은?

┃ 보기 1 ┃

도표는 ⓐ와 ⓑ, 두 사람의 웩슬러 성인용 지능검사(WAIS)의 각 차원을 점수로 나타낸 것이며 이를 합산하여 IQ 점수를 산출한 결과, 두 사람의 IQ는 103으로 같았다.

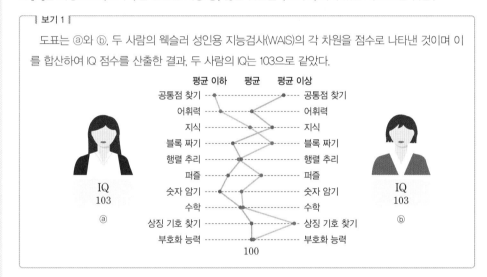

┃ 보기 2 ┃

가. ⓐ와 ⓑ가 지닌 특유의 들쭉날쭉한 성질에 주의를 기울이지 않고 IQ라는 하나의 수치로 재능을 평가하는 것은 문제가 있다.

나. 지능을 구성하는 차원들을 더욱 세분화하여 관련성을 높임으로써 ⓐ와 ⓑ의 지능이 동일하다는 근거를 보강할 필요가 있다.

다. ⓐ와 ⓑ는 각 차원의 점수가 평균에서 들쭉날쭉하지만 평균 지능에 가까우므로 모두 보통의 지적 능력을 지니고 있다고 판단할 수 있다.

라. 관련성이 낮은 10가지 차원들의 점수가 균일하지 않은데도 ⓐ와 ⓑ의 지능이 같다는 것은 IQ와 같은 일차원적 값으로 지적 능력을 평가하는 것은 타당하지 않음을 보여 준다.

① 가, 다

② 가, 라

③ 나, 라

④ 나, 다, 라

⑤ 가, 나, 다, 라 정답 ②

자료 들여다보기

위 문해력 평가는 1개의 지문과 2개의 문항으로 구성되어 있다. 위 지문은 인간의 다차원적인 특성을 일차원적 단위로 판단하는 것의 문제점을 지적하며 인간의 행동을 판단할 때에 필요한 태도를 논의하고 있다. 지문에서는 평균에 의존한 판단, 유형화된 범주의 판단이 불러일으킬 수 있는 문제점으로 상황 맥락을 간과할 수 있다는 점을 지적하고 있다. 또한 인간의 발달에서 단 하나의 경로만을 설정할 수 없으며 자신에게 가장 잘 맞는 경로는 개인의 특성에 따라 결정된다는 것을 주장하고 있다.

문항에 접근하기

1번 문항은 텍스트 외적 이해를 평가 요소로 설정한 것으로, 텍스트에 제시된 정보를 추론할 수 있는지 묻는 문항이다. 평가 대상자가 1번 문항에 답하기 위해서는 지문에서 제시한 '평균적 인간'이 의미하는 바를 파악해야 한다. 그리고 '평균적 인간'에 대해 글쓴이가 어떠한 관점을 보이고 있는지 추론할 수 있어야 한다.

2번 문항은 텍스트 외적 이해를 평가 요소로 설정하였다는 점에서 1번 문항과 평가 요소는 동일하나, 적용, 분석, 종합, 평가를 묻는다는 점에서 평가 내용에는 차이가 있다. 특히 2번 문항은 두 개의 〈보기〉를 활용하여 지문의 내용을 바탕으로 새로운 상황에 적용하여 판단할 수 있는지를 묻고 있으며, 합답형의 형태로 옳은 것을 모두 고르는 방식으로 구성되었다는 점에서 1번 문항과 그 구성 방식도 상이하다. 평가 대상자가 2번 문항에 답하기 위해서는 [A]에서 인간의 각 차원은 균일하지 않다는 것을 파악하고 이를 바탕으로 〈보기 1〉을 해석할 수 있어야 한다. 그리고 나서 그 해석의 결과로 옳은 것을 〈보기 2〉에서 찾을 수 있어야 한다.

성인 독서 문해력 평가,
어떻게 실전에 대비하는가

실전 모의고사

III장에서는 성인 독서 문해력을 평가할 수 있는

모의고사 문제들로 구성되어 있다.

동양 고전과 서양 고전, 한국 고전, 일상생활에서 접할수 있는 유용한 언어 자료 등을 바탕으로

총 90개의 문항이 균형 있게 설계되어 있다. 다양한 자료와 문항을 통해

문제 해결 능력을 키우면서 자신들의 문해력을 점검하도록 하자.

01 다음 글의 빈칸에 공통으로 들어갈 인물은?

출발점으로 되돌아가서, 멜레토스*가 나를 고발하도록 고무한, 말하자면 나에 대한 비방을 불러일으킨 고발이 무엇이었는지 따져 보고자 합니다. 자, 나를 비방한 이들이 뭐라고 말을 했습니까? 그들은 나를 고발한 자들이므로 그들의 소장(訴狀)을 요약하고자 합니다. "(   )은/는 악행을 저지르는 사람이며 괴상하다. 그는 지하의 일이나 천상의 일을 탐구하고 나쁜 일을 좋은 일처럼 보이게 한다. 그리고 그는 이런 일들을 다른 사람들에게도 가르친다." 이것이 고발의 내용입니다. 이것은 여러분이 아리스토파네스의 희극에서 본 것과 조금도 다르지 않습니다. 그 희극에 등장하는 (   )(이)라는 인물은 여기저기 돌아다니며 자기가 공중을 거닐 수 있다고 말하고, 실제로 내가 많거나 적거나 간에 알고 있다고 자처한 적이 없는 사물에 대해 허튼소리를 많이 떠벌립니다. 그렇다고 해서 나는 자연 철학자를 경멸할 생각은 없습니다. 만일 멜레토스가 자연 철학을 경멸했다는 무거운 죄로 나를 고발했다면 참으로 의외의 일일 것입니다. 오, 아테네인 여러분, 그러나 진상은 간단합니다. 나는 자연에 대한 사색과는 아무런 관계가 없습니다. 여기에 참석한 사람의 대다수가 이러한 사실에 대한 증인입니다. 나는 그들에게 호소합니다. 나의 대화를 들은 적이 있는 분들은 내가 이러한 사물에 대해 간단하게든 상세하게든 언급한 일이 있는지 그 여부를 말해 보십시오. 그리고 이웃분들에게도 말해 주십시오. 그러면 그들이 이 부분에 대해 털어놓은 것에서 미루어 짐작해 고소의 나머지 항목에 대해서도 진실 여부를 가려낼 수 있을 것입니다.

※ **멜레토스**: 시인. 고발자의 대표.

① 플라톤　　　　② 에피쿠로스　　　　③ 소크라테스
④ 소포클레스　　　⑤ 아리스토텔레스

02 다음 글의 ㉠에 들어갈 내용으로 적절한 것은?

> 맹자께서 말씀하셨다.
> "군자에게는 세 가지 즐거움이 있는데 천하에 왕 노릇하는 것은 여기에 들지 않는다.
> (㉠   )이 첫 번째 즐거움이요, 우러러보아 하늘에 부끄럽지 않
> 고 굽어보아 사람에게 부끄럽지 않은 것이 두 번째 즐거움이요, 천하의 영재를 얻어 그를 교육시
> 키는 것이 세 번째 즐거움이다."

① 먼 곳에서 벗이 찾아와 주는 것
② 양친이 다 살아 계시고 형제가 무고한 것
③ 배우고 때때로 익혀서 지식이 늘어 가는 것
④ 좋은 때를 만나 자신의 능력을 마음껏 펴는 것
⑤ 사람들이 알아주지 않아도 자기 스스로 만족하는 것

03 다음 글의 저자가 내세우는 도덕 법칙은?

그에 대해서 자주 그리고 계속해서 숙고하면 할수록, 점점 더 새롭고 점점 더 큰 경탄과 외경으로 마음을 채우는 두 가지 것이 있다. 그것은 내 위의 별이 빛나는 하늘과 내 안의 도덕 법칙이다. 이 양자를 나는 어둠 속에 감춰져 있거나 초절적인 것 속에 있는 것으로 내 시야 밖에서 찾고 한낱 추측해서는 안 된다. 나는 그것들을 눈앞에서 보고, 그것들을 나의 실존 의식과 직접적으로 연결한다. 전자는 내가 외적 감성 세계 안에서 차지하고 있는 자리에서 시작해서, 내가 서 있는 그 연결점을 무한 광대하게 세계들 위의 세계들로, 천체들 중의 천체들로, 뿐만 아니라 그것들의 주기적인 운동의 한없는 시간 속에서 그 시작과 지속을 확장한다. 후자는 나의 볼 수 없는 자아, 나의 인격성에서 시작해서, 참된 무한성을 갖는, 그러나 지성에게만은 알려지는 세계 속에 나는 표상한다. 이 세계와의 나의 연결을 나는 앞서의 시계에서처럼 그렇게 한낱 우연적인 것이 아니라, 보편적이고 필연적인 것으로 인식한다.

① 이웃을 네 몸과 같이 사랑하리.
② 아름다움이 세상을 구원할 것이다.
③ 명예는 많은 재산보다 소중하고 존경받는 것은 금은보다 값지다.
④ 네 의지의 격률이 언제나 동시에 보편적 입법의 원리가 되도록 행위하라.
⑤ 용기 있는 자로 살아라. 운이 따라 주지 않는다면, 용기 있는 가슴으로 불행에 맞서라.

04 다음 이야기가 실린 역사서에 대한 설명으로 적절한 것은?

4월에 왕자 호동(好童)이 옥저(沃沮)에 놀러 갔을 때 낙랑왕 최리가 나왔다가 그를 보고서 물어 말하기를, "그대의 낯빛을 보니 예사 사람이 아니오. 어찌 북국 신왕(神王)의 아들이 아니겠는가!" 라고 하였다. 최리는 함께 돌아와 딸을 아내로 삼게 하였다. 후에 호동이 나라로 돌아와 몰래 사람을 보내 최씨의 딸에게 알려 말하기를, "만일 무기고에 들어가 북을 찢고 나팔을 부수면, 내가 예로써 맞이할 것이요, 그렇지 않으면 맞이하지 않을 것이오."라고 하였다.

낙랑에는 북과 나팔이 있어서 만약 적병이 있으면 저절로 소리가 났다. 그런 까닭에 이를 부수게 한 것이다. 이에 최씨의 딸이 예리한 칼을 가지고 몰래 창고 안에 들어가 북을 찢고 나팔을 부순 후 호동에게 알렸다. 호동은 왕에게 권하여 낙랑을 습격하였다. 최리는 북과 나팔이 울리지 않았기 때문에 대비하지 못하였다. 우리 병사가 엄습하여 성 아래에 다다른 연후에야 북과 나팔이 모두 부서진 것을 알았다. 마침내 딸을 죽이고 나와 항복하였다.

① 신비한 이야기를 다룬 「기이(奇異)」편이 있다.
② 고조선과 부여의 건국에 대한 이야기가 기록되어 있다.
③ 삼국 시대의 일을 고구려, 백제, 신라의 순으로 기록하고 있다.
④ 본기(本紀)와 열전(列傳)이 있는 기전체 서술 방식을 택하고 있다.
⑤ 국가에서 공식적으로 편찬한 것이 아니라 개인이 역사 자료를 모아 편찬한 것이다.

05 다음 글에서 설명하는 연구 방법과 동일한 방식으로 저술된 책의 제목은?

> 인간을 대상으로 실험하고 싶지만 실험 조건을 구성할 능력도, 우리 문명 곳곳에서 그런 조건을 구현하는 통제된 예들을 찾아낼 능력도 없는 우리에게 열려 있는 방법은 무엇인가? 인류학자의 방법이 유일하다. 즉 다른 문명에 가서 세계 다른 지역의 다른 문화적 조건에 놓인 인간을 연구하는 것이다. 그러한 연구를 위해서 인류학자는 우리 사회의 복잡성에 도달하지 못한 사회를 가진 아주 단순한 민족들, 즉 원시 민족들을 선택한다. (중략) 그래서 나는 이 책이 탐구하고자 하는 문제를 조사하기 위해 독일이나 러시아가 아닌 남태평양 사모아의 한 섬에 가기로 했다. 이 섬은 적도에서 13도가량 떨어져 있으며 갈색 피부의 폴리네시아인들이 그 주민이다. 나 자신이 여성이고 따라서 소년들보다는 소녀들과 훨씬 더 친밀하게 작업할 수 있으리라 기대했기 때문에, 또한 여성 민족학자의 부족으로 원시민 소녀들에 대한 우리의 지식이 원시민 소년들에 대한 지식보다 훨씬 빈약하기 때문에 나는 사모아의 청소년기 소녀들에 전념하기로 결정했다.

① 칼 마르크스, 『자본론』
② 토머스 모어, 『유토피아』
③ 리처드 도킨스, 『이기적 유전자』
④ 에드워드 사이드, 『오리엔탈리즘』
⑤ 클로드 레비스트로스, 『슬픈 열대』

06 ㉠에 들어갈 말로 적절한 것은?

『동파지림』에 이르기를 "골목집에서 아이들이 천박하고 용렬하여 골치가 아프면 모여서 옛날이야기를 듣게 한다. 삼국의 일을 이야기할 때, 유현덕이 패한다는 말을 들으면, 아이들은 찡그리며 눈물을 흘리기도 하고, 조조가 패한다고 하면 기뻐서 즐겁다고 소리치기도 한다." 하였다. 이것이 나씨의 『삼국지연의』의 시초일 것이다. 이제 진수의 사전(史傳)이나 온공의 『통감』을 가지고 여러 사람을 모아 놓고 이야기해도 눈물을 흘리는 사람은 없을 것이다. 이것이 바로 (㉠)

① 소설을 짓는 이유이다.
② 아이를 교육하는 방법이다.
③ 올바른 글쓰기의 방법이다.
④ 역사를 알아야 하는 이유이다.
⑤ 역사에도 감동이 있는 이유이다.

07 다음 글이 실린 책의 제목과 저자는?

여기까지 나는 인간의 특징 가운데 가장 두드러진 몇 가지는 직접적으로, 또는 더 자주 간접적으로 자연 선택에 의해 획득되었을 가능성이 매우 높다는 것을 보여 주고자 했다. 여기서 잊지 말아야 할 것은, 생물이 생활 방식이나 소화하는 음식에 적응하는 과정에서 아무런 역할도 하지 않거나 주위 환경에 수동적으로만 반응하는 구조와 성질에 일어난 변용은 자연 선택에 의한 것이 아니라는 점이다. 그러나 각각의 개체에 대해 어떠한 변용이 도움이 되는 것인지 결정하는 데는 신중하지 않으면 안 된다. 몸의 많은 부분이 어떤 역할을 하고 있는지, 혈액과 조직에 어떠한 변화가 일어나면 생물이 새로운 기후와 음식에 적응하는 데 유리해지는지, 우리는 아직도 아주 조금밖에 모른다는 사실을 명심해야 한다. 또 이시도르 조프루아가 인간에 대해 보여 준 것처럼, 많은 기묘한 구조상의 일탈은 서로 연관되어 있다는 상관 원리도 잊어서는 안 된다. 상관관계와는 독립적으로 어떤 부분에 일어난 변화가, 다른 부분의 용불용(用不用)을 통해 전혀 예측할 수 없는 다른 변화를 불러일으키는 일도 있다.

① 찰스 다윈, 『인간의 기원』
② 갈릴레오 갈릴레이, 『대화』
③ 장 바티스트 라마르크, 『동물론』
④ 재레드 다이아몬드, 『제3의 침팬지』
⑤ 장 자크 루소, 『인간 불평등 기원론』

08 다음 글의 빈칸에 공통으로 들어갈 인물은?

태사공은 말한다.

내 「이소(離騷)」와 「천문(天問)」, 「초혼(招魂)」, 「애영(哀郢)」을 읽어 보고 그 뜻을 슬퍼하였다. 장사로 가서 (   )이/가 스스로 가라앉은 못을 보고 일찍이 눈물을 흘리지 않은 적이 없었으며 그 사람됨을 생각해 보았다. 가생이 그를 조문한 것을 보자 또한 (   )이/가 그런 재주를 가지고 제후들을 유세하였는데 어떤 나라도 받아들이지 않고 스스로 이런 지경이 되게끔 하였는지 이상하게 여겼다. 「복조부(服鳥賦)」를 읽어 보았더니 죽음과 삶을 같이 여기고, 떠나고 나아감을 가벼이 여겼으니 나의 고뇌 또한 절로 사라졌다.

① 굴원   ② 여불위   ③ 오자서
④ 이사   ⑤ 형가

09 다음 글이 실린 책의 제목은?

처음이란 것이 있으면 그 처음이 있지 않은 적이 있었을 것이며, 있지 않은 그 처음도 아직 있지 않은 적이 있었을 것이다. 유가 있었다면 무가 있었을 것이며, 그 있고 없는 것도 없었던 적이 있었을 것이며, 있고 없고가 없었던 적도 없었던 적이 있을 것이다.

① 대학(大學)   ② 묵자(墨子)   ③ 순자(荀子)
④ 장자(莊子)   ⑤ 회남자(淮南子)

10 다음 글에서 설명하고 있는 중심 화제는?

귀중한 물품을 과시적으로 소비하는 것은 유한 신사가 평판을 얻는 수단이다. 그러나 부가 증대함에 따라 타인의 도움 없이 혼자서 노력하는 것만으로는 부를 충분히 과시할 수 없다. 그래서 호화로운 선물을 하거나 돈이 드는 향연이나 오락에 초대하는 형태로 친구나 경쟁 상대의 도움을 빌리게 된다. 선물이나 향응은 원래 소박한 겉치레와는 전혀 다른 이유로 시작되었으나, 매우 이른 시기부터 이러한 목적에 유용했고, 지금까지 그 성격이 유지되고 있다. 이렇게 선물이나 향응의 효용에는 오랜 역사가 있고, 그렇기 때문에 습관이 되었다고 할 수 있다. 포틀래치라고 부르는 연회나 무도회같이 돈이 많이 드는 향응은 특히 과시적 소비의 목적에 적합하도록 고안되었다. 연회의 접대자는 이러한 방법을 경쟁 상대와 비교하려는 목적의 수단으로 삼는다. 경쟁 상대는 접대자를 대신해 소비하는 동시에, 접대자가 혼자서는 처분할 수 없을 정도로 과도한 사치품을 소비했다는 것의 증인이 된다. 그리고 접대자가 예절에 정통했다는 것을 증명하는 증인도 된다.

① 분수 효과

② 베블런 효과

③ 바그너 법칙

④ 밴드 왜건 효과

⑤ 더닝-크루거 효과

11 다음 글에서 ㉠이 지칭하는 인물은?

어느 날 고구려 국경에 거꾸로 흐르는 물이 있어서 ㉠추남에게 점을 치게 하였더니 아뢰기를, "대왕의 부인이 음양의 도를 역행하였기 때문에 이러한 일이 생긴 것입니다." 하였습니다. 대왕이 놀라고 괴이하게 여겼고 왕비도 크게 화가 나서 "이것은 요망한 여우의 말이다."라고 하였습니다. 왕비는 왕에게 다시 다른 일로 추남을 시험하되, 만일 틀린 말을 하면 중벌을 내리라고 하였습니다. 그래서 쥐 한 마리를 상자 속에 가두어 놓고, 무슨 물건이냐고 물었더니, 추남은 "이것은 필시 쥐이며, 여덟 마리입니다."라고 하였습니다. 그러자 곧 틀린 말을 했다고 하여 목을 베려고 하자 추남이 맹세하기를, "내가 죽은 후에 대장이 되면 반드시 고구려를 멸망시킬 것이다."라고 하였습니다. 그날 밤 대왕의 꿈에 추남이 서현공 부인의 품으로 들어갔습니다. 여러 신하들에게 이 꿈을 이야기해 주자, 모두 말하기를 "추남이 마음속으로 맹세하고 죽더니 과연 그러하옵니다."라고 하였습니다.

① 거타지   ② 김사다함   ③ 김유신
④ 아자개   ⑤ 연개소문

12 다음 글에서 저자가 말하고자 하는 핵심 내용으로 적절한 것은?

인간은 누구나 인생의 모든 모순을 해결하고, 인간에게 최대의 행복을 가져다주는 감정에 대해서도 잘 알고 있다. 그 감정은 바로 사랑이다. 인생이란 이성의 법칙에 따르는 동물적 자아의 활동이며, 이성이란 인간의 동물적 자아가 행복을 위해 따라야 하는 법칙이다. 그리고 사랑이란 인간의 유일한 합리적 활동이다. 동물적 자아는 행복에 이끌려 가기 쉽다. 이성은 사람에게 개인적 행복이 그릇된 것임을 가르쳐 주면서 참된 하나의 길을 보여 준다. 이 길에서의 활동이 바로 사랑이다.

합리적 의식은 사람에게 서로 투쟁하는 생물들의 비참한 모습에 대해 가르쳐 주고 있다. 또한 사람이 손에 넣을 수 있는 유일한 행복에 대해 '행복은 다른 사람과의 투쟁에서 승리함으로써 손에 넣을 수 있는 것이 아니다. 행복은 중단되는 일이 없으며, 권태를 느끼는 일도 없다. 행복 안에서는 죽음의 그림자도, 두려움도 찾아볼 수가 없다.'고 말하고 있다.

인간은 이성이 가르치는 행복, 즉 인간이 손에 넣을 수 있는 유일한 행복을 사람에게 가져다주는 사랑이라는 감정을 마치 자물쇠에 꼭 맞는 열쇠를 발견하는 것처럼 자신의 영혼 속에서 발견하게 된다. 그리고 이 사랑이란 감정은 인생의 모순이 존재함으로써 나타날 뿐 아니라, 이러한 인생의 모순을 해결하는 듯이 보인다.

동물적 자아는 자신의 목적을 위해 인간의 개성을 이용하려고 한다. 하지만 사랑은 다른 존재의 이익을 위해서 자신을 희생하도록 만든다. 또한 동물적 자아는 늘 괴로워한다. 사랑은 이 괴로움을 제거하는 일이 주요 목적이다.

동물적 자아는 행복을 추구하면서 호흡을 한 번 할 때마다 개인의 모든 행복을 파괴해 버리는 죽음을 향해 걸어간다. 반면 사랑은 죽음에 대한 공포를 없앨 뿐 아니라 인간으로 하여금 다른 사람의 행복을 위해 자신의 육체적 존재를 희생하도록 인도한다.

① 행복은 투쟁을 통해 얻어진다.
② 인간 자아의 목표는 행복이다.
③ 사랑은 자기를 희생하는 것이다.
④ 사랑은 공포에 순응하는 것이다.
⑤ 사랑은 모순된 괴로움을 동반한다.

13 (가)와 (나)의 사례를 설명할 수 있는 사자성어로 가장 적절한 것은?

> **(가)**
> 왕상은 일찍이 어머니를 여의었는데, 계모 주씨는 자애롭지 않고 수시로 모함을 했기에 아버지의 사랑도 잃게 되었다. 매번 그에게 소똥이나 치우게 했지만 왕상은 그럴수록 더욱 공손하고 근신했다. 부모가 병이 나자 옷을 벗지 않고 탕약은 직접 살폈다. 어느 날 계모가 생선이 먹고 싶다고 하였는데 그때는 한겨울이라 얼음이 얼었었는데, 왕상이 옷을 벗어 얼음을 깨려고 하자 얼음이 저절로 녹더니 잉어 두 마리가 튀어 올라왔다.
>
> **(나)**
> 노래자는 양친을 봉양하였는데, 나이 70에도 어린아이처럼 재롱을 부리고, 몸에 오색 색동옷을 입었으며, 물을 가지고 당에 오르다가 거짓으로 넘어지고 땅에 엎어져 아이 울음소리를 냈으며, 부모 곁에서 새끼 새를 가지고 놀면서 부모님을 기쁘게 했다.

① 교학상장(教學相長)　　② 양지성효(養志誠孝)
③ 입신양명(立身揚名)　　④ 주경야독(晝耕夜讀)
⑤ 지란지교(芝蘭之交)

14 다음 글의 저자가 제기하고 있는 문제의식은?

정치에서 윤리를 요구하기 위해서라면, 정치가 권력이라는 매우 특수한 수단을 갖고서 움직인다는 사실이 정말 중요하지 않을까요? 그렇지만 우리들은 볼셰비키와 스파르타쿠스단의 이데올로그들(ideologen)도 정치의 이러한 수단을 사용하고 있기 때문에 그 어떤 군국주의 독재자와 똑같은 결과를 초래하고 있다는 것을 보고 있지 않습니까? 노병평의회(勞兵評議會)의 지배는 바로 그 권력을 소유하고 있는 인물들이 다르다는 점과 또 그들이 아마추어라는 점 이외에 그 무엇에 의해서 구체제의 어느 한 임의의 권력자의 지배와 구별이 된단 말입니까? 소위 새로운 윤리의 대부분의 옹호자들 자신이 그들로부터 비판받는 적들에 대해 행하는 논박은 그 어떤 다른 데마고그들의 논박과 무엇에 의해서 구별이 된단 말입니까? '고귀한 의도에 의해서(durch die edle Absicht)!'라고 말씀하실 것입니다. 좋습니다. 그러나 여기서 문제가 되는 것은 바로 수단입니다. 그들로부터 공격받는 적들도 마찬가지로 자신들의 궁극적인 의도가 고귀하다는 것을 주관적으로는 완전히 솔직하게 요구하고 있기 때문입니다. '칼을 쓰는 사람은 칼로 망하느니라.'이며, 투쟁은 어디에서나 투쟁입니다.

① 권력의 목적은 무엇인가?
② 정치에서 윤리는 필수적인가?
③ 목적은 수단을 정당화하는가?
④ 폭력은 폭력으로 인해 망하는가?
⑤ 고귀한 의도를 구별할 수 있는가?

15 다음 글은 정약용이 생각한 바람직한 토지 제도이다. 이 제도에 대한 이해로 적절하지 <u>않은</u> 것은?

> 산골짜기와 물줄기로 경계를 그어 만들고는, 그 경계의 안을 여(閭)라 이름하고, 여 셋을 이(里) 라 하며, 이 다섯을 방(坊)이라 하고, 방 다섯을 읍(邑)이라고 한다. 여에는 여장을 두고 1려(閭)의 전지(田地)는 1려의 사람들로 하여금 다 함께 그 전지의 일을 다스리되, 피차의 경계가 없이 하고 오직 여장의 명령만을 따르도록 한다.
>
> 하루하루 일할 때마다 여장은 그 일수를 장부에 기록하여 둔다. 그래서 추수 때에는 곡물을 모두 여장의 집에 운반하여 그 양곡을 나누는데, 먼저 세금을 바치고, 그다음은 여장의 녹을 바치고, 그 나머지를 가지고 날마다 일한 내용대로 장부에 의해 분배한다.
>
> (중략)
>
> 노력을 많이 한 사람은 양곡을 많이 얻게 되고 노력이 많지 않은 사람은 양곡을 적게 얻게 되니, 그 힘을 다하여 많은 양곡을 타려고 하지 않을 사람이 있겠는가. 사람들이 모두 그 힘을 다함으로 써 토지에서도 그 이익을 다 얻게 될 것이다. 토지의 이익이 일어나면 백성의 재산이 풍부해지고, 백성의 재산이 풍부해지면 풍속이 순후해지고 효제(孝悌)가 행해지게 될 것이니, 이것이 전지를 다 스리는 가장 좋은 방법이다.

① 노력한 만큼 소득을 얻게 된다.
② 공동 생산과 공동 분배가 이루어진다.
③ 경자유전(耕者有田)의 원칙이 적용된다.
④ 경제적 안정을 통해 도덕의 실현을 목표로 한다.
⑤ 소득을 많이 올린 사람은 세금을 더 많이 내게 된다.

16 ㉠에 들어갈 다음 글의 핵심 개념으로 가장 적절한 것은?

(㉠)을 정확히 설명하려면 우선 사회화된 개체들로서의 음악 청취자 간의 관계에 대한 인식과 음악 자체에 대한 이해가 있어야 할 것이다. (중략) 여론과 음악과의 관계에 대한 문제는 현대 사회에 있어서 음악의 기능에 대한 문제와 연결된다. 사람이 음악에 대해 생각하고 이야기하고 서술하는 것은 음악이 인간 생활과 인간의 의식 또는 무의식 세계에서 실질적으로 수행하는 것, 즉 음악의 실질적인 기능과는 상당한 차이가 있을 것이다. 음악의 기능은 때로는 적절하게 또는 왜곡되게 대중의 사고에 영향을 주고 또 반대로 대중의 생각이 음악의 기능에 역영향을 주면서 그 형태를 미리 결정할 것이다. 음악의 실제적인 역할은 지배적인 이데올로기에 따라 매우 유동적이다. 만약 집약적인 음악 경험의 직접적 요소를 여론으로부터 분리시키려 한다면 사회화의 힘과 물격화된 의식을 등한시하게 된다. 선전 제작과 유행하고 있는 여론에 연관을 가지고 있는 몇몇 가수들이 무대에 등장할 때 대중들은 자제력을 상실한다는 점을 기억할 필요가 있다. 내가 음악과 여론에 관해 고찰하는 것은 그러한 상호 작용에 대해 보충 연구하는 것이다.

① 음악 미학
② 음악 사학
③ 비교 음악학
④ 음악 사회학
⑤ 음악 심리학

17 다음 글에서 이야기하는 것과 관련이 <u>없는</u> 사자성어는?

> 수암은 본시 진면목을 깨달은 분이라서
> 언어 문자에 얽매이는 사람이 아닐 텐데
> 뭣 때문에 구구하게 경권을 찍어 내실꼬
> 울음 달래는 황엽(黃葉)[※]은 귀할 것이 없으련만
> 조계의 일미(一味)[※]를 어찌 말로 전하리오
> 염화의 미소도 저절로 된 것일 뿐
> 무릉교 위에서 보는 경치 얼마나 좋소
> 산빛과 물빛이 쪽빛 하늘에 엉겼으니
>
> ※ **울음 달래는 황엽**: 아이의 울음을 그치게 하기 위해 황금이라고 속이는 데 사용되었던 누런 잎. 일시적 방편을 비유적으로 이름.
> ※ **조계의 일미**: 선종 불교에서 이르는 최고의 경지.

① 교외별전(敎外別傳)　　　　② 불립문자(不立文字)

③ 심심상인(心心相印)　　　　④ 이심전심(以心傳心)

⑤ 제행무상(諸行無常)

18 ⊙에 대한 설명으로 가장 적절한 것은?

> 우리 사회 질서 안에서 거의 검토되지 않을뿐더러 인식되지 않았음에도 남성이 여성을 지배하는 생득적 우월성은 제도화되어 있다. 이러한 양성 간의 체제를 통하여 가장 교묘한 형태의 ⊙'내면의 식민화'가 이루어졌다. 이는 그 어떤 형태의 인종 차별보다 강고하고, 그 어떤 형태의 계급 차별보다 완강하며 더욱 획일적이고 분명 더 영속적인 경향을 지니고 있다. 지금 성차별이 해소된 것처럼 보일지라도 성의 지배는 우리 문화에서 가장 널리 만연해 있는 이데올로기이며 가장 근본적인 권력 개념을 제공한다.
>
> 이는 다른 모든 역사 문명이 그러했듯 우리 사회 또한 가부장제 사회이기 때문이다. 군사, 산업, 기술, 대학, 과학, 행정 관청, 재정 분야 등 간단히 말해 경찰의 강압적 권력을 포함하여 사회 내에 권력이 있는 모든 분야가 전적으로 남성의 손에 있다는 것을 떠올려 본다면 이는 즉각 명확해진다. 정치의 본질은 권력이므로 그러한 깨달음은 반드시 파급력이 있기 마련이다. T.S. 엘리엇의 말처럼 아직도 남아 있는 초자연적 권위, 신, '하나님'의 목회 등은 남성의 작품이며 이는 윤리와 가치, 문화의 철학과 예술에서도 마찬가지다.
>
> 가부장제 지배를 인구의 절반인 남성이 인구의 나머지 절반인 여성을 지배하는 제도라고 한다면 가부장제의 원칙 또한 이중적으로 보인다. 즉 남성이 여성을 지배하고 나이가 많은 남성이 어린 남성을 지배한다. 그러나 인간이 만든 모든 제도가 그러하듯 현실과 이상의 사이에는 거리가 존재한다. 다시 말해 모순과 예외가 체제 안에 늘 공존하는 것이다.

① 계급 사회에서도 남성의 가부장적인 지위는 굳건하게 유지된다.

② 과학에서 밝혀낸 양성의 신체적 특성 및 기능에 따라 성 역할이 재편되고 있다.

③ 여성은 남성이 누리는 이익과 혜택을 동일하게 누리지 못하고 스스로 수동적인 삶을 살아간다.

④ 정치·사회·경제 제도를 관통할 만큼 깊이 뿌리 깊게 자리 잡고 있던 가부장제의 모순이 드러나고 있다.

⑤ 가부장제를 통한 여성의 지배를 더 공고하게 유지하기 위해 남성의 노력이 직접적으로 이루어지고 있다.

19 다음 글은 1629년 흰 무지개가 나타났을 때 정경세 등이 올린 상소문의 일부이다. 천재시변을 해결하기 위해 신하들이 제시할 해결책으로 가장 적절한 것은?

> "삼가 아룁니다. 하늘과 사람이 서로 감응하는 이치는 그림자나 메아리보다도 빠릅니다. 선(善)으로 감응하면 부드러운 기운으로 응답하고 불선(不善)으로 감응하면 사나운 기운으로 응답하니, 그 이치가 매우 분명하여 털끝만큼도 차이가 나지 않습니다. 예로부터 거룩하고 밝으신 제왕들 중에 엄숙히 공경하고 두려워하여 조심하고 삼가지 않은 이가 없었던 것은 감응하는 것을 신중히 하였기 때문입니다.
>
> (중략)
>
> 동중서가 이르기를 '하늘의 마음은 임금을 사랑하기에 혹시라도 아주 무도한 세상이 아니라면 끝까지 돌보아 보전하여 편안하게 해 주려고 한다.'라고 하였습니다.

① 임금이 몸가짐이나 언행을 조심해야 한다.
② 하늘의 뜻을 관찰하기 위한 시설을 만들어야 한다.
③ 백성들이 단결할 수 있도록 행사를 개최해야 한다.
④ 백성들이 동요하지 않도록 정확한 사실을 제시해야 한다.
⑤ 천재지변은 자연히 정상을 찾아가게 되므로 두려움을 가져서는 안 된다.

20 다음 글이 실린 책에서 '존재'를 바라보는 관점에 대한 설명으로 가장 적절한 것은?

여기서 완성되어야 하는 물음에 대해 물음을 받는 대상은 존재이다. 존재하는 것을 존재하는 것으로서 규정하고 있다. 존재하는 것을 논할 때 어떻게 논해지건 반드시 그곳에는 이미 어떤 바람을 보이며, 그 무엇인가를 기반으로 그 존재하는 것이 이해되고 있다. 그 무엇인가가 여기서 물음을 받는 존재이다. 존재하는 것의 존재, 있는 것이 있다란 그 자체가 하나의 존재하는 것, 있는 것으로 '있다'가 아니다. 존재 문제를 이해함에 있어 철학적인 첫 걸음은 '무언가 신화를 말하는 것'이 아니며, '이야기를 말하지 않는 것'에 있다. 즉 존재자를 존재자로 규정함에 있어서, 마치 그 존재가 존재자로서 어떤 성격을 갖고 있기라도 한 것처럼 존재자를 다른 존재자로 환원함으로써 그 유래부터 설명하려는 태도를 접어야 한다는 것이다. 그렇지 않으면 있다. 존재하는 것이 마치 어떤 하나의 존재자로서 성격을 갖게 되어 버린다. (중략)

존재는 물음을 받는 대상물이며 존재라고 한다면, 존재의 물음에서 물음을 받는 대상은 당연히 존재가 그 자신이 된다. 이 존재자가, 말하자면 스스로의 존재에 대해 물음을 던지는 것이다. 자신의 존재 성격을 거짓 없이 제시하려면, 먼저 그 존재자 스스로가 있는 그대로의 자기 모습에 접근할 수 있어야 할 것이다. 존재에 대한 물음은 그 물음을 묻는 상대에 관해, 그 존재자에 대한 적절한 접근법을 획득하여 그것을 미리 확보해 두어야 한다.

① 존재는 감각되지 않으면 존재로서의 실존을 증명해 낼 수 없다.
② 존재란 시간의 관점을 초월하는 개념으로, 그 자체로서 의미를 갖는다.
③ 존재에 대한 논의는 존재를 스스로 이해하고 있는 존재로부터 시작된다.
④ 존재란 각 존재자의 관점에서 볼 때 소멸할 수 없는 절대적인 가치이다.
⑤ 존재는 각자 다른 방식으로 존재하는 것이 아니라 통합된 존재로 존재한다.

[21~23] 다음 글을 읽고 물음에 답하시오.

🏛️ 기상청	보도자료	*다시, 대한민국!* *새로운 국민의 나라*

보도시점	20××. 4. 20.(목) 12:00	배포	20××. 4. 20.(목) 09:00

> ### 지진관측망 더 촘촘히, 지진경보 '2초' 더 빠르게
> – '27년까지 지진 발생 시 큰 피해 우려 지역에 지진관측소 329개 확충
> – 관측 조밀도 16km에서 7km로 '촘촘한 그물망 탐지'
> – 지진탐지 시간 줄여 재난 골든타임 2초 더 확보 '피해 최소화'

　지진 발생 시 큰 피해가 우려되는 인구 밀집 지역과 원자력 이용시설지역, 주요 단층 지역을 중심으로 올해부터 '27년까지 총 329개소의 지진관측망이 확충된다. 관측 조밀도도 약 16km에서 7km로 2배 이상 촘촘해져 지진탐지 시간이 3.4초에서 1.4초로 2초가량 줄어든다. 지진탐지 시간 단축으로 지진 대피 가능 시간인 '골든타임'이 추가 확보된다.

□ '27년까지 지진 발생 시 큰 피해 우려 지역에 국가 지진관측망 329개 확충

　현재 국가 지진관측망은 기상청과 관계기관의 지진관측소 총 390개가 평균 약 16km의 격자 간격으로 설치되어 활용되고 있으며, 기상청은 이를 분석하여 지진 최초 관측 후 5~10초 이내에 지진경보를 국민에게 제공하고 있다.

　지진 피해 최소화를 위해서는 지속적인 기술 개발을 통한 신속한 지진경보 제공이 중요하나, 시스템 개선만으로는 지진경보 시간 단축에 한계가 있다. 이를 해소하기 위해 기상청은 지진 발생 시 큰 피해가 우려되는 지역에 지진관측망을 확충하고 지진탐지 시간을 단축하여 지진경보 시간을 앞당기고자 한다.

　지진이 발생하였을 때 피해가 클 것이 예상되는 △인구 밀집 지역, △원자력 이용시설지역, △주요 단층 지역을 중심으로 올해부터 2027년까지 총 329개소의 지진관측망을 확충한다.

□ 지진탐지 시간 2초 단축으로 지진 대피 가능 시간 '골든타임' 추가 확보

　2027년 지진관측망 확충이 완료되면 현행 16km이었던 국가 지진관측망 조밀도는 7km로 2배 이상 촘촘해지고, 지진탐지 시간도 3.4초에서 1.4초로 2초 단축된다. 이에 따라 지진경보서비스도 지금보다 2초 빠르게 국민에게 제공된다.

지진조기경보 관련 연구에 따르면, 지진 발생 시 근거리 대피가 가능하면 인명 피해의 80%를 줄일 수 있다고 한다. 현재는 지진 발생 위치로부터 40km 이상 떨어진 지역부터 '근거리 대피'가 가능하지만, 지진탐지 시간이 2초 단축되면 36km 이상 떨어진 지역부터 '근거리 대피'가 가능해진다. 지진탐지 시간 단축으로 지진 발생 시 근거리 대피가 가능한 지역이 더 넓어져 지진으로 인한 피해를 줄일 수 있다.

△△△ 기상청장은 "현재의 과학 기술로는 지진의 발생 위치와 시기를 예측할 수 없으므로, 지진 발생 시 신속하고 정확한 지진정보를 제공하는 것이 지진 피해 경감을 위해 무엇보다 중요하다."라면서, "기상청은 고밀도 국가 지진관측망 확충을 통한 신속한 지진경보서비스로, 지진이라는 거대한 자연재해로부터 국민의 생명을 지키고 재산 피해를 최소화할 수 있도록 최선을 다할 것이다."라고 밝혔다.

붙임 1. 구역별 고밀도 국가 지진관측망 확충 계획
      2. 국가 지진관측망 조밀도 및 지진탐지 시간 현황
      3. 지진탐지 시간 단축 효과(예시)

21 윗글을 바탕으로 보도자료 작성에 대해 이해한 내용으로 가장 적절한 것은?

① 기관 책임자와 전문가의 말을 인용한 것으로 보아, 보도자료는 기관을 대표하는 전문가의 견해를 바탕으로 작성하는 것이다.

② 본문의 내용을 보도시점에 따라 단계별로 요약 제시한 것으로 보아, 제목은 시의성이 드러나도록, 부제는 함축적으로 작성한다.

③ 수치나 통계와 같은 객관적인 자료를 본문의 첫 문장에 제시한 것으로 보아, 주장에 앞서 근거를 먼저 밝힘으로써 신뢰감을 준다.

④ 기관에서 배포하며 언론 보도의 시점을 명시한 것으로 보아, 보도자료는 기관이 뉴스를 대중에게 알릴 목적으로 작성하는 것이다.

⑤ 뉴스의 핵심 내용을 본문의 끝에 육하원칙으로 제시한 것으로 보아, 중요한 것을 뒷부분에 배치하는 피라미드식 구성으로 글의 완결성을 높인다.

22 윗글의 내용과 일치하지 <u>않는</u> 것은?

① 시스템 개선을 통해서는 지진경보 시간을 단축할 수 없다.

② 현재 과학 기술로는 지진의 발생 위치와 시기를 예측할 수 없다.

③ 국가 지진관측망 조밀도가 7㎞가 되면 지진탐지 시간이 1.4초로 단축된다.

④ 지진탐지 시간이 현재보다 2초 단축되면 지진 발생 위치로부터 36㎞ 이상 떨어진 지역부터 근 거리 대피가 가능하다.

⑤ 근거리 대피가 가능하면 인명 피해의 80%를 줄일 수 있기 때문에 지진탐지 시간 단축으로 근 거리 대피 가능 지역을 넓힌다.

23 〈보기〉는 윗글의 붙임 자료 중 일부이다. 윗글과 〈보기〉를 종합하여 판단한 내용으로 적절하 지 <u>않은</u> 것은?

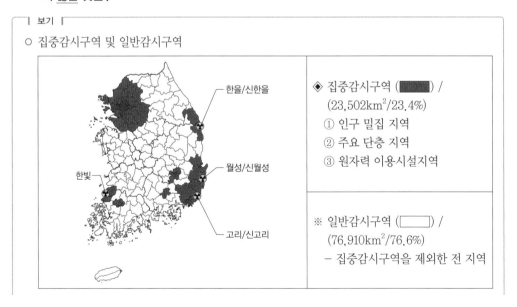

○ 연도별 집중감시구역 국가 지진관측망 확충 계획
  – 일반감시구역 면적 대비 약 8배 확충   (단위: 개소)

구역	연도	'23년	'24년	'25년	'26년	'27년	합계
집중 감시 구역	기상청 신설	22	20	20	20	20	329
	관계기관(7) 활용	220	7				

○ 연도별 일반감시구역 국가 지진관측망 확충 계획

구역	연도	'23년	'24년	'25년	'26년	'27년	합계
일반 감시 구역	기상청 신설	2	20	20	20	20	132
	관계기관(7) 활용	30	10	10			

① 국가 지진관측망 확충은 집중감시구역뿐만 아니라 우리나라 전 지역에서 이루어진다.

② 국가 지진관측망은 기상청과 관계기관의 지진관측소 설치를 통해 '27년까지 총 851개소로 확충된다.

③ 국가 지진관측망 확충이 완료되면 일반감시구역에 비해 집중감시구역의 근거리 대피 가능 범위가 넓어진다.

④ 집중감시구역은 지진 발생 시 큰 피해가 우려되는 지역으로 일반감시구역 면적 대비 약 8배의 지진관측망이 확충된다.

⑤ 인구 밀집, 주요 단층, 원자력 이용시설 지역은 지진 피해 최소화를 위해 '24년까지 관계기관에 지진관측소를 227개소 설치한다.

[24~25] 다음 글을 읽고 물음에 답하시오.

'지구의 날', 전국 곳곳 쓰레기 줍기 행사 열려
– '쓰레기 줍기'를 넘어 '쓰레기 줄이기', '쓰레기 안 만들기'로

4월 22일 '지구의 날'을 맞아 전국 곳곳에서 지자체, 기업, 환경 단체가 주관하는 ㉠쓰레기 줍기 행사가 열렸다. 이번 쓰레기 줍기 행사에는 서울, 인천, 대전, 광주, 대구, 부산 등 전국 12곳에서 3,500여 명이 참여하였다. 인천 아시아드 주 경기장에서 열린 (주)〇〇〇 주관 행사에서는 클래식 연주, 환경 퍼포먼스 공연, 폐품과 재활용을 이용한 스포츠 게임 등 다양한 식전 행사가 진행되었다.

이날 행사는 정해진 코스에 따라 자유롭게 걷거나 뛰면서 쓰레기를 줍는 방식으로 진행되었다. 쓰레기 줍기는 조깅, 등산, 산책을 하면서 자발적으로 쓰레기를 줍는 사람들이 많아지면서 하나의 문화로 자리 잡고 있다. 특히 조깅을 하면서 쓰레기를 줍는 운동으로 스웨덴에서 시작된 플로깅이 '줍깅' 혹은 '쓰담달리기'로 진화하면서 우리 사회에 정착하고 있다. 행사에 참여한 조△△ 씨는 "아이들과 같이 버려진 쓰레기를 줍다 보니 생생한 환경 교육은 물론이고 집에서는 하기 어려웠던 고민도 나눌 수 있어서 너무 좋았다. 내년에도 또 참여할 생각이다."라고 말했다. 또 인천 행사를 주관한 (주)〇〇〇의 대표는 이번 행사를 통해 "많은 사람들이 지구 환경에 관심을 가질 수 있기를 바라고, 환경 보호에 한 발짝 더 다가갈 수 있는 계기가 되었으면 좋겠다."라고 행사의 취지를 밝혔다.

쓰레기 줍기가 하나의 문화로 자리 잡으면서 이것이 쓰레기를 줄이기를 위한 노력으로도 이어지고 있다. 포항 주부들의 모임 '쓰맘쓰맘'과 목포 ◇◇구의 '쓰줍은 동네'는 각각 대구, 광주의 '지구의 날' 행사에 참여하여 텃밭에서 직접 재배한 수세미로 만든 친환경 수세미를 나누어 주며 물티슈 대신 손수건을, 일회용 기저귀 대신 천 기저귀를 사용하고, 용기를 가지고 가서 장을 보는 용기를 내자는 등 일상생활에서 실천할 수 있는 환경 보호 캠페인 활동을 벌였다. '쓰레기 줍기'를 넘어 이제는 '쓰레기 줄이기' 운동으로 이어지고 있는 것이다.

한편 대구에서 참여한 박□□ 씨는 "이번 쓰레기 줍기 행사에서 쓰레기를 주우면서 쓰레기가 양산되는 구조의 문제, 즉 이런 구조를 만든 기업의 문제를 인식하는 기회가 되었다. 평소 과대 포장이라 생각했던 제품을 생산하는 회사에 포장 쓰레기 문제를 건의하겠다."라고 밝혔다. 쓰레기 문제를 소비자 개인의 문제로 돌리고 정작 쓰레기를 양산하는 제품을 만드는 기업의 책임은 묻히고 있는 실정을 지적한 것이다. 지구 환경을 생각하는 소비자들이 '쓰레기 줍기', '쓰레기 줄이기'를 실천하며 생산자인 기업에 '쓰레기 안 만들기'를 요구하는 의미 있는 행사였다.

24 윗글을 읽은 독자의 반응으로 적절하지 <u>않은</u> 것은?

① 쓰레기 줍기 행사에는 개인 및 단체가 참여하여 '쓰레기 줍기'뿐만 아니라 '쓰레기 줄이기' 캠페인도 벌였다.

② '쓰레기 줍기'와 '쓰레기 줄이기'는 주로 소비자에 의해 이루어지고 '쓰레기 안 만들기'는 생산자가 실천해야 할 것이다.

③ 조깅이나 산책을 하면서 자발적으로 쓰레기를 줍는 문화가 형성되면서 자연스럽게 쓰레기를 줄이기 위한 노력으로 이어지고 있다.

④ 환경 단체가 주관하는 식전 행사로 아이들을 위한 환경 교육과 일상생활에서 실천할 수 있는 환경 보호 활동에 대한 안내가 있었다.

⑤ 스웨덴에서 시작된 플로깅이 우리나라에서는 '줍깅', '쓰담달리기'로 불리며 지구의 날을 맞아 전국 단위의 쓰레기 줍기 행사가 열렸다.

25 〈보기〉를 바탕으로 하여 ㉠을 비판적으로 평가한 내용으로 가장 적절한 것은?

> **보기**
>
> 그린워싱(greenwashing)은 'green'과 'white washing(세탁)'의 합성어로, 실제로는 친환경적이지 않지만 마치 친환경적인 것처럼 홍보하는 '위장 환경주의'를 가리킨다. 예컨대 기업이 제품 생산 전 과정에서 발생하는 환경 오염 문제는 축소시키고 재활용 등의 일부 과정만을 부각시켜 마치 친환경인 것처럼 포장하는 것이 이에 해당한다.

① 기업의 그린워싱에 비판적인 사람이 ㉠에 매년 참여한다면 위장 환경주의자가 아닌지 판단해야 한다.

② ㉠의 참여자 구성이 개인보다 단체가 많다면 기업의 그린워싱을 은폐하고자 하는 의도가 아닌지 점검해야 한다.

③ 일회용품 포장재를 많이 사용하는 기업이 ㉠을 주관한다면 친환경 이미지를 심어 주기 위한 홍보 행사가 아닌지 판단해야 한다.

④ ㉠이 폐품 수거와 재활용품 분리에 초점이 맞추어 진행된다면 친환경적인 행사라 할 수 있는지 비판적으로 판단해 보아야 한다.

⑤ '쓰레기 안 만들기' 캠페인을 중심으로 ㉠이 진행된다면 기업이 축소하고 있는 환경 오염 문제를 부각할 필요가 있는지 점검해야 한다.

[26~27] 다음 글을 읽고 물음에 답하시오.

> ### 일상 속 불편한 법령 바꾸기, 국민 아이디어 공모제
>
> 법제처에서는 국민의 일상생활에 불편함을 주거나 불합리한 규제의 혁신을 위해 개선이 필요한 법령 등을 발굴하고 이를 정비하기 위해 다음과 같이 '일상 속 불편한 법령 바꾸기, 국민 아이디어 공모제'를 실시합니다. 관심 있는 국민 여러분의 많은 참여 부탁드립니다.
>
> 20○○년 ×월 ×일
법제처장
>
> **1. 공모 개요**
> ○ (추진 목적) 국민이 현장에서 직접 체감하고 있는 불편·불합리한 법령의 개선을 위한 다양하고 참신한 아이디어 발굴
> ○ (공모 주제)
>   – 국민의 일상생활을 불편하게 하고 있어 개선이 필요한 법령
>   – 소상공인, 청년 등을 지원하기 위하여 개선이 필요한 법령
>   – 비현실적이고 불합리한 규제의 혁신을 위하여 개선이 필요한 법령
>   – 사회적 약자를 배려하고 보호하기 위하여 개선이 필요한 법령
>   – 그 밖에 현실에 맞게 정비할 필요가 있는 법령 등
> ○ (응모 자격) 대한민국 국민 누구나(응모 횟수 제한 없음)
> ○ (공모 기간) 20○○. ×. ×.(토) ~ ×. ×.(금) / 3개월
>
> **2. 공모 방법**
> ○ (온라인)
>   – 국민참여입법센터(http://opinion.lawmaking.go.kr) 공모제 게시판
> ○ (우편)
>   – ㉠첨부된 공모 서식(3~4페이지, 국민참여입법센터 홈페이지에서도 다운 가능) 양식에 맞춰 작성한 후 우편으로 제출
>   ＊(우)30102 세종특별자치시 도움5로 20, 정부세종청사 법제처 법령정비과
>
> **3. 심사 기준 및 시상 계획**
> ○ (심사 기준)
>   – 서면 심사(80%) : 제안의 필요성 및 혁신성, 충실성, 실현 가능성, 효과 및 파급력 등을 종합 평가

– 국민 선호도 평가(20%) : 온국민소통 등을 통한 선호도 평가
○(**시상 계획**) 최우수상 1명 포함 총 24명 시상

등급	시상 내역	비고
최우수상 (1편)	법제처장 표창, 부상(100만 원 상당)	11월 시상식에서 표창 수여
우수상 (3편)	법제처장 표창, 부상(50만 원 상당)	
장려상 (5편)	법제처장 표창, 부상(30만 원 상당)	
특별상 (15편)	부상(10만 원 상당)	별도 시상 없이 우편 지급

○(**공개 검증**) 수상 후보작을 10일 동안 법제처 및 온국민소통 홈페이지에 게시하여 부정행위에 대한 신고나 제보를 받는 공개 검증 실시
○(**수상작 발표**) 최우수상, 우수상, 장려상 등 수상작 9편 및 특별상 15편 법제처 홈페이지에 발표(10월 예정)
○(**시상식**) 수상작 9편 대상으로 시상식을 개최하여 표창 수여(11월 예정)

4. 유의 사항

○동일 내용의 아이디어가 2건 이상이 접수된 경우, 먼저 접수된 아이디어를 우선하여 심사함
○동일인이 다수 아이디어를 제안한 경우, 최고 순위 1개 아이디어에 대해서만 시상함
○공동으로 제안한 아이디어에 대해서는 제안자 역할에 따른 기여도에 따라 포상금을 지급하며, 표창은 개인별이 아닌 접수한 단체 명의로 수여됨
○제안 내용의 표절 등 부정한 방법으로 인해 발생한 일체의 책임은 제출자에게 있으며, 시상 이후 발견 시 수상 취소 및 부상 환수 조치함
○심사 과정에서 적합한 응모작이 없다고 결정할 경우, 시상 규모가 변경될 수 있음
○공모 취지에 따라 모든 아이디어는 법령 정비 과제로 채택될 수 있으며, 채택 과정에서 일부 수정·보완될 수 있음

5. 문의: 법제처 법령정비과

26 윗글에 대한 이해로 적절하지 <u>않은</u> 것은?

① 동일인이 2건 이상 다수의 아이디어를 제안할 수 있다.
② 불편·불합리한 법령의 개선을 목적으로 하는 공모로 국민 누구나 응모할 수 있다.
③ 동일 내용의 아이디어가 중복 접수된 경우에는 먼저 접수된 아이디어를 우선 심사한다.
④ 단체 명의로 제출한 아이디어가 최우수상에 선정된 경우 시상식에서 개인별로 수여한다.
⑤ 시상의 규모는 접수된 아이디어에 대한 심사 결정에 따라 변경될 수 있어 시상 계획과 다른 경우가 발생한다.

27 ㉠에 포함될 내용으로 적절하지 <u>않은</u> 것은?

① 법령의 개선 방안
② 법령 개선의 기대 효과
③ 개선 대상 법령의 문제점
④ 개선 대상 법령 관련 현황
⑤ 제안한 법령의 선호도 평가 계획

[28~29] 다음 글을 읽고 물음에 답하시오.

자연계에는 다양한 기능을 지닌 분자가 존재한다. 의약품 개발에서는 약효를 지니는 자연계 분자를 본보기로 해서 비슷한 구조의 분자를 인공적으로 합성함으로써 약으로 이용해 왔다. 그런데 약의 합성에는 비용과 시간이 든다. 우선 자연계에 존재하는 분자의 구조는 때때로 복잡해 합성하는 데 여러 단계의 공정이 필요하다. 또 반응 도중에 부산물이 생기거나 고온, 고압 등의 특수한 반응 조건이 필요하기도 한다. 이런 화학 합성의 어려움을 극복하여 의약품이나 신재료 개발을 간편하고 효율적으로 하는 것이 '클릭 화학(click chemistry)'이다. 클릭 화학은 안전벨트를 '찰칵' 하고 끼우는 것처럼 간편하고 빠르게 분자를 결합시키는 방법을 이른다. 이는 '알킨'과 '아지드'라는 화학 구조가 구리를 촉매로 하여 결합하는 것으로 반응이 매우 빠르고 효율적으로 진행되며 부산물이 거의 생기지 않는다. 또 고온이나 고압 같은 특수한 조건을 필요로 하지 않고 실온에서뿐만 아니라 물속에서도 빠르게 진행된다.

클릭 화학은 의약품 개발에서 신약 후보가 되는 분자를 합성할 때 사용되며 섬유나 플라스틱 등의 새로운 재료 개발에도 활용되고 있다. 그러나 생명 과학에서는 촉매로 사용하는 구리에 독성이 있어 생체 안에서 사용할 수 없는 문제가 있었으나 구리를 필요로 하지 않는 아지드와 알킨 반응이 개발되어 '당 사슬' 연구에 응용되었다. 당 사슬이란 여러 종류의 당이 서로 결합된 구조를 가진 분자로, 세포나 단백질 표면에 존재하며 바이러스의 세포 내 침입이나 면역 세포의 활성화 등에 관여한다. 이 연구는 세포 표면의 당 사슬과 형광 색소를 클릭 화학을 이용해 결합시킴으로써 당 사슬을 빛나게 하는 데 성공하여 ㉠어떤 당 사슬이 세포의 어디에 존재하는지 알 수 있게 되었다. 생체 안에서는 수많은 화학 반응이 일어나는데도 이것이 가능한 이유는 아지드와 알킨의 화학 구조가 생체 안에는 존재하지 않으며, 생체 분자와 반응해 결합하는 경우도 없기 때문이다. 그래서 아지드와 알킨의 클릭 화학은 생체 안에서 일어나고 있는 화학 반응을 방해하지도 방해받지도 않고 당 사슬과 형광 색소를 결합시키는 데 최적의 화학 반응이 될 수 있다. 이처럼 생체 안의 반응을 교란하지 않고 분자끼리 효율적으로 결합시키는 방법을 '생체 직교 화학'이라 한다.

28 윗글의 내용과 일치하지 <u>않는</u> 것은?

① 클릭 화학은 의약품 합성이나 신재료 개발에 활용되고 있다.
② 아지드와 알킨의 결합은 물속에서도 빠르게 이루어지며 부산물이 거의 생기지 않는다.
③ 아지드와 알킨의 화학 구조는 생체 안에 존재하지 않으므로 생체 분자의 반응을 교란하지 않는다.
④ 약의 개발은 약효를 지닌 복잡한 분자 구조의 자연계 물질과 비슷한 분자 구조의 인공 물질을 합성하는 공정을 거쳐 이루어진다.
⑤ 생체 직교 화학은 생체 안에서 일어나는 화학 반응을 방해하거나 방해받거나 하지 않고 효율적으로 분자를 결합시키는 방법이다.

29 ㉠의 이유를 추론한 내용으로 가장 적절한 것은?

① 아지드와 알킨을 가진 당 사슬 분자가 구리를 촉매로 하여 형광 색소 분자를 합성함으로써

② 알킨과 아지드 분자를 이용해 당 사슬과 형광 색소의 결합을 촉진시켜 형광 색소가 빛나게 됨으로써

③ 아지드를 가진 세포 표면의 당 사슬과 알킨을 가진 형광 색소를 결합시켜 당 사슬의 위치를 확인할 수 있게 됨으로써

④ 촉매를 사용하지 않고 세포 표면에 존재하는 당 사슬에 형광 색소 분자를 빠르게 결합시켜 당 사슬의 화학 구조를 밝힘으로써

⑤ 세포 표면에서 아지드를 당 사슬에, 형광 색소를 알킨에 각각 결합시켜 당 사슬과 형광 색소의 위치를 분별할 수 있게 됨으로써

30 다음 글에서 설명하고 있는 '밈(meme)'에 대한 이해로 적절하지 <u>않은</u> 것은?

문화의 전달은 진화의 형태를 취한다는 점에서 유전자의 전달에 비유될 수 있다. 도킨스는 문화의 전달에도 유전자처럼 복제 역할을 하는 매개물이 있을 것이라 여기고 모방의 단위라는 개념을 함축하고 있는 새로운 복제자를 '밈(meme)'이라 하였다. 밈은 개체의 기억에 저장되거나 다른 개체의 기억으로 복제될 수 있는 비유전적 문화 요소·단위·양식·유형을 이른다. 밈에 의한 문화의 전달은 진화의 메커니즘, 즉 변이, 선택, 보유 또는 유전이라는 세 조건을 충족한다는 점에서 유전자와 유사하다. 인간의 모방은 완벽하지 않으므로 밈은 조금씩 변화된 형태로 전달되며, 성공적으로 전파되는 밈과 그렇지 못한 밈의 차이가 존재하기 때문에 밈의 전파에도 선택이 작용한다고 볼 수 있다. 또한 밈을 전달받은 사람은 밈이 가지고 있는 정보를 보유하게 되고, 모방을 통해 다시 전파한다.

음악이나 사상, 패션, 건축 양식, 언어 등 거의 모든 문화 요소들은 밈의 범위에 포함되고, 전달의 과정에서 각각의 밈들은 변이 또는 결합·배척 등을 통해 내부 구조를 변형시키면서 진화한다. 그러나 문화 요소의 진화는 유전자의 진화 방식과는 다르다. 유전자는 생물학적인 방법인 생식을 통해 수직적으로 전파되고 유전되는 데 반해 밈은 모방이라는 사회적 방법을 통하여 수평적으로 전달된다. 한 사람의 선행 혹은 악행이 여러 명에게 전달되어 영향을 미치는 것도 밈의 한 예이다. 또한 자신의 유전자를 전파하는 것을 포기하면서까지 많은 사람들이 권력을 추구하는 경향은 유전자와 밈이 다르게 진화한다는 것을 보여 주는 현상이다. 자신의 유전자를 전파하는 데에 직접적인 관련이 없는데도 불구하고 사람들이 권력을 갖고자 욕망하는 이유는 권력이 자신의 밈을 전파할 수 있는 가장 효과적인 도구이기 때문이다. 이렇게 밈의 개념을 이용하여 유전자만으로는 설명할 수 없는 많은 사회 문화적 현상을 설명할 수 있다. 그래서 블랙모어는 현대 사회에서는 밈의 진화가 유전자의 진화보다 더욱 중요한 역할을 한다고 주장했다.

그런데 최근에는 밈이 인터넷 용어처럼 쓰이고 있다. 인터넷 밈이란 이미지, 동영상, 해시태그 등 인터넷을 통해 전파되는 어떤 생각, 스타일, 행동 따위를 말한다. 대중문화의 새로운 소비 방식으로 등장하고 있는 인터넷 밈의 사례로는 '깡 신드롬'과 '샌더스 밈' 현상을 들 수 있다. '1일 1깡'은 하루에 한 번은 비의 '깡'을 시청해야 한다는 일종의 인터넷 밈 유행어로, 수많은 사람이 이 노래를 자신의 방식으로 불러 인터넷에 올리면서 외면받던 노래가 대중문화의 핵심으로 떠오르게 된 것이다. 또한 미국 대통령의 취임식에 한 상원의원이 등산복 차림에 손뜨개 장갑을 낀 채 등장해 화제가 되면서 이 모습을 합성한 패러디 사진인 일명 '짤'이 각종 상황에 공유되어 '샌더스 밈' 현상이 유행하기도 했다. 밈은 이제 디지털 세상에서 무시할 수 없는 문화의 소비 키워드로도 작용하고 있다.

① 많은 사람들이 자신의 밈을 전파하기 위해 권력을 추구하는 경향은 유전자와 밈이 다르게 진화함을 보여 준다.
② 유전자와 마찬가지로 변이, 선택, 보유와 같은 복제자의 조건을 충족하며 모방을 통해 전달되는 문화 요소를 이른다.
③ 사회 현상을 설명하기 위해서는 유전자에 기초한 생물학적 측면만이 아니라 밈이라는 문화적 복제자를 고려해야 한다.
④ 한 사람의 선행은 수평적으로 확산되지만 악행은 수직적으로 수렴되므로 밈은 결합과 배척을 통해 진화한다고 볼 수 있다.
⑤ 성공적으로 전파되는 밈은 각자의 스타일로 변화되고 계속 복제되며 인터넷에서 문화의 새로운 소비 방식으로 작용하고 있다.

01 다음 글에서 말하는 '왕을 설득할 때의 유의 사항'으로 가장 적절한 것은?

> 미자하는 위나라 왕의 총애를 받았다. 위나라 법에 왕의 수레를 몰래 탄 사람은 월형(刖刑)*에 처하도록 되어 있었다. 어느 날 미자하는 어머니가 아프다는 긴급한 소식을 전해 듣고 왕의 명이라고 속이고 수레를 사용하였다. 이에 왕은 "효자로다. 어머니를 위하느라 월형을 받는 것도 잊었구나."라고 칭찬했다.
>
> 하루는 미자하가 왕과 과수원을 노닐다가 복숭아를 한입 먹어 보고는 너무 맛있다고 남은 반쪽을 왕에게 진상을 했다. 임금은 기뻐하며 "나를 사랑하여 맛있는 것도 다 먹지 않고 나에게 먹게 하는구나."라고 말했다.
>
> 그러다 미자하의 고운 얼굴이 시들고 왕의 총애가 식으면서 벌을 받을 상황이 되었다. 그러자 왕은 "미자하는 본래 그런 사람이다. 일찍이 내 명령을 사칭하여 내 수레를 탄 일도 있고, 자기가 먹다 남긴 복숭아를 내게 먹인 일도 있다."
>
> 미자하의 행동은 그대로이지만 전에는 착하다고 칭찬했던 일이 뒤에는 비난받을 행동이 된 것은 사랑하고 미워하는 마음이 변했기 때문이다.
>
> ※ **월형**: 중국에서 죄인의 발꿈치를 베던 형벌.

① 왕과 소원하지 않고 왕의 심기를 살펴야 한다.
② 왕의 앞에서는 언제나 올바른 말만 하여야 한다.
③ 왕이 좋아할 말만 하고 싫어할 말은 하지 않는다.
④ 항상 겸손하고 왕에게는 예의 바르게 말해야 한다.
⑤ 왕의 총애를 잃지 않도록 자기 관리를 잘 해야 한다.

02 다음 글에서 말하는 '행복'에 대한 설명으로 가장 적절한 것은?

오, 나의 정신이여, 너는 네 자신을 학대하고 또 학대하고 있구나. 그것은 네 자신을 존귀하게 할 기회를 스스로 없애 버리는 것이다. 인생은 한 번뿐이고, 너의 인생도 끝나 가고 있다. 그런데도 너는 네 자신을 존중하지 않고, 다른 사람들이 너를 어떻게 평가하느냐에 마치 너의 행복이 달려 있다는 듯이 다른 사람들의 정신 속에서 너의 행복을 찾고 있구나.

너는 왜 너의 외부에서 일어나는 일들에 휘둘리고 있는 것이냐? 그럴 시간이 있으면 네게 유익이 되는 좋은 것들을 더 배우는 일에 시간을 사용하고, 아무런 유익도 없는 일들에 쓸데없이 이리저리 끌려다니는 것을 멈추라. 하지만 그런 후에도 또 다른 잘못을 범하지 않도록 주의해야 한다. 왜냐하면, 아무런 인생의 목표도 없이 그저 자신의 온갖 충동과 생각이 시키는 대로 열심히 달려오느라고 지쳐 버리는 것도 어리석은 것이기는 마찬가지이기 때문이다.

다른 사람들의 정신 속에서 무슨 일이 일어나고 있는지를 잘 살피지 않았다고 해서 사람이 불행해지는 경우는 거의 없지만, 자신의 정신의 움직임들을 주의 깊게 잘 살피지 않는 사람은 반드시 불행해지게 된다.

① 행복은 건강하고 빚이 없으며 양심에 거리낌이 없는 상태를 말한다.
② 행복은 육체가 아닌 영혼의 최고선을 통해 도달할 수 있는 불가능의 경지이다.
③ 외부의 정념에 흔들리지 않고 나 스스로의 절제와 금욕으로 행복에 도달해야 한다.
④ 삶은 본디 고통스러운 것이다. 그러므로 인간의 행복은 이 고통이 제거된 상태라 할 수 있다.
⑤ 행복은 육체적, 정신적 고통을 전부 제거하여 정신적인 동요나 혼란이 없는 평정심의 상태이다.

03 다음 글을 통해 비판하고자 하는 생각은?

하늘과 땅 사이는 홍로(烘爐)와 같아, 비록 생물이라 할지라도 모두 다 녹아 없어진다. 어찌 이 미 흩어진 것이 다시 합하여지며, 이미 간 것이 다시 올 수 있으랴?

이제 또한 내 몸에 징험(徵驗)하여 본다면, 숨 한 번 내쉬고 들이쉬는 사이에 기가 한 번 들어갔 다 나오나니, 이것을 일식(一息)이라 한다. 여기서 숨을 내쉴 때 한 번 나와 버린 기가 숨을 들이쉴 때 다시 들어가는 것은 아니다. 그런즉 사람의 기식에서도 생성의 무궁함과, 가는 것은 지나가고 오는 것은 계속되는 이치를 볼 수가 있다.

또 밖으로 물(物)에 징험(徵驗)하여 본다면, 모든 초목이 뿌리로부터 줄기와, 가지와, 잎에, 그리 고 꽃과 열매에 이르기까지 한 기운이 관통하여, 봄·여름철에는 그 기운이 불어나 잎과 꽃이 무성 하게 되고, 가을·겨울철에는 그 기운이 오그라들어 잎과 꽃이 쇠하여 떨어졌다가, 이듬해 봄·여 름에는 또다시 무성하게 되는 것이나, 그러나 이미 떨어져 버린 잎이 본원(本源)으로 돌아갔다가 다시 살아나는 것은 아니다.

① 만물이 물질로 환원될 수 있다는 생각
② 만물이 소멸하지 않고 윤회한다는 생각
③ 인간의 존재도 물질의 집합이라는 생각
④ 삼라만상의 변화가 기(氣)의 작용이라는 생각
⑤ 인간과 자연에 모두 적용되는 법칙이 있다는 생각

04 ㉠에 들어갈 결론으로 가장 적절한 것은?

> 이제 정말 중요한 말을 해야 할 순간입니다. 내가 이 책에서 담아내고 있는 명제와 내용은 무언가를 설명하기 위한 해설일 뿐, 이 책이 담긴 명제 그 자체를 주장하려는 것이 아닙니다. 즉 나의 이론을 진정으로 이해하는 사람은 만일 그가 나의 명제들을 통해 나의 명제들을 넘어설 수 있다면, 그래서 결국 나의 명제들을 무의미한 것으로 인식하게 된다면, 사다리를 딛고 올라간 후에 그 사다리를 던져 버리듯 나의 이론을 버려야 합니다. 즉 이 명제들을 극복해야 합니다. 나의 명제들을 넘어설 때 비로소 세계를 올바르게 볼 수 있습니다.
>
> 이제 나의 결론은 다음과 같습니다. (㉠   )

① 언어의 오용은 영혼의 악을 유발합니다.

② 말할 수 없는 것에 관해서는 침묵해야 합니다.

③ 동일성의 개념은 곧 가치의 개념이고 가치의 개념은 곧 동일성의 개념임을 알 수 있습니다.

④ 명제는 자기가 한 가지 이상의 방식으로 변형시킨 표상을 분절화할 수 있는 힘을 소유하고 있습니다.

⑤ 비판 정신이 실종되는 것은 의사소통의 속도 경쟁 때문이 아닙니다. 깊이가 없는 의사소통 때문입니다.

05 ㉠과 ㉡에 들어갈 말로 적절한 것끼리 묶인 것은?

> 무릇 천지는 (　　㉠　　)(이)요, 시간은 (　　㉡　　)(이)라. 인생이란 한바탕 꿈처럼 덧없으니, 이 세상에서 기쁨을 누린들 얼마나 계속되리. 옛사람들이 촛불을 밝히고 밤새워 노닌 것은 참으로 그 까닭이 있음이로다. 하물며 따뜻한 봄이 아지랑이 낀 경치로 나를 부르고 대자연이 나에게 문장을 빌려주었음에랴.
>
> 복숭아꽃과 오얏꽃이 핀 향기로운 동산에 모여 천륜(天倫)의 즐거운 일을 펴니, 여러 아우들은 모두 준수하여 혜련(惠連)※에 가깝지만 내가 읊고 노래하는 것만이 홀로 강락(康樂)※에게 부끄럽구나. 그윽한 감상이 아직 끝나지 않으니 고상한 담론은 갈수록 맑아진다. 아름다운 자리를 벌려 꽃밭에 앉고, 술잔을 주고받으며 달 아래에서 취하니, 아름다운 시가 없다면 어떻게 우아한 회포를 펴겠는가. 만일 시를 짓지 못한다면 금곡(金谷)에 의거하여※ 벌주를 내리리라.
>
> ※ **혜련**: 남조 송나라 때의 시인 사혜련(謝惠連).
> ※ **강락**: 남조 송나라 때의 시인 사령운(謝靈運)의 별칭.
> ※ **금곡에 의거하여**: 진(晉)나라의 석숭(石崇)이 금곡원에서 연회를 베풀면서 시를 짓지 못한 자에게는 벌주로 세 말의 술을 먹게 하였다고 한 것을 말함.

	㉠	㉡
①	묵상하는 나무	스쳐 가는 꽃향기
②	만물을 맞는 여관	영원한 나그네
③	깊게 뿌리 박힌 바위	바다로 흘러가는 물
④	바람을 막아 주는 병풍	바람 앞에 선 촛불
⑤	아이를 품어 주는 어머니	언젠가 떠나야 할 아이

06 다음 글을 쓴 저자가 가지고 있는 '역사관'으로 가장 적절한 것은?

> '내부 정보'를 가지고 있어도 결과를 정확하게 혹은 확신을 가지고 예측하지 못하는 것은 '내부 정보'가 말하자면 완전한 지식이 아니기 때문이다. 아무리 정보에 통달한 관전자(觀戰者)라 해도 전투를 하고 있는 당사자, 즉 승부를 겨루고 있는 장본인이 아니기 때문에 아무래도 미지수로 남는 부분이 있다. 게다가 그 미지수야말로 답을 내는 계산자가 풀어야 할 방정식의 가장 중요한 항목인 것이다.
>
> 이 미지수란 시련이 실제로 시작되었을 때 그 시련에 대하여 행동을 일으키는 인간의 반응이다. 이러한 심리적 운동량은 본디 무게를 달거나 길이를 잴 수는 없고 따라서 미리 과학적으로 평가할 수도 없는 것이지만 그것이야말로 서로 맞닥뜨렸을 때 실제로 문제를 결정하는 힘인 것이다.
>
> 아무리 뛰어난 군사적 천재라 해도, 그들의 승리에서 계산 불가능한 요소가 포함되어 있는 것을 자인하고 있는 것은 이 때문이다. 만일 그들이 종교인이었다면 크롬웰처럼 승리를 신에게 돌렸을 것이고, 아주 미신적인 사람이라면 나폴레옹처럼 그들 '별'의 운수가 좋았다고 했을 것이다.

① 역사는 인간에게 닥친 도전에 대해 어떻게 응전하는가에 대한 과정이다.

② 역사는 조상 대대로 내려오는 전통이나 기억의 소산이 아니라 학습해야 하는 것이다.

③ 인종별로 각기 다른 본성과 자질을 가지고 있어 역사는 서로 다른 성격의 문명을 창조한다.

④ 인간의 문화 형성에 중요한 결정 요인은 천연 자원·기후·지형 등 그를 둘러싸고 있는 자연적 환경이다.

⑤ 일체의 역사적 사상은 필연적으로 생성·성숙하고 또 부정되고 멸망하여 보다 고차원의 것으로 생성된다.

07 다음 글을 통해 이해한 ㉠에 대한 설명으로 적절하지 <u>않은</u> 것은?

> 『시경』에, "저 기수 모퉁이를 보니[瞻彼淇奧] 푸른 대나무가 무성하도다! 문채(文彩) 나는 군자(君子)여! 잘라서 갈아 놓은 듯하며, 조각하여 갈아 놓은 듯하다. 엄밀하고 굳세며 빛나고 점잖으니, 문채 나는 군자(君子)여! 끝내 잊을 수 없다." 하였다.
>
> 잘라서 갈아 놓은 듯하다[如切如磋]는 것은 학문을 말한 것이고, 조각하여 갈아 놓은 듯하다[如琢如磨]는 것은 스스로 행실을 닦는 것이고, 엄밀하고 굳세다[瑟兮僩兮]는 것은 마음의 근엄(謹嚴)이고, 빛나고 점잖다[赫兮喧兮]는 것은 겉으로 드러나는 위의(威儀)이고, 훌륭한 군자를 끝내 잊을 수 없다는 것은, ㉠성대한 덕과 지극한 선(善)을 백성들이 잊을 수 없음을 말한 것이다.

① 위의가 있는 모습으로 겉으로 드러난다.
② 꾸준한 자기 수양을 통해 얻을 수 있다.
③ 엄밀하고 굳센 마음을 갖추고 있는 것이다.
④ 학문을 정교하게 수립해 나가야 얻을 수 있다.
⑤ 깨달음의 순간이 올 때를 포착해야 얻을 수 있다.

08 다음 글이 서술되어 있는 장을 〈보기〉의 목차에서 고른 것으로 적절한 것은?

언뜻 보기에는 자연 선택이 진화를 추진한다는 다윈주의 개념은 우리가 지닌 선함, 즉 도덕, 예의, 감정 이입, 연민 같은 감정들을 설명하는 데 적합하지 않을 듯하다. 자연 선택은 배고픔, 두려움, 성적 욕망은 쉽게 설명할 수 있다. 그것들은 모두 우리의 생존이나 우리 유전자의 보존에 직접적으로 기여한다. 그러나 우리가 울고 있는 고아나 외로움에 좌절한 늙은 미망인이나 아파서 낑낑대는 동물을 볼 때 느끼는, 가슴이 아려 오는 측은지심은 어떠한가? 무엇 때문에 우리는 결코 만날 일도 없고 호의에 보답을 할 가능성도 없는, 세계 반대편에 있는 지진 해일 희생자들에게 돈이나 옷을 익명으로 보내고 싶다는 강한 충동을 느끼는 것일까? 우리 안에 있는 선한 사마리아인은 어디에서 오는가? '이기적 유전자' 이론은 선함과 화합이 안 되지 않을까? 그렇지 않다. 이것은 그 이론에 대한 흔한 오해 중 하나다. 딱한 오해다. 여기서 강조할 단어를 정확히 표시해야 할 것 같다. 이기적 '유전자'가 강조할 부분을 제대로 표시한 것이다. 말하자면 그것은 이기적 생물이나 이기적 종과 대조되기 때문이다.

┌ 보기 ┐

1장 대단히 종교적인 불신자
2장 신 가설
3장 신의 존재를 옹호하는 논증들
4장 신이 없는 것이 거의 확실한 이유
5장 종교의 뿌리
6장 도덕의 뿌리 : 우리는 왜 선한가?
7장 '선한' 책과 변화하는 시대정신
8장 내가 종교에 적대적인 이유
9장 종교로부터의 도피
10장 신이 우리에게 주는 것들

① 1장　　　　　　② 3장　　　　　　③ 6장
④ 8장　　　　　　⑤ 10장

09 ㉠에 들어갈 내용으로 적절한 것은?

자사가 "희로애락(喜怒哀樂)이 발하지 않은 것을 중(中)이라 하고, 발하여 절도에 맞는 것을 화(和)라 한다."라고 한 것과, 맹자가 "측은지심(惻隱之心)은 인(仁)의 단서이고, 수오지심(羞惡之心)은 의(義)의 단서이고, 사양지심(辭讓之心)은 예(禮)의 단서이고, 시비지심(是非之心)은 지(智)의 단서이다."라고 한 것이 바로 성정(性情)의 설인데, 성인들이 그 뜻을 드러내 밝힌 것이 극진합니다. 그러나 일찍이 상고해 보건대 자사의 말은 이른바 그 전체를 말한 것이고, 맹자의 말은 이른바 그 일부분을 떼어 낸 것입니다. 대개 사람의 마음이 아직 발하기 전에는 그것을 성(性)이라 하고 이미 발한 뒤에는 그것을 정(情)이라 하는데, 성에는 선하지 않음이 없지만 정에는 선악이 있는 것이 본디부터 그러한 이치입니다. 다만 자사와 맹자가 가리켜 말한 것이 같지 않았기 때문에 사단과 칠정의 구별이 있게 된 것이지 칠정 밖에 다시 사단이 있는 것은 아닙니다.

그런데 지금 만약 "사단은 이(理)에서 발하기 때문에 선하지 않음이 없고, 칠정은 기(氣)에서 발하기 때문에 선악이 있다."라고 한다면, (㉠   ). 이는 말에 병통이 있는 것이니 후학인 제가 의심이 없을 수 없습니다.

① 사단은 선한 것이 아니게 됩니다
② 칠정은 권장해야 하는 것이 됩니다
③ 이와 기는 상호 경쟁 관계가 됩니다
④ 맹자와 자사 중 한 명이 틀리게 됩니다
⑤ 칠정은 성에서 나오는 것이 아니게 됩니다

10 다음 글이 실린 책의 중심 사상은?

통합된 지식 체계는 아직 탐구되지 못한 실재 영역을 확인하는 가장 확실한 수단이다. 이것은 이미 알려진 것에 관한 명확한 지도를 제공하며 미래 연구를 위한 가장 생산적인 질문을 창안한다. 과학 사학자들은 올바른 답변을 하는 것보다 올바른 질문을 던지는 것이 더욱 중요하다는 점을 종종 관찰한다. 사소한 질문에 대한 옳은 대답은 별것 아니다. 그러나 옳은 질문은 그 정답을 알 수 없다 하더라도 주요한 발견의 지침이 된다. 미래 과학의 여정이나 상상력 풍부한 예술의 비행에 있어서도 그러할 것이다.

나는 창조적 사고의 새로운 길을 찾는 과정에서 우리가 실존적 보수주의에 도달할 것이라고 믿는다. 다음 질문을 반복될 가치가 있다. 우리의 가장 깊은 근원은 어디인가? 우리는 고유한 유전적 기원을 가진 구대륙 영장류이며 영특한 창발적 동물이다. 또한 새로 발견된 생물학적 성과의 축복을 받았기에, 원한다면 우리의 고향에서 안전하게 지낼 수 있도록 조치할 수도 있는 그런 존재이다. 이것이 다 무얼 의미하는가? 그 의미는 다음과 같다. 우리 자신과 생물권을 살아 있도록 유지하기 위해 인공 보철 장비에 의존하는 만큼 우리는 모든 것을 허약하게 만들 것이다. 또 우리가 나머지 생명을 추방해 버리는 만큼 우리는 영원히 인류를 피폐하게 만들 것이다. 그리고 잔머리를 굴려 우리의 유전적 본성을 포기하고 만다면, 그리고 마치 신이나 된 것처럼 착각하고 오래된 유산을 방기하며 진보라는 이름 아래 도덕, 예술, 가치를 내동댕이친다면 우리는 아무것도 아닌 존재가 될 것이다.

① 혼합(mix)
② 융합(fusion)
③ 통일(unification)
④ 통섭(consilience)
⑤ 통합(combination)

11 ㉠을 통해 강조하고자 하는 견해로 가장 적절한 것은?

사람은 나면서부터 이익을 좋아하는 마음이 있어서 이 본성을 그대로 두면 싸우고 빼앗으며, 양보하는 일은 없을 것이다. 그대로 두면 남을 해치고 상하게 할 줄만 알고 신의나 진실한 마음이 없어진다. 나면서부터 아름다운 음악과 빛깔을 좋아하는 감각의 욕망이 있으니, 그대로 두면 음란한 마음이 생기고 예의와 법도가 없어진다. 그러므로 사람의 본성을 그대로 두고 성정에 따를 경우에는 반드시 싸우고 다투어 법도를 어지럽히는 행위를 하게 되며 난폭하게 될 것이다. 그러므로 반드시 스승의 교화와 예의의 법도가 있어야 사양할 줄도 알고, 예절과 법도에 맞게 행동하며, 세상도 다스려질 것이다.

이렇게 본다면 사람의 본성은 악한 것이며 그것이 선해지는 것은 인위(人爲) 때문이다. ㉠굽은 목재는 반드시 도지개*를 이용하여 불에 쬐어 바로잡는 과정을 거친 뒤에야 곧아지며, 무딘 쇠는 반드시 숫돌에 갈아야 날카로워지는 법이다.

※ **도지개**: 휘어진 활을 바로잡는 틀.

① 모든 일을 하늘이 내린 순리에 맡겨야 한다.
② 악에서 벗어나기 위해서는 교육이 필요하다.
③ 일을 할 때는 인위적인 방법을 써서는 안 된다.
④ 사람의 본성은 배우지 않아도 알 수 있는 것이다.
⑤ 숨겨진 본성을 찾기 위해서는 꾸준한 노력이 필요하다.

12 다음 글을 쓴 저자의 주장이 가진 한계를 지적한 내용으로 가장 적절한 것은?

인구가 너무 급속도로 증가하게 되면 인류는 비참한 가난과 전염병에 신음하며 죽어 갈 것이다. 이러한 측면에서 자연의 법칙은 한결같은 특성을 보여 준다. 자연의 법칙은 우리가 이러한 충동에 너무 과도하게 빠져듦으로써, 똑같이 주의를 요하는 어떤 다른 법칙을 어기게 되었음을 가리키고 있다. 과식으로 인한 불쾌감, 화를 통제하지 못하여 자신과 타인에게 끼치는 피해, 가난으로 인한 불편 등은 이러한 충동을 보다 잘 통제해야 한다는 것을 알려 주는 경고이다. 우리가 이러한 경고에 주의를 기울이지 않는다면 응당 우리의 불복종에 따른 벌을 받게 될 것인 바, 우리가 겪는 그 징벌의 고통은 다른 이들에게 일종의 경고로 기능한다.

너무나 빠르게 증가해 온 인구의 결과에 대하여 인류는 별다른 주목을 해 오지 않았기에, 다른 사례들에서도 볼 수 있듯이, 인구 증가에 따른 결과가 그런 결과를 이끈 인간의 행위와 그렇게 긴밀하고 직접적인 관련은 없다는 식의 생각이 생겨난 것임에 틀림없다. 그러나 인구 증가에 따른 구체적 결과에 대하여 늦지 않게 알게 됐다고 해서 그 결과의 본질이 달라지는 것은 아니며, 우리의 행동거지가 어떠해야 한다는 것을 깨닫게 된 것만으로 보다 합당하게 행동을 규제해야 할 우리의 의무가 면제되는 것은 아니다. 그 밖의 다른 많은 경우에 있어서도, 인간은 오랜 고통스러운 경험을 거치고 나서야 비로소 행복에 가장 적합한 행위 양식이 무엇인지에 대하여 관심을 기울이게 되었다.

① 인구의 증가를 억제하는 것은 실제적인 궁핍과 질병보다는 예속적 빈곤에 대한 두려움이다.

② 세계의 식량 생산량이 비약적으로 늘어난 시점에도 현대의 출산율은 큰 폭으로 감소하고 있다.

③ 인간의 질병은 피할 수 없는 천벌이 아니라 인간이 자연법칙의 일부를 어긴 증거로서 발생한다.

④ 빈곤으로 인한 고통에서 벗어나기 위해 자녀 부양의 능력을 갖출 때까지 독신 기간을 유지해야 한다.

⑤ 빈곤 문제 해결을 위해서는 임시적인 구제 정책보다는 교육 제도의 개선과 보급이 더 효과적이다.

13 다음 글에서 주(註)를 통해 알 수 있는 양혜왕의 잘못은?

> 양혜왕이 말했다.
> "과인이 나라를 다스림에 마음을 다할 뿐입니다. 하내에 흉년이 들면 백성들을 하동으로 이주시
> 키고 곡식을 하내로 보냅니다. 하동에 흉년이 들면 반대로 합니다. 이웃 나라들의 정치를 살펴보
> 면 과인처럼 마음을 쓰는 자가 없습니다. 그런데도 이웃 나라들의 백성이 줄어들지 않고, 우리나
> 라의 백성이 늘지 않으니 무슨 까닭입니까?"
> 맹자가 말했다.
> "왕이 전쟁을 좋아하시니 전쟁에 비유를 해 보겠습니다. 전투의 북을 울리고 있는데 병사들이
> 갑옷과 무기를 버리고 도망을 친다고 할 때, 오십 보를 도망친 사람이 백 보를 도망친 사람 보고
> 비웃는 것은 어떠합니까?"
> 왕은 "옳지 않습니다. 백 보를 가지 않았더라도 도망친 것이 아닙니까?"라고 하자, 맹자는 "왕
> 께서 그 이치를 안다면 이웃 나라보다 백성들이 많기를 바라서는 안 됩니다."라고 하였다.
>
> 주(註): 이웃 나라가 백성을 구휼하지 않았지만 양혜왕은 작은 은혜를 베풀었다. 그렇지만 모두 왕도(王道)를 행함으로써
> 백성을 기르는 일을 못 했으니, 이것으로 저것을 비웃을 수 없음을 비유한 것이다.

① 전쟁을 좋아함
② 흉년에 대비하지 못함
③ 이웃 나라와 비교하려고 함
④ 군대의 규율이 엄격하지 않음
⑤ 백성에게 마음을 다하지 않음

14 다음 글은 슘페터의 『자본주의, 사회주의, 민주주의』 1판의 서문이다. 이 책을 읽고 이해한 내용으로 적절하지 <u>않은</u> 것은?

> 이 책은 사회주의라는 주제에 관해 거의 40년 동안 사색하고 관찰하고 연구한 것의 대부분을 읽기 쉬운 형태로 결합하기 위한 노력의 소산이다. 민주주의 문제는 이 책에서 차지하는 위치까지 올라오지 않을 수 없었다. 왜냐하면 민주주의적 통치 방식에 관한 다소 광범위한 분석 없이는 사회주의적 사회 질서와 민주주의적 통치 방식 사이의 관계에 관한 내 견해를 진술하는 것은 불가능하다는 것이 입증되었기 때문이다.
>
> 내 과제는 그러리라 예상했던 것보다 더 어려운 것으로 드러났다. 정리되어야 했던 여러 가지 자료 가운데 일부는 한 개인의 견해와 경험을 반영했는데, 그 사람은 일생의 여러 단계에서 비사회주의자들이 보통 경험하는 것보다 더 많은 관찰 기회를 가졌고, 본 것에 대해 인습에 얽매이지 않은 태도로 반응했다. 나는 이러한 흔적들이 지워지는 것을 원치 않는다. 만약 내가 이러한 흔적들을 감추려고 애썼다면 이 책이 불러일으킬 수 있는 대부분 관심을 사라졌을 것이다.

① 자본주의는 경제 체제로서는 안정적이지만 질서로서는 불안정하다.

② 사회주의 사회와 참된 민주주의가 양립할 수 있는지의 여부는 별개의 문제이다.

③ 자본주의는 자기모순으로 인해 계급 간의 갈등이 심화되고 그로 인해 스스로 붕괴할 것이다.

④ 사회주의를 향한 경향은 개인의 의사와 관계없이 진행될 것이며, 불가피하게 자본주의 질서를 대체할 것이다.

⑤ 사회주의 사회는 국가가 아닌 공적 당국에 의해 생산 수단이 소유되고 공적 계약에 의해 생산 과정이 규제된다.

15 다음 글은 『중용』의 일부분이다. 글의 내용을 활용하여 지도자에게 건의할 수 있는 말로 적절하지 <u>않은</u> 것은?

> 무릇 천하의 국가를 다스림에 아홉 가지 방법이 있으니 자신을 닦는 것, 어진 이를 높이는 것, 친족을 친애하는 것, 대신을 공경하는 것, 신하들을 몸소 살펴보는 것, 서민을 자식처럼 사랑하는 것, 백공(百工)들이 모이게 하는 것, 원방(遠方) 사람들을 너그럽게 대하는 것, 제후들을 포용하는 것이다.
>
> 몸을 닦으면 곧 도가 서고, 어진 이를 존경하면 의혹되지 않고, 친족을 친애하면 제부(諸父)와 형제들이 원망하지 않고, 대신들을 공경하면 혼미하지 않고, 대신들을 몸소 살펴 주면 선비들의 보답하는 예가 무겁게 되고, 서민을 자식처럼 사랑하면 백성들이 열심히 일하고, 백공들이 모이게 하면 재용(財用)이 풍족해지고, 원방 사람들을 너그럽게 대하면 사방에서 귀순해 오고, 제후들을 포용하게 되면 천하가 두려워하며 복종하게 된다.

① 기술자들을 우대하여 모일 수 있도록 해야 한다.
② 다른 나라들과 좋은 관계를 유지하도록 해야 한다.
③ 인재들이 능력을 발휘할 수 있도록 살펴보아야 한다.
④ 항상 자신이 잘못한 것이 없는지 성찰해 보아야 한다.
⑤ 가족 간이라 할지라도 법률을 엄격하게 집행해야 한다.

16 다음 글을 쓴 저자의 '예술관'으로 가장 적절한 것은?

    자본주의 세계의 중요한 예술가와 작가들 모두에게 공통된 특징은 그들이 주위의 사회적 현실과 타협할 수 없다는 점이다. 모든 사회 체제는 예술상의 위대한 옹호자들(반역자나 비난자와 더불어)을 가졌다. 유독 자본주의하에서만 어떤 수준의 평범성을 넘어선 모든 예술은 항상 저항과 비판, 그리고 반역의 예술이었다. 자본주의하에서 인간은 세계와 자기 자신으로부터 압도적으로 소외되었고, 중세적인 길드와 신분 체계의 속박에서 해방된 인간성은 마땅히 향유되어야 할 삶의 자유와 완전성이 기만당하고 있음을 격렬하게 인식하였다. 또한 지상의 모든 재화가 시장의 상품으로 전화되고 공리주의가 만연하며 세계가 총체적으로 상업화됨으로써 상상력을 가진 사람 누구나 강렬한 반감을 촉발시켰다. 그리하여 상상력은 불가피하게 의기양양한 자본주의 체제를 비판하는 위치에 놓이게 되었다.

① 예술은 강제에 의해서는 아무것도 하지 못한다.
② 무엇을 그리고 싶은지 알려면 그리기 시작해야 한다.
③ 예술가는 예술 작품의 근원이고, 예술 작품은 예술가의 근원이다.
④ 진실로 위대한 예술은 아름다운 예술보다 훨씬 진실하고 위대하다.
⑤ 예술이라는 것은 사실상 존재하지 않는다. 다만 예술가들이 있을 뿐이다.

17 (가)와 (나)에 나타난 공통된 생각으로 가장 적절한 것은?

> **(가)**
>
> "내 처음 너희들과 함께 이 섬에 들어올 때엔 먼저 부(富)하게 한 연후에 따로이 문자(文字)를 만들며 옷갓을 지으려 하였는데 땅이 작고 덕이 엷으니, 나는 이제 이곳을 떠나련다. 너희들은 어린애가 나서 숟가락을 오른손으로 쥐게 하고, 하루라도 먼저 태어난 사람이 먼저 먹게 하라."
>
> 그리고 다른 배들을 모조리 불사르며, '가지 않으면 곧 오는 이도 없겠지.' 하고, 또 돈 50만 냥을 바닷속에 던지며, '바다가 마를 때면 이를 얻을 자 있겠지. 백만 냥이면 이 나라엔 용납할 곳이 없으리니 하물며 이런 작은 섬일까 보냐.' 하고, 또 그중에 글을 아는 자를 불러내어 배에 태우고, '이 섬나라에 화근(禍根)을 뽑아 버려야지.' 하였다.
>
> **(나)**
>
> 창힐이 문자를 처음 만들 때, 하늘은 속우(粟雨)※를 내렸고, 귀신은 밤에 통곡을 하였다. 백익(伯益)이 처음으로 우물을 파자 용은 흑운을 타고 사라졌으며, 신은 곤륜(崑崙)으로 숨어들게 되었다. 능함이 점점 많아지면서 덕은 점점 박해졌기 때문이다.
>
> ※ 속우: 좁쌀 비.

① 경제적 바탕이 갖추어져야 안정된 삶을 살 수 있다.
② 돈이나 곡식 등 재화의 가치는 쓰임새에 따라 결정된다.
③ 인간 사회는 명확한 규칙이 없으면 혼란에 빠지게 된다.
④ 지식을 쌓아 가는 것이 인간의 삶에 부정적 영향을 미칠 수 있다.
⑤ 부족한 자원을 이용해 생산을 극대화하기 위해서는 기술의 발전이 필요하다.

18 다음 글이 실린 책의 제목인 '제2의 성'이 가진 의미로 적절한 것은?

여자는 태어나는 것이 아니라 만들어지는 것이다. 남자가 사회에서 취하고 있는 형태는 결코 어떤 생리적·심리적·경제적 운명으로 결정되는 것이 아니다. 문명 전체가 수컷과 거세당한 개체 사이의 중간 산물을 만들어, 그것에 여성이라는 이름을 붙였을 뿐이다. 타인이 끼어들어야 비로소 개인은 '타자'가 된다. 어린이는 자기만을 위하여 존재하는 동안에는 자기가 성적으로 구별되어 있다는 것을 이해하지 못한다. 소녀·소년에게 처음 얼마 동안 육체는 주체성의 발현이며, 외부 세계를 이해하기 위한 도구이다. 아이들이 세계를 파악하는 것은 눈이나 손을 통해서이지 생식기를 통해서가 아니다. 출생의 드라마는 물론, 젖을 떼는 이유기의 드라마도 남녀 유아에게 모두 똑같이 전개된다. 그들은 같은 흥미와 쾌감을 느낀다.

① 여성은 남성을 주체로 하는 문명에 의하여 2차적으로 만들어지는 존재다.
② 인간은 남성, 여성과 같이 양분화된 '생물학적 성별'과는 다른 차원의 '사회적인 성별'이 존재한다.
③ 노예에게는 생각하는 요소가 결여되어 있으며, 여성은 그 요소는 갖고 있으나 권능이 결여되어 있다.
④ 여성이 남성에게 억압당하는 현상은 인간이 자연을 제대로 파악하지 않고 파괴를 일삼는 것과 같다.
⑤ 여성의 진정한 해방을 위해서 현 체제에 가득 찬 가부장적인 규범을 타파하는 급진적인 사회 재정비가 필요하다.

19 다음 글의 ㉠에 들어갈 제도로 적절한 것은?

지금 사방의 백성들이 눈을 씻고서 새로운 교화가 펴지는 것을 보려 하고, 덕스러운 정사가 펴진다는 소리를 듣기를 생각하고 있습니다. 그리하여 날마다 쳐다보고 있으니, 그대로 구습을 답습한 채 백성들의 간절한 바람을 저버리고, 크게 변통할 기회를 잃어버려서는 안 됩니다.

이러한 시기에 (㉠   )은 부역을 고르게 하고 백성들을 편하게 하는 것으로, 이는 실로 이 시국을 구제할 만한 좋은 계책입니다. 비록 여러 도에 두루 시행할 수는 없다 하더라도, 경기, 관동에 이미 시행하여 힘을 얻었습니다. 그러니 만약 또 양호(兩湖)*에서 시행한다면, 백성들을 안정시키고 나라에 이익되는 방도로 이보다 더 좋은 것은 없습니다. 졸곡(卒哭)* 뒤에 즉시 의논해 정하는 것이 마땅하였습니다만, 사신의 행차가 마침 그때 당도하여서 늦추어지고 말았습니다. 지금은 칙사가 이미 돌아갔는데도 묘당에서 의논하고 있다는 말은 들리지 않고 있으니, 신은 실로 괴이한 생각이 듭니다.

※ **양호**: 충청과 호남 지방을 말함.
※ **졸곡**: 장례식과 삼우제를 지낸 뒤에 곡을 끝낸다는 뜻으로 지내는 제사.

① 대동법   ② 대명률
③ 비총법   ④ 답험손실법
⑤ 연분구등법

20 이 글이 실린 책에서 자본주의 정신에 대해 설명하고 있는 내용으로 적절하지 <u>않은</u> 것은?

사경제적 부의 생산이라는 면에서는 금욕이 부정직함뿐 아니라 순수한 본능적 소유욕과도 투쟁했다– 왜냐하면 이러한 소유욕은 '탐욕', '배금주의' 등으로 비난되었기 때문이다. 즉 부유해지는 것 자체를 궁극 목적으로 삼는 부의 추구이기 때문이었다. 소유 그 자체는 유혹이다. 그러나 여기서 금욕은 '항상 선을 원하면서도 항상 악을' – '소유와 그 유혹이라는 의미에서의 악 – 낳는' 힘이었다. 왜냐하면 금욕주의는 구약 성서에 따라 그리고 '선행'에 대한 윤리적 평가와 똑같이, 물론 목적으로서의 부의 추구를 비난받아야 할 최악의 것이라 보면서도 직업 노동의 열매인 부의 획득은 신의 축복이라 보았기 때문이다. 그뿐 아니라 더 중요한 것은 다음과 같은 사실이다. 즉 부단하고 지속적이며 체계적인 세속적 직업 노동을 단적인 최고의 금욕적 수단이자 동시에 거듭난 자와 그 신앙의 진실성에 대한 가장 확실하고 분명한 증명이라고 간주한 종교적 평가는, 우리가 이 책에서 자본주의 '정신'이라 부르는 생활관의 확장을 위해 생각할 수 있는 가장 강력한 지렛대가 아닐 수 없었다.

① 신을 위하여 부를 추구하는 것이 삶의 목적 자체로 여겨진다.
② 노동은 신앙의 순수성에 대한 가장 확실하고 명확한 증명이다.
③ 경건하고 절제된 삶을 사는 금욕주의적 정신이 직업 윤리의 바탕이 된다.
④ 물질이 정신을 지배하므로 노동에 집중하는 것이 자본주의 발전을 이끈다.
⑤ 재산을 낭비하지 않고 최선을 다해 일하고 금욕하는 것이 윤리적인 삶이다.

[21~22] 다음 글을 읽고 물음에 답하시오.

(가)

청렴韓 보건복지부

보건복지부

보건복지부

청렴韓 보건복지부

수신 수신자 참조

(경유)

제목 각 부처 및 지자체 등 단체 헌혈 적극 추진 및 헌혈 참여 협조 요청

1. 귀 기관의 지속적인 헌혈 활성화 협조에 감사드립니다.

2. 최근 혈액 일일보유량이 '주의 단계'로 진입이 우려되고 있어, 공공부문의 적극적인 헌혈 관심과 참여가 매우 필요한 상황입니다.

   가. 혈액 보유량 : 2023. 4. 21. 기준 3.5일분

   나. 혈액수급 위기경보 단계 : 3~5일 미만(관심), 2~3일 미만(주의), 1~2일 미만(경계), 1일 미만(심각)

3. 각 부처 및 지자체 등에서는 조속한 시일에 단체 헌혈에 협조하여 주시고, 공가 활용·장려 등을 통해 공직자가 앞장서는 헌혈 기부문화 조성에 협조하여 주시기 바랍니다.

4. 아울러, 학생, 군부대, 각 지자체, 은행연합회, 전국경제인연합회·중소기업중앙회·대한상공회의소 소속 기업체 등 소관 기관·단체 등의 헌혈 참여를 독려하여 혈액수급 위기 극복에 동참할 수 있도록 조치하여 주시기 바랍니다.

붙임 전국 혈액원 단체 헌혈 문의처 1부. 끝.

보건복지부장관

수신자 법제처장, 국가보훈처장, 식품의약품안전처장, 공정거래위원회위원장, 인사혁신처장, 과학기술정보통신부장관, 교육부장관, 국방부장관, 기획재정부장관, 문화체육관광부장관, 법무부장관, 통일부장관, 농림축산식품부장관, 외교부장관, 행정안전부장관, 산업통상자원부장관, 환경부장관, 고용노동부장관, 여성가족부장관, 국토교통부장관, 해양수산부장관, 중소벤처기업부장관, 감사원장, 방송통신위원회위원장, 국무조정실장, 금융위원회위원장, 원자력안전위원회위원장, 국세청장, 관세청장, 조달청장, 통계청장, 검찰총장, 경찰청장, 방위사업청장, 병무청장, 문화재청장, 산림청장, 행정중심복합도시건설청장, 특허청장, 기상청장, 새만금개발청장, 소방청장, 해양경찰청장, 국가인권위원회위원장, 국민권익위원회위원장, 농촌진흥청장, 질병관리청장, 개인정보보호위원회위원장, 대한적십자사 혈액관리본부장, 한마음혈액원장, 제주특별자치도지사, 세종특별자치시장, 서울특별시장, 부산광역시장, 대구광역시장, 인천광역시장, 광주광역시장, 대전광역시장, 울산광역시장, 경기도지사, 강원도시자, 충청북도지사, 충청남도지사, 전라북도지사, 전라남도지사, 경상남도지사, 경상북도지사

주무관 ○○○   행정사무관 ○○○   혈액장기정책과장 전결 2023. 4. 24.

○○○

협조자

시행　혈액장기정책과－1279　　　　　　　　　　접수　운영지원과－10604　　　　　(2023. 4. 24.)

우 30113　　　세종특별자치시 도움4로 13(어진동) 혈액장기정책과　　　　　/　www.mohw.go.kr

전화번호 000－000－0000　팩스번호 000－000－0000　　/　×××7930@korea.kr　　/ 대국민 공개

(나)

교육부

수신　수신자 참조

(경유)

제목　고등학교 및 대학교 헌혈 참여 협조 요청

1. 관련: 보건복지부 혈액장기정책과－1279(2023. 4. 24.)
2. 최근 혈액 일일보유량이 '주의 단계'로 진입이 우려되는 상황에 따라 보건복지부가 학생들의 헌혈 참여를 요청해 와 안내 드리니, 각 시도교육청 및 대학에서는 학생들이 자발적으로 헌혈에 참여할 수 있도록 안내해 주시기 바랍니다.

　　※ 혈액수급 위기경보 단계 : 3~5일 미만(관심), 2~3일 미만(주의), 1~2일 미만(경계), 1일 미만(심각)

붙임　1. (보건복지부) 헌혈 참여 협조 요청 공문 1부.

　　　2. 전국 혈액원 단체 헌혈 문의처 1부.　끝.

수신자　시도교육청, 고등교육기관 전체

주무관　○○○　　　　　보건사무관　○○○　　　　　학생건강정책과장　04/25

　　　　　　　　　　　　　　　　　　　　　　　　　　　　　　○○○

협조자

시행　학생건강정책과－2791　　　(2023. 4. 27.)　　　접수　총무과－19001　　　　(2023. 4. 27.)

우 30119　　　세종특별자치시 갈매로 408, 정부세종청사 14동 교육부 / https://www.moe.go.kr

전화　000－000－0000　　/ 전송 000－000－0000　　/ ××03@korea.kr　　/ 공개

21 (가), (나)에 대해 판단한 내용으로 적절하지 <u>않은</u> 것은?

① (가)는 (나)를 작성하는 근거가 된 공문이다.

② (가)의 수신자는 (나)의 수신자를 포함하므로 (가)의 수신 범위가 (나)에 비해 넓다.

③ (나)를 접수한 각급 학교에서는 이를 바탕으로 학생들의 헌혈 참여를 위한 계획을 수립할 수 있다.

④ (가)는 단체 헌혈 참여를 독려하는 내용을 포함하고 있으나, (나)는 개인들의 헌혈 참여에 초점이 맞추어져 있다.

⑤ (가)와 (나)에는 모두 공문 발송의 이유와 목적이 제시되어 있다.

22 (가)와 (나)를 바탕으로 공문서 작성에 대해 이해한 내용으로 적절하지 <u>않은</u> 것은?

① 항목의 표시는 첫째 항목을 '1., 2., …', 둘째 항목을 '가., 나., …'의 순서로 표시한다.

② 날짜는 숫자로 표기하되, 연, 월, 일의 글자는 생략하고 그 자리에 마침표를 찍어 표시한다.

③ 첨부물이 있을 경우에 문서의 '끝' 표시는 붙임 표시문의 마지막 글자 다음에 한 글자(2타)를 띄우고 표시한다.

④ 행정기관장 명의로 발신하는 문서에는 관인을 찍되, 발신 명의 표시의 마지막 글자가 관인의 가운데 오도록 한다.

⑤ 문서의 첨부가 있을 때에는 본문이 끝난 줄 다음에 '붙임' 표시를 하고 첨부물의 명칭과 수량을 쓰되, 항목 번호를 표시한다.

[23~24] 다음 글을 읽고 물음에 답하시오.

공공누리 제도안내

1. 공공누리란?

: 공공저작물 자유이용 허락 표시제도(Korea Open Government License)

> – 공공누리는 국가, 지방자치단체, 공공기관이 4가지 공공누리 유형 마크를 통해 개방한 공공저작물 정보를 통합 제공하는 서비스입니다.
> – 공공누리는 저작물별로 적용된 유형별 이용조건에 따라 저작권 침해의 부담 없이, 무료로, 자유롭게 이용 가능합니다.

2. 공공누리 도입의 배경

국가나 지방자치단체 및 공공기관이 보유·관리하고 있는 공공저작물은 그 양이 방대하고 품질과 정보의 정확성으로, 민간 영역에서 적극적으로 활용된다면 경제적·문화적 부가가치 창출에 큰 도움을 줄 수 있습니다.

뿐만 아니라 최근 스마트기기 등 뉴미디어의 확산과 함께 공공저작물을 원천 소재로 활용하여 새로운 콘텐츠나 비즈니스 모델을 개발하는 민간 기업도 늘어나고 있습니다.

따라서 공공저작물에 대한 이용허락절차의 부재, 저작권 권리처리 문제 등으로 인한 활용의 어려움을 없애고자, 표준화된 이용허락표시제도인 '공공누리'를 도입하게 되었고, '누구나 자유롭게 이용할 수 있게 한다'라는 의미를 담고 있습니다.

3. 공공누리 이용 방법

공공누리 저작물을 이용하는 방법은 아주 간단합니다. 공공누리 검색창에 원하는 저작물을 검색하여 저작물 및 이용조건을 확인한 후 활용하시면 됩니다. 기본적으로 원문을 제공하는 사이트로 링크되며, 공공누리에서 저작물을 직접 내려받기 가능한 경우도 있으니 체크하여 이용하시면 됩니다.

1. 공공누리 사이트 방문
2. 공공누리 저작물 검색
3. 해당 저작물 링크를 통해 저작물 확인
4. 저작물에 적용된 공공누리 유형 및 이용조건 확인
5. 저작물 확인 후 내려받기

  *기관별 내려받기 방식은 상이할 수 있습니다.

6. 이용조건에 따라 저작물 활용
   – 공공누리가 적용된 저작물은 유형별 이용조건에 따라 별도의 이용 허락 없이 활용할 수 있습니다. 그러나 자유이용의 경우에도 반드시 저작물의 출처를 구체적으로 표시하여야 합니다.

– 공공누리 유형 및 이용조건

〈제1유형〉

출처표시

〈제2유형〉

출처표시 + 상업적이용금지

〈제3유형〉

출처표시 + 변경금지

〈제4유형〉

출처표시 + 상업적이용금지 + 변경금지

4. 기대 효과

◎ 국가나 지방자치단체 및 공공기관

– 공공저작물의 이용조건이나 범위 등을 개별적으로 정해야 할 필요가 없습니다.

– 공공저작물의 저작권을 보유하면서도 개방을 통한 활용성을 높일 수 있습니다.

– 표준화된 약관을 사용하여 공정성을 지키고 저작권 분쟁의 소지를 예방할 수 있습니다

◎ 일반 이용자

– 이용허락절차가 간소화되어 신속하게 원하는 공공저작물을 이용할 수 있습니다.

– 품질 좋은 저작물을 무상으로 자유롭게 이용할 수 있습니다.

– 공공누리의 이용조건을 준수함으로써 저작권 침해에 대한 부담에서 벗어날 수 있습니다.

23 '공공누리 제도'에 대한 이해로 적절하지 않은 것은?

① 공공저작물은 국가나 지방자치단체 및 공공기관이 보유·관리하는 저작물을 말한다.

② 일반 이용자는 저작물의 4가지 유형별 이용조건에 따라 양질의 정보를 자유롭게 이용할 수 있다.

③ 기업은 공공저작물을 원천 소재로 활용하여 새로운 콘텐츠를 개발하고 경제적 가치를 창출할 수 있다.

④ 공공누리는 저작물 이용허락절차가 부재한 상황에서 활용의 어려움을 해결하기 위한 제도적 장치이다.

⑤ 공공누리는 저작물 활용 과정에 발생할 수 있는 저작권 분쟁을 국가와 공공기관이 해결해 주는 통합 서비스이다.

24 〈보기〉는 한 이용자가 공공누리 저작물을 이용한 과정의 일부이다. 윗글을 바탕으로 할 때, 〈보기〉의 이용자가 수행한 내용으로 적절하지 <u>않은</u> 것은?

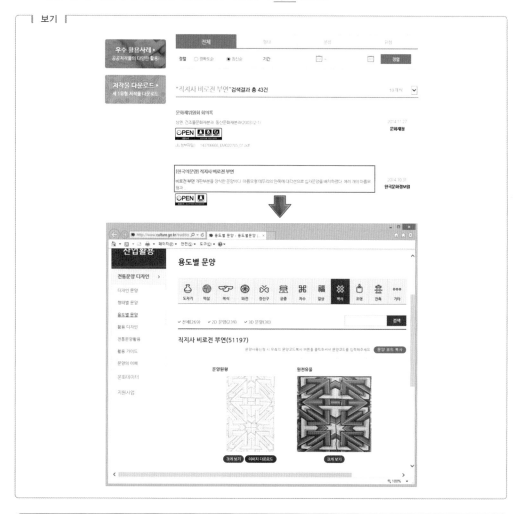

　　ⓐ'직지사 비로전 부연'의 이미지를 찾기 위해 공공누리 사이트를 방문하여 검색하였다. ⓑ총 43건의 저작물이 검색되었는데 링크를 통해 해당 저작물을 확인하였다. ⓒ출처를 표시하지 않아도 되는 제1유형의 저작물임을 확인하고 ⓓ이미지를 무상으로 내려받기 하였다. ⓔ별도의 이용 허락이 없어도 저작권 침해의 부담이 없으므로 내려받은 이미지를 일부 변경하여 활용하였다.

① ⓐ　　　　　② ⓑ　　　　　③ ⓒ　　　　　④ ⓓ　　　　　⑤ ⓔ

25 다음 글을 통해 알 수 있는 내용으로 적절하지 <u>않은</u> 것은?

　현생 인류 호모 사피엔스는 어디에서 왔을까? 절멸한 다른 사람족과의 차이는 무엇일까? 이것은 인류의 난제 중 하나이다. 그러나 발굴된 뼈의 특징을 해부학적으로 분석하는 고생물학과 고고학의 방법을 통해 호모 사피엔스가 약 30만 년 전 아프리카에 처음 출현한 뒤 약 7만 년 전 아프리카를 벗어나 전 세계로 퍼졌다는 사실 등이 일부 밝혀졌다. 또한 현생 인류의 '친척'인 '네안데르탈인'은 약 40만 년 전부터 유럽과 서아시아에 분포하다가 약 3만 년 전에 절멸했음이 밝혀져 호모 사피엔스와 네안데르탈인이 유라시아 대륙 대부분에서 공존한 시기가 있었다는 것을 알게 되었다.

　남은 수수께끼를 풀려면 유전 정보를 담당하는 DNA의 염기 서열을 비교하는 것이 유효한데 호모 사피엔스의 유전체는 1990년대 말까지 거의 해독되었다. 그러나 네안데르탈인의 유전체는 해독을 위해 발굴된 뼈를 이용하는데 오래된 DNA는 열화되고 가늘게 절단되었거나 시료와 접촉한 인물, 즉 호모 사피엔스의 DNA가 혼입되어 있기 때문에 해독이 쉽지 않았다. 먼저 분석 1단계에서는 뼈의 내부에 존재하는 세포 속에 남은 세포 내 소기관 '미토콘드리아'의 DNA를 이용하였다. 미토콘드리아는 세포 속에 많이 존재하기 때문에 DNA 염기 서열을 해독하기 용이하였으므로 이 단계에서 네안데르탈인이 호모 사피엔스의 직접 조상은 아님이 밝혀졌다. 그런데 미토콘드리아의 DNA는 작아서 정보량이 적었기 때문에 다음 단계에서 세포핵의 DNA 염기 서열을 해독하였다. 이를 통해 네안데르탈인과 현대의 각 지역에 퍼져 있는 호모 사피엔스를 비교 분석할 수 있게 되었는데, 분석 결과 네안데르탈인의 DNA 염기 서열은 아프리카보다 유럽이나 아시아의 호모 사피엔스와 가까운 것이 밝혀졌다. 즉 양자가 공존하는 시기에 일부가 교잡함으로써 네안데르탈인의 유전자가 호모 사피엔스에 계승되었던 것이다.

　한편 2008년 시베리아 남부의 '데니소바 동굴'에서 약 4만 년 전의 손가락뼈 단편이 발견되었다. 이 뼈의 DNA를 분석한 결과, 호모 사피엔스나 네안데르탈인 양쪽 모두와 달라 '데니소바인'으로 명명하였고, 데니소바인과 호모 사피엔스 사이에서도 일부 교잡이 있었음이 밝혀졌다. 이 발견은 인류 진화의 역사에서 다음과 같은 스토리를 분명히 해 주었다. 호모 사피엔스가 아프리카로부터 이동했을 때, 적어도 두 사람족이 유라시아에서 살고 있었다. 네안데르탈인은 유라시아 대륙 서부에 살고, 데니소바인은 대륙 동부에 살고 있었다. 호모 사피엔스는 아프리카를 나와 동쪽으로 이동하는 과정에서 네안데르탈인이나 데니소바인과 만나 교잡해 자손을 남겼다는 것이다. 그러나 호모 사피엔스와 절멸한 다른 사람족과의 관계에 대해서는 아직 밝혀지지 않은 것이 많다.

① 절멸하기 직전의 네안데르탈인에게는 유라시아에 살았던 호모 사피엔스의 유전자가 있을 것이다.
② 현생 인류 호모 사피엔스에게 절멸한 두 사람족, 네안데르탈인과 데니소바인의 유전자가 계승되었다.
③ 호모 사피엔스의 유전체는 해독되었으나 직접 조상은 과학적으로 밝혀지지 않았으므로 아직도 인류의 난제 중 하나이다.
④ DNA 염기 서열의 비교를 통해 네안데르탈인과 데니소바인은 약 4만 년 전에 유라시아에 공존하며 교잡했음을 알 수 있다.
⑤ 네안데르탈인의 발굴된 뼈에서 유전체를 해독하기 위해 미토콘드리아의 DNA를 분석한 후, 세포핵의 DNA 분석을 실시하였다.

[26~27] 다음 글을 읽고 물음에 답하시오.

　의식주의 하나인 음식이라는 물질은 인간이 생물학적으로 육체를 유지하기 위해 확보해야 하는 일차적 대상이다. 그런데 음식과 관련된 사람들의 행위는 문화적 선택을 하지 않을 수 없다. 즉 음식의 재료로 무엇을 선택하는가, 어떻게 원료를 확보하는가, 무슨 음식을 어떻게 조리하는가, 어떤 조리 과정을 거쳐 음식을 완성하는가, 누가 어떤 상황에서 어떻게 마시고 먹는가, 그리고 어떤 음식을 어떻게 소화·배설하는가 등의 문제에는 언제나 '선택'이라는 조건이 붙는다.
　인간의 이러한 선택을 두고 '인간은 조리하는 동물이다.'라고 부른다. 왜냐하면 동물과 달리 인간은 선택적 조리의 과정을 통해 하나의 음식을 만들어 내고 이를 섭취하여 인체를 움직이는 에너지를 얻기 때문이다. 여기에는 물리적 차원과 생리적 차원이 함께 개입된다. 한 문화의 구성원들이 주로 소비하는 음식 재료는 구하기 쉬운 자연물로 결정되는 경우가 많다. 이는 인간과 자연환경의 상호 작용 과정으로, 특정한 재료의 선택뿐만 아니라 재료를 음식으로 변환하는 데에도 자연환경적 조건을 반영한 조리 방법이 개입한다. 규칙으로서의 조리법은 어떤 목적을 위한 행위로서 마련된 것이지만, 또 다른 측면에서 보면 자연환경에서 유용한 것을 문화적으로 선택하여 기호에 맞는 음식물을 만들어 내는 기술의 체계로도 이해된다. 이러한 선택의 내용은 특정 지역에 기반을 두고 집단적 삶을 사는 인간이 지닌 문화적 특성을 밝히는 단서가 될 수 있다.

하지만 같은 지역에 속하는 사람들이라도 계층이나 지위에 따라 특정 음식 혹은 특정 맛을 선호하는 경향을 보인다. 왜냐하면 사람들의 음식 선택과 맛의 기준은 선천적인 것이 아니라 후천적 학습을 통해 습득된 것이기 때문이다. 음식 습관은 유 · 아동기 때 가족을 통해서 대부분 형성되는데, 음식은 가족 구성원의 태도나 기질을 아이에게 전달하는 수단의 하나이다. 이러한 과정에서 아이는 지역 사회의 구성원으로서 한 사회가 지닌 문화적 지향성에 의해서 특정 음식 습관을 만들어 간다. 여기에는 당시 사회가 지닌 계층적 구조, 제도나 경제적 요인 등과 같은 문화적 측면이 개입되어 있다. 식사 행위와 예법과 같은 음식 활동의 규범적 행위 역시 한 사회가 지닌 사회 문화적 측면과 밀접한 관련이 있다. 또 사람들은 함께 어울려 음식을 섭취하려는 경향이 있는데, '한솥밥을 먹는다는 것'은 공동 운명체의 이념 및 정서와 연결되어 있다. 공식의 주최자와 참여자의 관계, 주최자와 참여자의 사회적 지위와 명성, 식탁에서 앉는 자리, 식사 중의 대화와 의견 교환 방법, 음식 행위의 예법 등에 정치와 권력의 차이가 그대로 반영되어 있다. 따라서 음식을 둘러싼 인간의 행위는 특정 조직의 인간관계를 이해하는 대상이 된다.

　음식에 대한 문화적 접근은 총체적 입장을 지녀야 한다. 이를 위해서 물질에 기반을 둔 문화를 연구할 때 기술과 조직, 그리고 이념이라는 문화적 하위 구성 요소가 역동적으로 상호 작용한다는 시각이 필요하다. 특히 행위자를 중심에 둔 시스템적 사고를 통해 음식물이라는 물질적 차원을 문화적 차원으로 상승시킬 수 있다. 예를 들어, 음식을 생산하고 소비하는 일련의 과정에는 생업 기술 및 생활 기술과 같은 기술적 측면이 일정한 축을 이루며 진행되지만, 그 속에서 사람들 사이의 관계와 사회 조직, 제도에 간여하며, 동시에 어떤 음식을 먹을 것인가 먹지 않을 것인가를 결정하는 금기나 종교적 세계관과 같은 이념이 개입되어 있다. 이와 같이 일상적이고 사소한 듯한 음식 행위가 한 사람 혹은 한 문화 집단을 이해하는 표징이 된다는 사실은 음식이 단지 식품학 · 영양학 · 농학 등에서 접근할 수 있는 물질적 연구 대상일 뿐만 아니라 ㉠인문 · 사회 분야에서도 연구해야 하는 중요한 대상임을 확인시켜 준다.

26 ㉠의 사례에 해당하는 연구로 적절하지 <u>않은</u> 것은?

① 유교와 음식의 오래된 관계
② 죽음에 대한 인식과 제사 음식
③ 주택의 변화가 음식에 미친 영향
④ 된장 발효 과정에서의 미생물 변화
⑤ 조리법의 변화로 읽는 비빔밥의 역사

27 윗글의 관점에서 〈보기〉를 설명한 내용으로 적절하지 <u>않은</u> 것은?

> 보기
>
> 　식재료인 고추에 대해 우리나라, 일본, 중국은 서로 다른 수용 양상을 보인다. 일본은 우리나라보다 고추의 수용이 빨랐지만, 지리적으로 해산물을 많이 접하기 때문에 고추 대신 생선의 비린내를 제거해 주는 고추냉이를 주로 사용한다. 일본인들은 고추냉이를 먹으면 맵고 맑으며 상쾌한 기분을 느낀다고 한다. 중국의 쓰촨에서는 차고 습한 날씨를 이겨 내는 방법으로 마라 맛을 선택하고 천초, 산초, 고추를 함께 사용하여 음식을 조리한다. 이에 비해 우리나라는 고추를 위주로 매운맛을 낸다. 이는 고추 수용 이전에 사용한 천초가 환경 때문에 생산량이 적었던 탓도 있지만 18세기 상황과 관련이 있다. 관혼상제가 피지배층까지 확대되어 소금의 수요가 급증하면서 고추 양념이 소금 대용으로 사용되었다. 또한 이앙법과 대동법의 실시로 쌀의 생산이 증가하면서 '밥＋짠 반찬＋매운맛'의 만남이라는 한국식 식단을 형성하는 데 고추가 결정적인 역할을 했다.

① 세 나라의 고추 수용 양상이 다른 이유는 자연환경과 사회·경제적 요인에 따른 문화적 선택으로 설명할 수 있다.

② 제도의 변화와 쌀을 주식으로 하는 우리 사회의 문화적 지향성에 의해서 고추로 매운맛을 내는 한국식 식단이 형성되었다고 볼 수 있다.

③ 우리나라와 일본에서 각각 고추, 고추냉이를 주로 사용하게 된 것은 물질적 대상이 이념이라는 문화적 요소와 상호 작용한 결과로 해석된다.

④ 천초의 낮은 생산량과 소금의 수요 급증으로 선택된 재료인 고추는 문화적 접근을 통해 기술과 조직의 상호 작용이라는 총체적 입장에서 파악해야 한다.

⑤ 쓰촨 지역에서 천초, 산초, 고추를 재료로 마라 맛 음식을 조리하는 것은 인간과 자연환경의 상호 작용을 통해 만들어 낸 기술적 체계로 이해할 수 있다.

[28~29] 다음 글을 읽고 물음에 답하시오.

지구상의 생명체들은 저마다 다른 외양과 습성, 기능을 지니고 있으며 수많은 아이디어를 품고 있다. 이들은 오랜 시간에 걸쳐 환경의 압력을 받으며 분화하고 도태되고 선택되며 다양성을 이루어 왔다. 인간은 이러한 생물의 형태와 기능을 모방하려는 시도를 해 왔는데, 최근에는 생물을 모방해 첨단 기술로 탈바꿈시키는 생물 모방 기술에 대한 연구가 본격적으로 이루어지고 있다.

[A] ⎡ 생물 모방 기술은 새와 박쥐의 골격을 모방한 레오나르도 다빈치의 글라이더와 비행기 설계에서도 엿볼 수 있다. 생물의 생김새에서 유체역학적인 디자인을 추출하는 생물 모방 기술은 해양 생물에도 적용된다. 상어의 몸체와 지느러미는 유체를 헤엄쳐 나가는 능력을 극대화하기 위한 것으로 비행기의 형태뿐만 아니라 꼬리 날개와 날개 끝 디자인에 응용되어 비행기의 연료 효율과 조정 안정성을 높이는 역할을 했다. 그런데 비행기에 부딪힌 공기 분자는 날개 표면을 따라 이동하다가 어느 시점에 표면에서 떨어져 나가 제멋대로 흐르며 저항을 일으키는데, 이를 '유동 박리' 현상이라 한다. 유동 박리를 최소화하기 위해 주목한 생물은 혹등고래이다. 혹등고래의 등과 지느러미에 있는 혹들이 지느러미 표면에서 발생하는 유동 박리를 막아 준다는 점에 ⎣ 착안하여 팬을 개발하였다.

한편 동식물의 나노 단위까지 관찰하여 아이디어를 얻는 나노 생물 모방 기술이 있다. 최근 이루어지고 있는 홍합의 족사에 대한 연구가 대표적 예이다. 홍합은 바닷속 미끌미끌한 바위에 달라붙어 거센 파도를 견뎌 내는데 바위와의 접촉 면적은 넓지 않다. 홍합은 바위에 붙기 전에 발로 바위 표면을 청소하고 진공 공간을 만든 다음 그 공간에 족사를 설치한다. 족사는 끝부분에 생체 접착제를 분비하는 부위가 달린 일종의 실이다. 특수한 수산화 아미노산으로 이루어진 이 생체 접착 성분에 홍합 접착력의 비밀이 숨어 있다. 물속에서도 강력한 접착력을 유지하는 홍합의 생체 접착 성분은 수분이 많은 인체 곳곳에 다양하게 활용된다. 망막 박리 현상을 치료하는 접착제나 수술 환부를 봉합하는 용도로 홍합의 생체 접착 성분을 활용하면 실로 꿰맬 때보다 회복이 빠르다. 생체 성분이기 때문에 인체의 일부로 녹아들어 자연 재생을 돕는 것이다.

홍합의 족사와 정반대의 역할을 하는 나노 생물 모방 기술도 있다. 연잎은 물을 배척하는 초소수성 표면으로 나노 단위의 돌기 구조를 가지고 있다. 돌기 속에 돌기가 있고 그 속에 또 돌기가 있는 프랙털 구조로 돌기 사이에 형성된 공기층이 물을 밀어내는 작용을 한다. 연잎의 나노 돌기 구조를 모방한 소재를 만든다면 완벽에 가까운 방수 효과를 얻을 수 있다. 또한 건물의 유리창이나 자동차 표면에 미세한 나노 돌기 구조를 깎아 넣으면 오염을 막을 수 있고, 선박 표면을 나노 돌기 구조로 가공하면 해양 생물이 달라붙지 못해 연료 효율을 증가시킬 수도 있다.

이렇듯 생물 모방은 지구 각지에 서식하는 동식물의 생김새, 거시적 구조, 그리고 나노 세계의 특성에 이르는 모든 부분에서 아이디어를 끌어내는 유용한 기술로, 인류의 삶을 변화시킴과 동시에 인간과 지구의 공존을 추구한다. 또한 아직도 자연에는 우리가 배우고 탐구할 만한 특성들이 여전히 많이 존재한다는 점에서 지속적인 연구와 응용이 기대된다.

28 윗글을 통해 알 수 있는 내용으로 적절하지 <u>않은</u> 것은?

① 선박의 표면을 연잎의 나노 돌기 구조로 가공하면 홍합 족사도 달라붙기 어려울 수 있다.

② 생물 모방 기술은 인간의 삶에 유용할 뿐만 아니라 지구 환경을 지키는 데도 도움이 된다.

③ 홍합의 족사에서 분비되는 물질은 물에서도 접착력이 강하고 생체 성분이라는 점에서 의료 접착제로 활용된다.

④ 연잎의 표면이 프랙털 구조로 이루어져 있으며 초수소성을 띤다는 것은 나노 생물 모방 기술이 밝혀낸 것이다.

⑤ 생물 모방은 나노 세계를 관찰할 수 있게 되면서 시작되어 지구상의 모든 생명체에서 아이디어를 얻는 유용한 기술이 되었다.

29 [A]를 바탕으로 〈보기〉를 이해한 내용으로 적절하지 <u>않은</u> 것은?

> ┌ 보기 ┐
>
> 팬에 혹등고래의 지느러미 돌기와 같은 모양을 만들어 넣자 돌기로 인해 공기가 팬의 표면을 따라 곡선으로 흐르는 효과를 볼 수 있었다. 그리고 다른 조개들과 달리 바닷속에서 이동성이 매우 강한 가리비가 지닌 독특한 껍데기 모양에 착안하여 팬에 추가적으로 가리비 껍데기와 같은 홈을 새겨 넣었다. 이러한 형태의 팬을 장착한 에어컨은 평균 소비 전력 10% 정도를 줄여 주고 약 2dBA의 소음 저감 효과도 있었다.

① 가리비가 바닷속에서 이동성이 뛰어난 이유는 껍데기의 홈이 유동 박리를 막아 주는 기능을 하기 때문이다.

② 생물 모방 기술을 적용하여 만든 팬을 장착한 에어컨은 팬이 공기 분자의 저항을 적게 받기 때문에 소음이 줄어든다.

③ 물과의 접촉 면적을 최소화하여 효율적으로 움직이는 혹등고래와 가리비의 형태에 착안하여 에어컨 팬의 기능을 향상시켰다

④ 혹등고래를 모방한 팬의 돌기는 공기가 팬의 표면에서 떨어져 나가 제멋대로 흐르는 현상을 최소화하여 전기를 절약할 수 있다.

⑤ 혹등고래의 지느러미 돌기와 가리비 껍데기의 모양은 유체가 표면을 따라 흐르도록 하는 기능을 하는 유체역학적인 디자인이다.

30 다음 글을 읽은 독자가 보인 반응으로 적절하지 <u>않은</u> 것은?

인류는 석기 시대부터 다이어그램을 사용해 왔으며 역사적으로 의미 있는 다이어그램들은 이미지의 혁명이자 지식의 설계도라 할 수 있다. 피카소가 동물과 여러 가지 기호가 묘사된 라스코 동굴 벽화를 보고, "우리는 아무것도 발명한 게 없다."라는 말로 경외감을 토로했다는 일화는 인간의 추상적 사고에 대해 생각하게 한다. 따라서 우리는 다이어그램을 뜻을 전달하기 위한 단순화된 그림이나 시각 언어로뿐만 아니라 지속적인 관찰, 실험, 숙고, 추상적 사고와 미적 훈련의 최종 산물로 볼 필요가 있다.

해리스의 색상환은 프리즘 원(Prismatic circle) 다이어그램으로 최초의 총천연색 색상환이다. 모든 색조는 빨강, 노랑, 파랑 색소의 혼합으로 환원시킬 수 있으며 세 가지 혼색, 주황, 초록, 보라도 있다는 것을 발견한 해리스는 이를 이미지로 나타내기 위해 열한 개의 동심원으로 이루어진 다이어그램을 만들었다. 그는 먼저 원의 중심부에 빨강, 노랑, 파랑의 기본 3색의 중첩을 통해 검정색이 나오는 것을 보였다. 중첩된 부분이 나타내는 중간색인 혼색들은 다시 중간 단계를 두 가지로 나타내는 바깥 원의 토대가 된다. 바깥 원은 빨강, 주황–빨강, 빨강–주황, 주황, 노랑–주황, 주황–노랑, 노랑 등과 같은 형식으로 총 18색을 표현했다. 또 18색에 번호를 부여하고 명암과 색조의 단계를 동심원으로 구분했다. 그의 노력 끝에 얻어진 정밀한 색상환 분류 체계는 사용자들이 더 많은 색상을 식별하고 이들을 혼합해 원하는 결과를 얻을 수 있게 해 주었다.

나이팅게일은 크림 전쟁 중의 열악한 병원 위생과 그 참상을 알리기 위해 의회에 보고서를 제출하기로 결심하고 설득력을 극대화하기 위한 방법을 고민했다. 나이팅게일은 말이나 숫자의 나열보다는 그래프가 더 와닿을 수 있다는 생각에서 육군 사망 원인 분석에 새로운 형식의 원형 차트를 고안했다. 그녀가 고안한 원형 다이어그램은 조각의 각도에 따라 비율을 나타내는 원형 그래프와 달리, 동일한 각도의 각 조각이 원의 중심부에서 밖으로 뻗어 나가는 길이로 비율을 표현한 것이다. 이를 이용해 사망 원인을 색상별로 표시하여 18,000명의 사망자 가운데 16,000명이 병원 내 감염으로 사망하였다는 것을 보여 줌으로써 병원이 사람을 죽일 수 있다는 강력한 메시지를 던졌다. 나이팅게일의 다이어그램은 군 병원의 위생을 개선하여 많은 인명을 살리는 데 기여하였다. 또한 오늘날의 통계 보고서에 흔히 쓰이는 차트의 하나가 되었고, 원형 히스토그램 같은 기법을 파생시켰다.

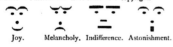

▲ 『퍽(Puck)』의 기사

이 밖에도 사람들에게 익숙한 이모티콘이 있다. 이모티콘은 키보드상의 기호들을 조합해 느낌이나 감정을 시각적으로 표시하는 작은 그림으로 그 기원은 19세기로 거슬러 올라간다. 1881년 잡지 『퍽(Puck)』은 '활자 미술'이라는 제목의 짧은 기사를 게재했다. 그날의 이슈에 대해 편집자들의 기쁨, 우울, 무관심, 놀라움 등의 감정을 명확하게 표현하기 위해 몇 개의 활자 기호를 삽입하겠다는 것을 독자에게 알리는 내용이었다. 이 단순하지만 획기적인 다이어그램이 독자들에게 호응을 얻어 오늘날에 이르게 된 것이다.

① 다이어그램을 지식의 설계도라 할 수 있는 것은 표현하고자 한 내용을 추상적 사고와 지속적인 숙고의 과정을 거쳐 도식으로 담아낸 결과물이기 때문이다.

② 나이팅게일의 원형 다이어그램은 사망의 원인을 색상별로 표시한 각도가 다른 각각의 조각을 사망자의 수만큼 원의 중심에서 밖으로 뻗어 나가게 표현한 것이다.

③ 우리가 흔히 쓰는 시각 언어인 이모티콘은 인터넷의 사용과 더불어 탄생한 것이 아니라 기사에 대한 감정을 독자들에게 명확하게 전달하기 위한 용도로 19세기 인쇄 매체에서부터 쓰였다.

④ 해리스의 색상환은 노랑 다음에 초록－노랑, 노랑－초록, 초록, 파랑－초록, 초록－파랑, 파랑, 보라－파랑, 파랑－보라, 보라, 빨강－보라, 보라－빨강의 순으로 총 18색이 표현되어 있다.

⑤ 해리스의 다이어그램은 색소의 혼합으로 만들어진 18가지 색상을 원을 나누어 표현하고, 동심원을 이용하여 명암과 색조를 프리즘을 통과시켜 형성된 것처럼 10단계로 구분하여 나타낸 것이다.

01 ㉠~㉢을 〈보기〉의 사례와 관련지어 이해한 내용으로 가장 적절한 것은?

질문을 사용하기 가장 좋은 때는 상대방이 한 어떤 말에 한 가지 질문만 더하면 그 말의 ㉠허구성이 그대로 드러나는 때다.

두 번째로 좋은 때는 상대방의 두 전제 중 하나가 분명히 참일 때, 그에게 어떤 질문을 던지면 ㉡나머지 하나도 참이라고 인정할 수밖에 없는 때다.

세 번째는 상대방이 앞에서 한 말이나 사실과 모순되는 말을 했는데 질문으로 그것을 보여 줄 수 있을 때다.

네 번째는 우리가 질문을 던지면 상대방은 똑 부러진 대답을 내놓을 수 없어 ㉢이럴 수도 있고 저럴 수도 있다는 대답밖에 할 수 없을 때다.

이 외에는 질문을 시도해서는 안 된다. 우리가 어떤 질문을 던졌는데, 상대방이 명쾌하게 답하면, 그 순간 청중은 우리가 졌다고 생각하기 때문이다. 청중에게는 우리가 던지는 많은 질문을 받아 줄 여력이 없다.

┌ 보기 ┌

[A] 멜레토스가 소크라테스는 정령에 관해 얘기한 적은 있지만, 신들의 존재를 믿는다고 말한 적은 없었다고 고발하자, 소크라테스가 그에게 정령들은 신들의 소생이나 신적인 존재가 아니냐고 질문한 것이 그렇다. 멜레토스가 "그렇다."라고 대답하자, 소크라테스는 "신들의 소생이 존재한다고 믿으면서도 신들은 존재하지 않는다고 생각하는 사람이 과연 있겠습니까?"라고 반박했다.

[B] 페리클레스가 람폰에게 구원의 여신을 숭배하는 밀교의 입교 의식에 관해 물은 것이 그렇다. 그 질문에 입교하지 않은 사람은 그 의식에 관해 들을 수 없다고 람폰이 대답했다. 그러자 페리클레스는 그에게 그 의식을 아느냐고 물었다. 람폰이 안다고 대답하자, 페리클레스는 "당신은 입교하지 않은 사람인데 어떻게 그것을 알 수 있었습니까?"라고 질문했다.

① [A]는 ㉠에 해당하고, [B]는 ㉡에 해당하겠군.
② [A]는 ㉠에 해당하고, [B]는 ㉢에 해당하겠군.
③ [A]는 ㉡에 해당하고, [B]는 ㉠에 해당하겠군.
④ [A]는 ㉡에 해당하고, [B]는 ㉢에 해당하겠군.
⑤ [A]는 ㉢에 해당하고, [B]는 ㉡에 해당하겠군.

02 ㉠이 가리키는 인물은?

그대가 상제의 아들이라면
신통한 변화를 시험하여 보자
넘실거리는 푸른 물결 속에
하백이 변화하여 잉어가 되니
㉠왕이 변화하여 수달이 되어
몇 걸음 못 가서 곧 잡았다
또다시 두 날개가 나서
꿩이 되어 훌쩍 날아가니
왕이 또 신령한 매가 되어
쫓아가 치는 것이 어찌 그리 날쌘가
저편이 사슴이 되어 달아나면
이편은 승냥이가 되어 쫓았다
하백은 신통한 재주 있음 알고
술자리 벌이고 서로 기뻐하였다
만취한 틈을 타서 가죽 수레에 싣고
딸도 수레에 함께 태웠다

① 환웅   ② 금와왕   ③ 해모수
④ 해부루   ⑤ 동명성왕

03 다음 글에서 이야기하고 있는 '아폴론적 예술'과 '디오니소스적 예술'의 특징에 대한 설명으로 가장 적절한 것은?

> 희랍의 두 예술신 아폴론과 디오니소스와 연관하여 우리가 깨달은 것은, 희랍 세계에서는 발생의 연원은 물론 그 목적을 달리하는 아폴론적 조형 예술과 디오니소스적 비조형적 음악 예술 양자가 서로 극렬히 대립했다는 점이다. 두 예술적 경향은 매우 상이하여 서로 맞서 치열하게 투쟁하며 상대방에게 계속해서 좀 더 강력한 무기를 만들어 내도록 자극하면서 끊임없이 서로 대립하여, 마침내 둘 다 '예술'이라 불린다는 점 말고는 공통점을 찾을 수 없을 정도로 대립하게 되었다. 하지만 두 예술적 본능이 서로 짝을 짓게 되었으니, 희랍 인민의 '의지'가 이루어 낸 가히 형이상학적 기적이랄까, 그것들은 서로 결합하여 아티카 비극이라는 디오니소스적이면서 동시에 아폴론적인 예술 작품을 생산했다.

① 아폴론에게서는 환희와 공포가 하나로 융합된 인간의 본성을 엿볼 수 있다.
② 디오니소스는 보다 높은 차원의 진리, 몽상 세계의 완전무결함을 상징한다.
③ 아폴론적 본능이 '꿈'이라고 한다면, 디오니소스적 본능은 '도취'라고 할 수 있다.
④ 디오니소스적인 음악을 상징하는 소리, 선율 등은 아폴론적인 음악에서 발전한 것이다.
⑤ 아폴론적인 것과 디오니소스적인 것의 대립을 통해 예술적 힘을 발휘하는 것은 자연의 힘에 역행하는 것이다.

04 (가)와 (나)에서 공통적으로 제기하는 불평등의 근원으로 가장 적절한 것은?

(가)

　성인은 능력 있는 사람을 숭상하지 말아 백성들이 다투지 않게 한다. 얻기 어려운 재화를 귀하게 여기지 말아 백성들이 도둑이 되지 않게 한다. 욕심낼 만한 것을 보이지 말아 백성들의 마음이 어지러워지지 않게 한다.

　이런 까닭에 성인의 다스림은 그 마음은 비우게 하고 그 배는 채워 주며, 그 뜻을 약하게 하고 그 뼈를 강하게 하여 늘 백성들로 하여금 꾀가 없고 욕심도 없게 하고, 무릇 꾀 있다 하는 자들이 감히 무언가 하지 못하게 하니 무위(無爲)를 하면 다스리지 못할 것이 없게 될 것이다.

(나)

　원시의 인간은 일도 언어도 거처도 없고, 싸움도 교제도 없으며, 타인을 해칠 욕구가 없듯이 타인을 필요로 하지도 않았다. 어쩌면 동류의 인간을 단 한 번도 만난 적이 없이 숲속을 떠돌아 다녔을 것이다. (중략)

　사람들은 점차 오두막 앞이나 큰 나무 주위에 자주 모이게 되었다. 연애와 여가의 진정한 소산이라 할 수 있는 노래와 춤이 한가한 남녀들의 심심풀이가 아니라 매일의 일과가 되었다. 그리하여 저마다 남을 주목하고, 자신도 남에게 주목받고 싶다는 생각을 하게 되면서 남들에게 인정받는 것이 하나의 가치를 지니게 되었다. 노래를 잘 부르는 사람, 힘이 센 사람, 얼굴이 잘 생긴 사람, 꾀가 있거나 언변이 좋은 사람은 존경을 받았다. 이것이 불평등을 향한, 그리고 동시에 악덕을 향한 첫걸음이었다.

① 희소가치가 있는 재화의 불공평한 분배
② 남들과 비교하여 더 우월하고자 하는 욕망
③ 인간이 선천적으로 가지고 태어난 능력의 차이
④ 꾀가 있지만 공익을 위해 사용하지 않는 사람들
⑤ 사람들의 경제적 고통을 해결해 주지 못하는 지도자

05 다음 글을 쓴 저자의 '역사관'에 대한 설명으로 가장 적절한 것은?

어느 한 집단에게는 쇠퇴의 시기로 간주되는 것이 다른 집단에게는 새로운 전진의 시작으로 생각될 수 있는 일은 얼마든지 있을 수 있다. 진보는 모든 사람에게 똑같고 동시적인 진보인 것은 아니며 또 그럴 수도 없다. 의미심장한 것은 요즈음 저 몰락의 예언자들 거의 모두가, 다시 말해서 역사에서 아무런 의미도 찾지 못한 채 진보는 끝났다고 생각하는 저 회의주의자들 거의 모두가 몇 세대 동안 문명을 전진시키는 일에서 지도적이고도 두드러진 역할을 의기양양하게 수행했던 바로 그 지역이나 사회 계급에 속해 있다는 사실이다. (중략) 만일 우리가 진보라는 가설을 유지하려고 한다면, 길은 중단되기도 한다는 조건을 반드시 인정해야 한다고 생각한다.

① 역사란 현재와 과거 사이의 끊임없는 대화이다.
② 역사는 객관적인 사실을 정확하게 기록해야 한다.
③ 역사는 우연히 벌어진 어떤 사건에 의해 변화한다.
④ 역사는 물질적, 경제적 생활의 생산 방법에 의하여 규정된다.
⑤ 역사는 탄생부터 발전, 멸망까지 일정한 주기를 갖고 순환된다.

06 다음 글에서 설명하는 인물은?

그는 원래 양주(楊州) 백성인데, 경기로부터 해서 지방에 이르기까지 연로(沿路)*의 아전들이 모두 그와 밀통되어 있어, 관가에서 잡으려 하면 그 기밀이 먼저 누설되었다. 조정에서 장연·옹진·풍천 등 너덧 고을의 군사를 동원하여 서흥에 집결시켰는데, 도적 무리 60여 명이 높은 데 올라 내려다보면서 화살을 비 퍼붓듯 쏘아 대므로, 관군이 드디어 무너지고 이로부터 수백 리 사이에 길이 거의 끊어졌다.

이에 남치근으로 토포사*를 삼아 재령에 주둔시키자 도적 무리가 구월산에 들어가 험악한 기지에 나눠 웅거하여 대항하였다. 남치근이 군마를 집결하여 산 아래를 철통같이 포위하니, 적의 참모 서림이 마침내 벗어나지 못할 것을 알고 나와서 항복하므로 적의 허실과 정상을 모두 알게 되었다.

※ **연로**: 큰 도로 좌우에 연하여 있는 곳.
※ **토포사**: 각 진영에서 도둑 잡는 일을 맡아보던 벼슬.

① 길삼봉   ② 임꺽정   ③ 장길산
④ 전우치   ⑤ 홍길동

07 다음 글을 쓴 저자와 그가 수립한 이론으로 적절한 것은?

생명 현상이 전개될 때 우리가 만나게 되는 질서는 하나의 다른 근원에서 생긴다. 질서정연한 사건들이 생길 수 있는 기전에는 두 가지가 있는 것 같다. 즉 '무질서로부터 질서'를 만드는 '통계 기전'과 '질서로부터 질서'를 만드는 새로운 기전이다. 편견 없는 마음에는 두 번째 원리가 더 간단하고 더 그럴듯하게 보인다. 그것이 더 간단하고 더 그럴듯하다는 점은 틀림없다. 바로 그 점이 물리학자들이 다른 것, 즉 '무질서로부터 질서' 원리에 빠지게 된 사실에 대해 오히려 자랑스럽게 생각하는 이유이다. '무질서로부터 질서' 원리는 자연계에서 실제로 나타나고 있으며, 이 원리만으로 자연계 사건들의 거대한 경향, 그 가운데에서 우선 여러 가지 사건의 불가역성을 이해할 수 있다. 그러나 우리는 자연계의 사건들로부터 유도되고 도출된 '물리 법칙들'이 생명체의 행동을 올바르게 설명하기에 충분하리라고 기대할 수는 없다. 왜냐하면 생명체의 가장 현저한 특징은 '질서에서 질서' 원리에 많이 근거하고 있는 것처럼 보이기 때문이다. 여러분은 두 개의 전혀 다른 기전에 의해 똑같은 유형의 법칙이 생겨나리라고는 기대하지 않을 것이다. 여러분은 여러분이 가진 빗장 열쇠로 옆집의 문도 열 수 있으리라고 기대하지 않을 것이다.

우리는 보통의 물리 법칙들로 생명을 해석하는 것이 어렵다 하여 낙담해서는 안 된다. 왜냐하면 그러한 어려움은 우리가 생명체의 구조에 관해 얻었던 지식으로부터 예견되는 바이기 때문이다. 우리는 생명체에 있는 새로운 유형의 물리 법칙을 발견할 준비를 해야 한다. 그렇지 않다면 우리가 그것을 초물리적이라고는 하지 않을지라도 비물리적 법칙이라고 불러야 하지 않을까?

아니다. 나는 그것을 초물리적이거나 비물리적인 것이라고 생각하지 않는다. 왜냐하면 우리가 말한 새로운 원리는 순수하게 물리적인 것이기 때문이다. 내 생각으로는 그 원리는 바로 양자론의 원리 이외에 아무것도 아니다.

① 맥스웰의 도깨비
② 슈뢰딩거의 고양이
③ 파인만의 경로 적분
④ 클라우지우스의 엔트로피
⑤ 아인슈타인의 상대성 이론

08 (가)와 (나)에서 '공수자의 기술'에 대한 관점의 차이를 파악한 내용으로 가장 적절한 것은?

(가)

맹자께서 말씀하셨다.

"이루(離婁)의 밝은 눈과 공수자(公輸子)의 정교한 기술로도 규(規)와 구(矩)가 없으면 원과 네 모를 그릴 수 없고, 악사인 광(曠)의 밝은 청력으로도 육률(六律)을 쓰지 않으면 오음(五音)을 바 로잡을 수 없고, 요순(堯舜)의 도(道)로도 인정(仁政)을 쓰지 않으면 천하를 평화롭게 다스릴 수 없다."

※ **규와 구**: 규는 원을 그릴 때 쓰는 컴퍼스이고, 구는 네모를 그릴 때 쓰는 곱자임.

(나)

공수자가 대나무를 깎아 까치 한 마리를 만들어서 날렸는데 3일 동안이나 내려오지 않았다. 공 수자는 자신의 기술이 정교함을 스스로 대견하게 여겼다.

묵자는 공수자에게 말하기를, "그대가 만든 까치는 수레 굴대의 비녀장※보다 못합니다. 비녀장 은 단지 세 치밖에 안 되지만 오십 석의 무게를 싣고 갈 수 있습니다."

※ **비녀장**: 바퀴가 벗어나지 않도록 굴대 머리 구멍에 끼우는 큰 못.

---

① 맹자는 이론적 바탕을 중시하는 반면, 묵자는 실제로 구현하는 것을 중시한다.
② 맹자는 정교함을 이룬 방법에 주목하는 반면, 묵자는 실용적 관점에서 기술을 평가한다.
③ 맹자는 다른 분야에도 사용될 수 있다고 보는 반면, 묵자는 다른 분야에 이용할 수 없다고 본다.
④ 맹자는 기술을 이룬 재능을 칭찬하는 반면, 묵자는 재능으로 인해 교만해질 수 있음을 경계한다.
⑤ 맹자는 다른 인물과 비교하여 뛰어난 점을 보는 반면, 묵자는 나무 까치와 비녀장을 비교하여 정교함이 무엇인지 평가한다.

09 다음 글이 실린 책에서 다루고 있지 <u>않은</u> 내용은?

자기 주위에 있는 노동자 세대의 고난을 부인하기에 '충분한 이유'를 가지고 있는 자본은, 인류는 장차 퇴화할 것이라든가 인류는 결국 사멸해 버릴 것이라는 예상에 의해서는 그 실천적 활동에 조금도 영향을 받지 않는데, 그것은 마치 지구가 태양에 떨어질지도 모른다는 예상에 의해서는 자본이 아무런 영향을 받지 않는 것과 마찬가지다. 주식 투기의 경우에도, 언젠가 한 번은 벼락이 떨어지리라는 것을 누구나 알고 있지만, 누구나 자기 자신의 황금의 비를 모아 안전한 장소에 옮겨 놓은 뒤에 그 벼락이 이웃 사람의 머리 위에 떨어질 것을 바라고 있다. 뒷일은 될 대로 되라지! 이것이 모든 자본가와 모든 자본주의국의 표어다. 그러므로 자본은 사회에 의해 강제되지 않는 한, 노동자의 건강과 수명을 조금도 고려하지 않는다. 육체적·정신적 퇴화, 조기 사망, 과도 노동의 고통 등에 관한 불평에 대해 자본은, 그런 것들이 우리의 쾌락(이윤)을 증가시켜 주는데 어째서 우리가 걱정해야 하는가 하고 대답한다. 사태를 전체적으로 보면 이 모든 것은 개별 자본가의 선의나 악의 때문은 아니다. 자유 경쟁 아래서는 자본주의적 생산의 내재적 법칙들이 개별 자본가에 대해 외부적인 강제 법칙으로 작용한다.

① 임금
② 상품과 화폐
③ 자본의 축적 과정
④ 프로테스탄티즘과 자본 윤리
⑤ 절대적 및 상대적 잉여 가치의 생산

10 다음 글이 주는 교훈으로 적절하지 <u>않은</u> 것은?

> 차윤은 반딧불이를 잡아 책을 읽었고, 손강은 눈에 비추어 책을 읽었다. 그렇게 공부하여 그들은 이름이 나고, 가난하지만 배움을 놓지 않았던 그들의 공부 방법은 세상에 모범으로 널리 알려지게 되었다.
> 하루는 손강이 차윤에게 갔지만 만나지 못했다. 집안사람들에게 주인은 어디 갔냐고 물었더니 "강가에 반딧불이를 잡으러 갔습니다."라고 대답했다. 그 후 차윤이 손강에게 갔는데, 정원에 가만히 서 있는 손강을 보았다. 차윤이 왜 독서를 하지 않고 그냥 있는지 물었더니 손강은, "오늘 하늘 빛을 보니 눈이 내릴 것 같지 않아 눈의 빛을 볼 수 없을 듯합니다." 하였다.

① 상황이 달라지면 행동도 달라져야 한다.
② 자신의 여건에 맞는 방법으로 공부해야 한다.
③ 어떤 상황에서도 초심을 잃지 않는 것이 중요하다.
④ 세상의 평가에 집착해서는 발전을 할 수 없게 된다.
⑤ 어떤 일을 할 때 본질적인 것이 무엇인지를 생각해야 한다.

11 다음 글의 내용으로 시작하는 책은?

> 하늘은 검고 땅은 누렇다. 우주는 넓고 커서 끝이 없다.[天地玄黃 宇宙洪荒]

① 대학(大學) ② 장자(莊子) ③ 주역(周易)
④ 천자문(千字文) ⑤ 명심보감(明心寶鑑)

12 다음 글의 저자가 주장하는 내용으로 적절한 것은?

고전 논리에서 서로 다른 언어의 층위 사이에는 일대일 대응이 성립한다. '원자는 왼쪽 절반에 있다'와 '원자가 왼쪽 절반에 있다는 명제는 참이다'라는 두 가지 명제는 논리적으로는 다른 층위에 속한다. 고전 논리에서는 이 두 가지 명제는 완전히 동등하다. 즉, 동시에 참이거나 동시에 거짓이어야 한다. 하나는 참이고 다른 하나는 거짓일 수는 없다. 그러나 상보성을 가지는 논리 형식에서 이 문제는 조금 더 복잡해진다. 첫 번째 명제의 참 또는 거짓의 여부는 두 번째 명제의 참 또는 거짓의 여부를 내포하고 있기는 하다. 그러나 두 번째 명제가 거짓이라고 해서 첫 번째 명제가 거짓이라는 뜻이 되는 것은 아니다. 두 번째 명제가 거짓이라고 해도 원자가 왼쪽 절반에 있는지 여부가 결정되지 않았을 수도 있는 것이다. 명제가 참인지의 여부를 놓고는 두 언어 층위 사이에 완벽한 동등성이 적용되지만, 거짓일 경우에는 그렇지 않다. 이런 연결로부터 우리는 양자론에도 고전 법칙이 아직 남아 있다는 사실을 이해할 수 있다. 특정 실험에 고전 법칙을 적용하여 명확한 결과를 유도해 내더라도 그 결과 또한 양자론의 법칙을 따르게 되며, 실험적으로도 이 사실을 확인할 수 있는 것이다. (중략) 원자 단위의 사건에 대한 실험에서 우리는 사물과 사실, 그리고 일상의 현상만큼이나 실체를 가지는 현상에 대하여 논의해야 한다. 그러나 원자나 기본 입자 자체는 그 정도의 실체를 가지지 않는다. 이들이 구성하는 세계는 사물과 사실의 세계가 아닌 가능성이나 잠재성의 세계이기 때문이다.

① 양자계에서는 서로 배타적 개념인 입자성과 파동성이 상호 보완적으로 작용한다.

② 전자의 위치와 운동량은 전자가 어떤 상태에 있든지 항상 동시에 측정이 가능하다.

③ 빛은 파동성과 입자성을 모두 가지므로, 임의의 금속에 빛을 가했을 때 금속으로부터 전자가 방출된다.

④ 자연은 궁극적으로는 원자라고 불리는 어떤 종류의 불가분인 동시에 불변하는 입자로 이루어져 있다.

⑤ 우주의 최소 단위는 마치 소립자나 쿼크처럼 보이면서도 이보다 훨씬 작고 가는 끈으로 이루어져 있다.

13 ㉠과 관련된 서양의 과학 법칙은?

모든 별들의 움직임이 어찌 제 마음대로 움직이는 것이겠는가? 별들은 서로 연관하여 천체를 이루고 큰 것과 작은 것이 서로 의지하며, 느리고 빠른 속도가 서로 관련되어 운행이 쉬지 않는다. 조석(潮汐)이 생기는 것은 ㉠달과 지구가 서로 마찰하는 기(氣)에서 생기고, 조석의 가감(加減)과 영축(盈縮) 같은 것도 달의 높낮이와 남북의 방향에 따라 생긴다.

별들이 움직이면 그 주위의 기도 따라 움직여 피륜(被輪)＊을 이루는데, 달이 지구에 가장 가까우므로 지구의 피륜과 달의 피륜이 서로 마찰하면서 돈다. 마찰하는 데 들어가면 기가 수렴하여 당기므로 물이 그 당기는 데 따라 움직이니 이것이 밀물이다. 두 피륜이 마찰하는 데를 지나가면 기가 놓여 나오므로 물이 그에 따라 움직이니, 이것이 썰물이다.

조석의 움직임은 항상 지구를 끼고 동쪽으로 움직인다. 달과 해가 서로 연관되어 움직이므로 당연히 이와 같다. 가령 지구를 허리 부분에서 상하와 좌우로 구분하고 달이 지구의 위쪽에 있다고 하면, 마찰하는 데 들어가는 기(氣)가 지구 오른쪽에 있어 밀물이 오른쪽에서 생기고, 마찰에서 벗어난 기는 지구의 위쪽에 있어 썰물이 왼쪽에서 생긴다. 만약 달이 지구의 안쪽에 있으면, 미칼히게 되는 기가 지구의 위쪽에 있어 밀물이 위쪽에서 생기며, 마찰에서 벗어난 기가 지구의 아래쪽에 있어 썰물이 아래쪽에서 생긴다.

조석이 상현이나 하현 때 줄어들고 삭망 때 가득 차는 것은 달의 높낮이의 변화 때문이다. 상현·하현 때에는 달의 운행이 높아 서로 마찰하는 기가 미약하므로 조석이 줄어들고, 삭망 때에는 달의 운행이 낮아 마찰하는 기가 강하므로 조석이 가득 찬다. 달의 운행하는 궤도가 또 황도의 남북으로 출입(出入)하므로 서로 마찰하는 기가 지역에 따라 각각 다르고, 조석도 각각 다르다. 이것은 그 대략의 불변하는 이치이다.

※ 피륜: 천체를 싸고 있는 바퀴처럼 되어 있는 기운.

① 가속도의 법칙
② 만유인력의 법칙
③ 질량 보존의 법칙
④ 작용 반작용의 법칙
⑤ 엔트로피 증가의 법칙

14 다음 글이 실린 책에 대한 설명으로 적절하지 <u>않은</u> 것은?

가만히 생각건대, 제왕(帝王)의 도(道)는 마음속에 근거를 두고 문자로 드러내고 있습니다. 성현(聖賢)이 잇달아 일어나서 때에 맞게 가르침을 세우고 반복해서 이치를 따져 밝혔기 때문에, 책이 점점 많이 엮어져 경전과 훈고(訓詁), 제자서(諸子書)와 역사서가 이루 다 셀 수 없이 많아졌습니다. 어느 것인들 도(道)를 기록한 글이 아니겠사옵니까. 지금부터는 성현이 다시 나오더라도 더 이상 미진(未盡)한 말이 없을 것입니다. 그러니 다만 성인의 말로써 이치를 살피고, 이치를 밝혀서 행동으로 옮겨, 자신을 완성하고 사물을 이루는 노력을 다하면 될 뿐이옵니다. 후세에 도학(道學)이 밝지 않고 행해지지 않는다면 폭넓게 독서하지 못한 것을 근심할 것이 아니라, 정밀하게 이치를 살피지 못한 것을 근심해야 하며, 지식과 견문이 넓지 못한 것을 근심할 것이 아니라, 실천함이 독실하지 못한 것을 근심해야 할 것입니다. 살피는 데 정밀하지 못한 것은 그 요령을 얻지 못해서요, 실천하는 데 독실하지 못한 것은 성의를 다하지 못해서입니다. 그 요령을 얻은 뒤에 그 맛을 알게 되고, 그 맛을 안 뒤에 그 성의를 다하게 된다는 말을 신이 해 온 지 오래이옵니다. 전부터 자료를 모아 책으로 엮어서 요령을 얻는 방법으로 삼아, 위로는 우리 임금에게 바치고 아래로는 후생(後生)에게 가르치고 싶었사오나, 저 자신을 돌아볼 때 부끄러운 점이 많아 뜻이 있어도 이루지 못하였습니다. 계유년(1573년)에 특별한 조서를 받고 감히 끝까지 사양하지 못하고 명을 받들어 직무를 맡아 신하의 대열에서 수행(隨行)하였사오나, 나라에는 공을 세우지 못하고 학문에는 해가 되었사오니 스스로 탄식할 뿐입니다.

① 임금의 명을 받들어 제작하였다.
② 성현들의 말을 인용하고 설명을 붙였다.
③ 수기치인(修己治人)의 이념을 따르고 있다.
④ 임금이 가져야 할 자세를 이야기하고 있다.
⑤ 성학(聖學)의 개요를 그림으로 설명하고 있다.

15 다음 글이 실린 책에서 제시한 주장으로 옳은 것만을 〈보기〉에서 있는 대로 고른 것은?

인생에서 가장 위험한 기간은 태어났을 때부터 열두 살이 될 때까지이다. 이 기간은 오류와 악덕이 싹트는 시기로서, 그것들을 근절할 수 있는 수단도 아직 없다. 그런 수단이 생겼을 때는 그 뿌리가 너무도 깊어져 그것을 뽑아내기에 이미 너무 늦다. 어린아이들이 젖먹이에서 단계를 건너뛰어 단숨에 철이 든다면 사람들이 그들에게 시행하는 교육이 적합할지도 모른다. 하지만 자연의 진전을 따르겠다면, 정반대의 교육이 필요하다. 아이들의 정신이 온전히 능력을 발휘할 수 있을 때까지 아이들이 정신으로 무엇인가를 해서는 안 될 것이다. 왜냐하면 아이들의 정신이 아무것도 보지 못하는 동안은, 그들은 여러분이 제시하는 빛을 발견할 수 없기 때문이다. 또한 거대한 관념의 평원에 이성이 그려 놓은 길은 아이의 눈이 아무리 밝다 해도 아직은 매우 희미해서, 아이들의 정신이 그 길을 따라가기란 불가능하기 때문이다.

┌ 보기 ┐

㉠ 유아기에는 자연적인 발육과 자연 질서에 따른 양육 방법을 따라야 한다.
㉡ 아동기에는 학생이 스스로 판단할 수 있는 교육적 환경을 마련해 주는 소극적 교육이 이행되어야 한다.
㉢ 소년기에는 지적, 기술적 교육이 행해지는 시기로, 자연을 관찰하는 교육이 이루어져야 한다.
㉣ 청년기에는 교육의 정점에 해당하는 시기로, 종교와 도덕과 사회가 교육의 주된 내용이 되어야 한다.

① ㉠, ㉡   ② ㉢, ㉣
③ ㉠, ㉡, ㉢   ④ ㉡, ㉢, ㉣
⑤ ㉠, ㉡, ㉢, ㉣

16 다음 글이 실린 책을 경전으로 사용하는 종교는?

> 네 할 일은 오직 행동에만 있지, 결코 그 결과에 있지 않다. 행동의 결과를 네 동기가 되게 하지 마라. 그러나 또 행동 아니함에도 집착하지 마라.
> 부(富)의 정복자야, 너는 집착을 내버리고, 요가에 굳게 머물러 서서, 되고 안 되고를 평등으로 보는 마음을 가지고 행동하라. 평등으로 보는 마음을 요가라 하느니라.
> 부의 정복자야, 단순한 행동은 이성의 요가보다는 훨씬 떨어진 지경이다. 이성 속으로 피하라. 가엾은 것은 결과를 동기로 삼는 자들이니라.
> 이성의 요가를 닦은 사람은 이 세상에 있어서도 능히 선행과 악행을 다 버릴 수 있다. 그러므로 일어나 요가에 힘을 쓰라. 요가는 행동의 훈련이다.
> 어진 이는 이성에 의한 요가를 닦음으로써 행동에서 오는 결과를 버리고 생의 얽맴에서 벗어나 모든 고통이 없는 지경에 이른다.

① 힌두교　　　　　　② 미트라교　　　　　　③ 이슬람교
④ 자이나교　　　　　　⑤ 조로아스터교

17 다음 글이 실린 책에서 설명하고 있는 과학 법칙으로 적절하지 <u>않은</u> 것은?

> 어떤 힘이 어떤 운동을 낳으면, 두 배의 힘은 두 배의 운동을 낳으며, 세 배의 힘은 세 배의 운동을 낳는다. 힘을 한꺼번에 가하든, 천천히 차례차례 가하든 마찬가지이다. 이 운동은 항상 힘을 가한 것과 같은 방향으로 생기는데, 만약 물체가 이미 움직이고 있었다면, 그 방향이 똑같으냐 아니면 반대냐에 따라 기존의 운동에다 더하거나 빼는 것이 된다. 만약 방향이 서로 비스듬하면 비스듬하게 더하는 것이 되며, 이 경우 새 운동은 두 운동의 정도를 더한 것에서 생긴다.

① 관성의 법칙　　　　　　　② 열역학 법칙
③ 만유인력 법칙　　　　　　④ 가속도의 법칙
⑤ 작용 반작용의 법칙

18 다음 글을 쓴 사람의 저작물이 <u>아닌</u> 것은?

숙고적 경험의 특징은 다음과 같았다.

⑴ 곤혹, 혼란, 의혹. 그것은 완전한 성격이 아직 결정되지 않은 불완전한 정황 안에 사람이 말려들어 가는 데서 일어난다. ⑵ 추측적 예상 – 주어진 여러 요소에 대한 시험적 해석. 그것은, 이들 요소에 일정한 결과를 가져오는 경향이 있다고 주장한다. ⑶ 고찰 중인 문제를 한정하고 명확히 하는 것을, 얻을 수 있는 한 모두 주의 깊게 조사하는 일(시험, 점검, 탐색, 분석). ⑷ 그 결과 일어나는 시험적 가설의 정밀화. 이로써 그 가설은 더욱 넓은 범위의 사실과 일치하게 되므로, 더욱 정확하고 더욱 정리된 것이 된다. ⑸ 생각해 낸 가설을 기초로 현재 사태에 적용되는 행동의 계획을 세우고, 예견한 결과를 내려고 실제로 행함으로써 가설을 검증하는 것이다.

숙고적인 경험을 시행착오적 수준의 경험으로부터 명확하게 구별하는 것은, 위의 셋째와 넷째 단계의 넓이와 정밀성이다. 이들은 사고 그 자체를 하나의 경험으로 한다. 그럼에도 불구하고 우리는 결코 시행착오적 정황을 완전히 뛰어넘는 일은 없다. 우리의 가장 정밀하고 합리적으로 정돈된 사고도 세상에서 시도되고 시험되어야만 하는 것이다.

① 경험과 교육(Experience and Education)
② 우리는 어떻게 생각하는가(How We Think)
③ 민주주의와 교육(Democracy and Education)
④ 아동과 교육과정(The Child and the Curriculum)
⑤ 억눌린 자들을 위한 교육학(Pedagogy of the Oppressed)

19 다음 글을 통해 추론한 내용으로 적절하지 <u>않은</u> 것은?

하늘이 내고 땅이 길러 주는, 무릇 혈기가 있는 자는 모두 이 사람이며, 여럿에 뛰어나 한 나라를 맡아 다스리는 자는 모두 이 임금이며, 문을 거듭 만들고 해자*를 깊이 파서 강토를 조심하여 지키는 것은 다 같은 국가요, 장보(章甫)*이건 위모(委貌)*건 문신(文身)이건 조제(雕題)*건 간에 다 같은 자기들의 습속인 것이다. 하늘에서 본다면 어찌 안과 밖의 구별이 있겠느냐? 이러므로 각각 제 나라 사람을 친하고 제 임금을 높이며 제 나라를 지키고 제 풍속을 좋게 여기는 것은 중국이나 오랑캐가 한가지다.

(중략)

공자는 주(周)나라 사람이다. 왕실이 날로 낮아지고 제후들은 쇠약해지자 오(吳)나라와 초(楚)나라가 중화를 어지럽혀 도둑질하고 해치기를 꺼리지 않았다. 춘추(春秋)란 주나라 역사 기록인데 주나라 안과 바깥에 대해서 엄격히 한 것이 또한 마땅치 않겠느냐?

그렇지만 만약 공자가 바다에 떠서 구이(九夷)로 들어와 살았다면 구이의 풍속을 변화시키고 도(道)를 역외(域外)에 일으켰을 것이다. 그런즉 안과 밖이라는 구별이 다른 역외 춘추(域外春秋)가 생겨났을 것이다.

※ **해자**: 성 주위에 둘러 판 못.

※ **장보**: 은나라에서 쓰던 관(冠).

※ **위모**: 주나라에서 쓰던 갓.

※ **조제**: 남만에서 이마에 그림을 그리는 것.

① 중화와 구이의 구분은 상대적인 것이다.

② 역사의 서술은 사는 곳의 영향을 받는다.

③ 공자는 주나라의 입장에서 『춘추』를 썼다.

④ 공자는 이적에게도 본받을 점이 많다고 하였다.

⑤ 중국의 법도가 반드시 따라야 하는 표준은 아니다.

20 다음 글이 실린 책의 내용으로 적절하지 <u>않은</u> 것은?

> 전염병에 걸린 아이들을 돌보는 몇 주일 동안 두문불출한 한 젊은 부인은 다행히 병이 나은 후 파티에 참석하는 꿈을 꾸었다. 파티에서 도데, 부르제, 프레보 등의 모습이 보였으며 다들 그녀에게 호의를 보이면서 그녀를 즐겁게 해 주었다. 꿈속에서 이 작가들은 사진에서 보았던 외모 그대로였다. 그녀가 사진을 본 적이 없었던 프레보는 전날 병실을 청소한 소독원과 같은 모습을 하고 있었다. 소독원은 발길이 끊긴 후 오랜만에 병실에 발을 들여놓은 첫 방문객이었다. 그래서 이 꿈은 완벽하게 번역될 수 있을 것으로 보인다. 이제는 한없이 계속되었던 간병보다 더 즐거운 일을 할 때가 되었다는 것이 이 꿈의 의미일 것이다.
>
> 오로지 소원 성취로 이해할 수 있으며 그 내용을 노골적으로 드러내는 꿈들을 다양한 조건하에서 자주 발견할 수 있다는 것을 증명하기 위해서라면 이 정도의 사례로 충분할 것이다. 대개 이런 꿈들은 근본적으로 연구가들의 이목을 집중시켰던 혼란스럽고 복잡한 구성의 꿈들과 기분 좋게 대조되는 짧고 단순한 꿈들이다. 그러나 이런 단순한 꿈들이야말로 상세히 다룰 만한 가치가 있다. 꿈 중에서 가장 단순한 형태는 심리적 활동이 확실히 성인들보다 덜 복잡한 아이들에게서 기대할 수 있다. 내 생각으로는 아동 심리가 성인 심리의 이해에 많은 보탬이 된다. 이것은 하등 동물의 조직이나 진화에 대한 연구가 고등 동물류의 구조 연구에 도움이 되는 것과 비슷하다. 아동 심리를 이러한 목적에 이용하기 위한 방법은 아직까지 거의 답보 상태이다.

① 인간의 정신 과정을 창의적인 통찰을 통해 분석하였다.
② 인간의 정신을 과학적으로 탐구하는 방식을 보여 주었다.
③ 최면 암시를 사용하여 무의식의 존재에 대해 탐구하였다.
④ 머릿속에 떠오르는 것을 말하도록 하는 자유 연상을 도입하였다.
⑤ 꿈에 대해 고찰하여 정신의 무의식적 영역과 의식적 영역의 차이를 발견하였다.

[21~22] 다음 글을 읽고 물음에 답하시오.

(가)

개인형 이동장치(PM) 안전교육 자료

□ **개인형 이동장치(PM, Personal Mobility)란?**
  ○ **(정의)** 전기를 동력으로 사용하는 1인용 교통수단으로, 원동기장치자전거 중 최고속도 25km/h 미만, 총중량 30kg 미만인 것
  ○ **(종류)** 개인형 이동장치의 종류: 전동킥보드, 전기자전거, 전동이륜평행차 등

전동킥보드	전동이륜 평행차	전기자전거	전동외륜/이륜보드		전동 스케이트보드

  ※ **(전동외륜·이륜보드, 전동스케이트보드 제외 사유)** 상대적으로 안정성이 떨어지는 전동외륜보드(원휠), 전동이륜보드(투휠), 전동스케이트보드 등은 자전거도로 통행을 허용할 경우 교통안전에 위험 요소가 되어 「도로교통법」에 따른 개인형 이동장치에 포함되지 않은 상태이며, 따라서 기존과 같이 「도로교통법」상 원동기장치자전거로 분류

□ **교통법규상 개인형 이동장치 이용 방법**
  ○ 자전거도로 통행이 원칙. 단, 자전거도로가 설치되지 않은 곳에서는 도로 우측 가장자리에 붙어서 통행
  ○ 원동기장치자전거 면허 이상의 운전면허를 소지해야 함
  ○ 13세 미만의 어린이는 이용 및 탑승 금지
  ○ 반드시 안전모를 착용해야 함
  ○ 인도로 주행할 수 없음
  ○ 동승자 탑승 금지
  ○ 음주운전 금지

□ **개인형 이동장치 이용 안전 수칙**
  ○ 안전속도(15km/h 이하)를 지키고 과속 금지
  ○ 교통법규 준수(신호위반 금지, 중앙선 침범 금지, 지정차로위반 금지)
  ○ 보행자 및 차량과 충돌하지 않도록 주의하고, 통행량이 많은 곳에서는 내려서 안전하게 이동
  ○ 운행 중에는 휴대전화나 DMB 사용 불가
  ○ 바퀴가 작아 낮은 턱이나 작은 싱크홀에도 전복될 수 있으니 주의할 것

○ 비 오는 날에는 운행을 자제하되 불가피하게 운행할 경우 속도를 50% 이상 줄여서 운행
○ 횡단보도, 빙판길, 비포장도로 등에서는 내려서 끌(들)고 이동
○ 타이어 공기압을 정기적으로 점검하여 적정 수준으로 유지
○ 급경사나 장애물 등을 피하고 야간 운행 시 전후방 반사체 부착
○ 보험 가입(대인·대물 배상 등)

□ 배터리 화재 예방
○ 규격에 맞지 않거나, 다른 회사 충전기를 활용하는 것은 배터리 화재 사고의 원인이 될 수 있으므로 주의할 것
○ 충전은 실외 공간에서 충전하도록 하고, 불이 붙기 쉬운 가연물질 접근 금지

(나)

21 (가)에 대한 이해로 적절하지 <u>않은</u> 것은?

① 전기자전거에 13세 미만의 어린이를 태워서는 안 된다.
② 자동차운전면허증을 소지한 사람은 개인형 이동장치를 이용할 수 있다.
③ 전동이륜보드는 교통안전에 위험 요소가 되므로 개인형 이동장치에 포함되지 않는다.
④ 개인형 이동장치는 전기를 동력으로 사용하는 1인용 교통수단으로 인도로 주행할 수 없다.
⑤ 최고속도 25km/h 이상, 총중량 30kg 이상인 전동킥보드는 개인형 이동장치로 분류된다.

22 (나)는 (가)를 보완하기 위해 제작한 포스터이다. 보완의 내용으로 적절하지 <u>않은</u> 것은?

① 관련 법규 위반 시의 범칙금을 명시적으로 제시하였다.
② 사고 발생률의 증가 추세를 통해 위험성을 알리고 경각심을 주었다.
③ 법규 위반 비율과 구체적인 피해 사례를 제시하여 안전 의식을 강조하였다.
④ 안전 수칙을 지키는 행동과 그렇지 않은 경우를 이미지로 제시하여 이해를 도왔다.
⑤ 안전 운행을 위한 행동 수칙을 이용 과정에 따라 단계적으로 보여 줌으로써 전달력을 높였다.

우리나라 음식물의 물 발자국 산정 :
국내 고등학교 점심 식단 자료를 바탕으로

Ⅰ. 서론

    오늘날 전 세계의 경제 성장은 18세기 산업 혁명으로 빠르게 이루어졌으며, 급속도로 진행된 도시화로 인구가 늘어남에 따라 물 사용량도 크게 증가하게 되었다. 이에 물 부족 현상이 심각해지고 있으며 기후 위기 등 지구 환경은 큰 위협을 받고 있다. 물 부족 현상을 극복하기 위한 대책으로 UN에서는 물 사용량 감소를 위한 각종 협약과 회의를 진행하고 있다. 또한 물 사용에 대한 관점이 변화함에 따라 실제로 사용된 직접 용수 외에 공정상에서 사용되는 용수와 같은 간접적인 용수에 대한 관심이 증가하고 있다. ㉠물 발자국(Water footprint)은 단위 제품 및 서비스의 생산 전 과정(life cycle)에 직·간접적으로 이용되는 물의 총량을 뜻하는 것으로 우리가 일상생활에서 사용하는 제품을 생산 및 소비하는 데 얼마나 많은 양의 물이 필요한지를 나타내는 지표이다. 이에 본 연구에서는 물 발자국 개념을 바탕으로 우리나라 음식물의 간접 및 직접 물 사용량을 알아보고자 국내 한 고등학교의 점심 식단에서 물 발자국을 정량화하여 산정하였다.

Ⅱ. 연구 방법

    우리나라 음식물의 물 발자국을 산정하기 위해서 국내 한 고등학교의 월간 점심 식단 자료를 바탕으로 음식을 조리할 때 필요한 각 재료들의 그램(g) 수를 이용하였다. 각각의 재료들의 종류와 그램 수를 바탕으로 간접 물 사용량(식재료를 재배하고 생산하는 과정에서 사용되는 물 사용량)과 직접 물 사용량(식재료를 이용하여 직접 음식을 조리할 때 필요한 물 사용량)을 구분하여 산정하였다. 각 식재료의 간접 물 사용량을 산출하기 위해서는 ○○○에서 제공하고 있는 물 발자국(예를 들면, 소고기 1kg당 15,415ℓ, 돼지고기 1kg당 5,988ℓ, 양배추 1kg당 200ℓ, 오렌지 1kg당 460ℓ 등)을 이용하여 식단의 물 발자국을 산정하였으며, 식재료를 이용하여 조리 시 사용되는 물 사용량은 여러 요리책에서 제공하고 있는 물의 사용량을 평균하여 산정하였다.

Ⅲ. 연구 결과

    월간 점심 식단의 물 발자국 산정 결과, 각각의 식단에 있어서 직접 물 사용량은 전체 사용량의 0.1~0.2% 정도만 차지하는 것으로 나타났으며, 식재료의 생산에 필요한 간접 물 사용량이 대부분을 차지하고 있음을 알 수 있었다. 가장 높은 물 발자국을 가진 식단은 쌀밥(105g), 소고기무국(소고기 30g, 무 20g, 파 5g), 불고기(돼지고기 180g, 배 5g, 양파 20g), 콩나물무침(콩나물 50g, 파 5g), 두부전(두부 80g, 달걀 10g, 밀가루 3g), 오렌지 100g 식단이었으며, 가장 낮은 물 발자국을 가진 식단은 율무밥(율무 15g, 백미 90g), 콩나물국(콩나물 30g, 파 5g), 오징어볶음(오징어 150g, 당근 10g, 양배추 30g, 양파 20g), 쥐어채볶음(쥐치 25g), 들깨무나물(들깨가루 2g, 무 40g)으로 나타났다. 높은 물 발자국을 보인 식단들은 대부분 소고기, 돼지고기, 닭고기 등의 육류를 이용한 식단들이었으며, 생선, 채소 및 과일을 이용한 식단들이 낮은 물 발자국을 지닌 것으로 나타났다.

Ⅳ. 한계 및 제언

본 연구는 대상이 된 식재료의 물 발자국이 모두 산정되어 있지는 않았기 때문에 물 발자국이 없는 경우에는 세계 평균 물 발자국을 이용하거나 비슷한 식재료의 물 발자국을 이용하였다는 한계를 지니고 있다. 따라서 우리나라에서 재배되고 생산되는 모든 식재료의 물 발자국이 포함되도록 물 발자국 표준안을 마련할 필요가 있으며, 물 발자국을 활용하여 소비자들은 물 발자국이 낮은 식재료를 구입하거나 생산자들은 생산 활동 전 과정에서 물을 절약하는 등 물 부족에 대비하여 물 발자국을 낮추기 위한 노력들이 요구된다.

23 ㉠에 대한 설명으로 적절하지 <u>않은</u> 것은?

① 음식물의 물 발자국에서 직접 물 사용량이 간접 물 사용량보다 높게 산정되었다.

② 물 부족을 극복하기 위해서 물 발자국 표준안을 마련하고 이를 활용하여 물 발자국을 낮추려는 노력이 필요하다.

③ 음식물의 물 발자국은 식재료를 재배하는 과정에서 사용되는 물과 조리에 필요한 물의 양을 모두 포괄하는 개념이다.

④ 제품을 생산하고 소비하는 전 과정에서 사용되는 물의 총량으로, 물 발자국의 수치가 높을수록 사용된 물의 양이 많다는 의미이다.

⑤ 소고기무국의 물 발자국을 산정하기 위해서는 소고기, 무, 파 각 재료의 물 발자국을 통해 필요한 그램 수에 따른 간접 물 사용량을 산출해야 한다.

24 〈보기 2〉는 윗글과 〈보기 1〉을 읽은 독자의 반응이다. ⓐ~ⓓ에 들어갈 말로 바르게 짝지어진 것은?

보기 1

• 1kg당 온실가스 배출량

소고기: 59.6kg CO_2eq	양고기: 24.5kg CO_2eq
치즈: 21.2kg CO_2eq	두부: 3.0kg CO_2eq
토마토: 1.4kg CO_2eq	바나나: 0.8kg CO_2eq

• 1kg당 물 소모량

소고기: 15,415ℓ	양고기: 10,412ℓ
돼지고기: 5,988ℓ	닭고기: 4,335ℓ
치즈: 3,178ℓ	커피: 18,900ℓ
가공하지 않은 쌀: 1,670ℓ	가공한 쌀: 2,947ℓ

보기 2

(ⓐ)은/는 (ⓑ)에 비해 온실가스 배출량과 물 소모량이 모두 많기 때문에 지구 환경을 위해서는 (ⓐ)의 생산과 소비를 줄일 필요가 있다. 또한 같은 재료도 기계로 가공하고 포장하는 과정을 거칠수록 (ⓒ) 때문에 (ⓓ) 것을 선택하면 환경에 도움이 된다.

	ⓐ	ⓑ	ⓒ	ⓓ
①	육류	채소	물 발자국이 높아지기	가공을 적게 한
②	육류	가공식품	온실가스 배출량이 많아지기	조리를 하지 않은
③	생선	채소	물 발자국이 높아지기	가공을 적게 한
④	육류	과일	직접 물 사용량이 많아지기	생산의 전 과정을 공개한
⑤	과일	육류	간접 물 사용량이 많아지기	포장을 하지 않은

[25~26] 다음 글을 읽고 물음에 답하시오.

교육에 인공 지능을 응용하는 데 있어 그 단초를 보여 주는 초기 형태는 심리학자 S.L. 프레시와 행동주의 교육학자 B.F. 스키너의 연구에서 찾을 수 있다. 프레시가 해결하고자 한 과제는 다지선 다형 시험의 잠재력을 활용해 학생들의 학습을 평가하는 것뿐만 아니라 증진시키는 것이었다. 프레시는 E.L 손다이크의 '효과의 법칙'을 기반으로 시험이 학습을 증진시키기 위해서는 즉각적인 피드백이 필수적이라고 주장했는데, 이는 일반적으로 시험이 손으로 표시되는 경우에는 가능하지 않지만 기계적인 접근법은 학습 기회를 놓치지 않도록 할 수 있다.

프레시는 1926년 「테스트하고 채점하며 가르치는 간단한 장치」라는 논문에 ㉠기계식 타자기를 이용하여 만든 교수 기계를 소개했다. 이 장치 안에는 회전 드럼이 둘러져 있었는데, 회전 드럼의 카드에는 질문 목록이 인쇄되어 있고 정답을 나타내는 구멍이 뚫려 있었다. 드럼을 싸고 있는 케이스에는 현재 질문의 번호를 보여 주는 작은 창과 가능한 대답에 다섯 개의 타자기 키가 하나씩 들어 있었다. 학생이 인쇄된 문답 시트를 확인하고 각 질문에 대한 답을 선택하기 위해 장치에 있는 키 중 하나를 누른다. 이는 학생들이 올바른 선택을 했는지를 즉시 알 수 있도록 구성되었고 그들이 알 때까지 다음 질문으로 옮겨 가지 못하게 했다. 프레시는 이 장치가 학생들의 학습을 도울 뿐만 아니라 교사들의 채점 부담을 덜어 주어 학생들에게 전념할 수 있는 시간을 제공한다고 보았다.

프레시의 시도는 스키너에 의해 확장되었다. 스키너는 쥐와 비둘기를 훈련하기 위해 만든 '스키너 상자'로 알려진 방식이 인간의 학습에도 응용될 수 있다고 주장했다. 1958년 그가 고안한 ㉡'스키너의 교수 기계'는 창문이 있는 뚜껑 달린 나무상자였다. 종이 디스크에 쓰인 질문들이 첫 번째 창에 나타나고, 학생은 두 번째 창을 통해 접근할 수 있는 종이 롤에 답을 작성하면 나중에 교사가 표시할 수 있도록 하였다. 과정을 계속 진행하면 학생의 답이 자동으로 가려져 바꿀 수 없게 되고 동시에 모범 답안이 나타난다. 스키너의 교수 기계는 이런 방식으로 자동적이고 즉각적인 강화를 제공했다. 스키너는 단순한 인지보다 올바른 답을 상기함으로써 학습이 더 효과적으로 강화된다고 보았으므로 학생들이 제한된 선택지에서 선택하기보다는 스스로 답을 구성하도록 하였다. 그는 이러한 방식이 학생들에게 모범 답안과 자신의 대답을 비교할 수 있는 기회를 제공하기 때문에 교사가 적절히 설계하고 학생이 적극 수용한다면 학습에 기여할 수 있다고 보았다.

스키너는 자신의 교수 기계가 개인 교사와 같은 역할을 한다고 주장했다. 스키너의 경우 기계에 미리 프로그램된 과목 내용과 학생들이 질문에 옳게 답했는지 아닌지에 따른 학생들의 성취를 구별한다. 그러나 스키너의 교수 기계가 맞춤형 교육을 제공한다고 볼 수는 없다. 즉 스키너의 교수 기계는 질문들이나 혹은 질문들의 순서를 개별 학생들의 필요나 성취에 따라서 맞춤형으로 제시하지는 못했다. 학생들은 자신만의 속도로 학습을 진행할 수는 있지만 미리 정해진 질문에 따라 모든 학생이 동일한 순서로 답해야 했다. 그러나 스키너의 교수 기계는 현재 지능형 튜터링 시스템의 전조를 보여 주고 있다고 평가할 수 있다.

25 윗글의 핵심 내용으로 가장 적절한 것은?

① 인공 지능이 교육에서 작동하는 방식
② 교수 기계의 메커니즘과 인공 지능의 차이
③ 개별 학습을 위한 인공 지능의 교육적 응용 사례
④ 인공 지능의 교육적 활용 가능성을 보여 주는 선구적 연구
⑤ 심리학과 교육학의 융합을 통한 지능형 튜터링 시스템 개발

26 ㉠과 ㉡을 비교하여 설명한 내용으로 적절하지 <u>않은</u> 것은?

① ㉠은 다섯 개의 답 중에 선택하도록, ㉡은 스스로 답을 구성하여 작성하도록 설계되어 있다.
② ㉠은 학습이 완료되지 않으면 다음 질문으로 넘어갈 수 없지만, ㉡은 학생이 스스로 속도를 조절하며 학습을 진행할 수 있다.
③ ㉠은 모든 학생이 정해진 순서에 따라 동일하게 학습이 진행되지만, ㉡은 개별 학생의 필요나 수준에 따라 맞춤식 학습이 가능하다.
④ ㉠과 달리 ㉡은 교사가 학생이 제출한 답안에 직접 표시하여 피드백해 줄 수 있도록 고안되었다.
⑤ ㉠과 ㉡은 모두 답안 제출 후에 즉각적으로 정답을 확인할 수 있다.

[27~28] 다음 글을 읽고 물음에 답하시오.

대중 매체의 등장 이후 언어 사용 양상이 크게 달라지면서 문식성의 개념이 확장되고 있다. 이것은 글을 읽고 쓰는 능력뿐 아니라, 말하고 듣는 능력, 그리고 새로운 기술 혁신으로 이루어진 시각적인 언어를 포함한 모든 의사소통 기능을 수행하는 능력을 말한다. 그런데 달라진 매체 환경에서 다양한 매체 자료를 일정한 판단 기준 없이 받아들이면 ㉠정신적인 불균형 현상을 일으킬 수 있다. 예를 들어 텔레비전 채널을 이리저리 돌려 가면서 보는 것을 말하는 '지핑재핑(zipping zapping)'은 자료에 대한 판단 없이 내용을 단편적으로 받아들이게 함으로써 시각적 감각만을 추구하게 만든다. 이러한 상황은 지적 자극보다는 감각적 자극에 더 관심을 갖게 하고, 읽고 쓰고, 논리적으로 생각하는 능력을 떨어뜨려 정보를 처리하는 능력의 결여를 초래한다.

다매체 시대에는 매체를 이해할 수 있는 능력뿐만 아니라 매체가 지닌 다양한 형태의 메시지를 분석하고 평가하며 의사소통할 수 있는 능력이 요구된다. 즉 매체가 지니는 의사소통의 형식과 구조를 설명하는 수단인 매체 언어를 이해하는 것은 물론이고, 의사소통의 수단으로 매체를 활용할 줄 아는 능동적인 수용자, 매체 자료의 분석, 평가, 비판적 성찰 능력을 지닌 비판적인 수용자로서의 모습이 요구된다는 것이다. 예를 들어, 뉴스, 다큐멘터리, 시사만평 등을 볼 때, 자막 등의 문자 언어와 화면 속 인물이나 해설자의 음성 언어, 카메라의 위치, 클로즈업 등의 시각 언어와 효과음, 배경 음악 같은 청각 언어에 대한 이해가 전제되어야 한다. 또한 특정 인물과 그의 행위, 특정 사건을 어떻게 표현하고 있는지, 어떻게 편집되었는지, 누구를 인터뷰했는지, 어떤 어휘가 특정한 가치를 발생시키고 강화하는지 등을 분석할 수 있는 힘이 필요하다.

다양한 매체 환경에서 살고 있는 현대인들은 대중 매체가 구성하는 다양한 이미지와 이야기를 받아들이는 데 너무나 익숙해져 있다. 그러나 우리는 대중 매체가 만들어 내는 문화 속에서 얼마나 주체적인가에 대해 생각해 볼 필요가 있다. 다양한 매체 자료는 전달 매체와 이에 따른 언어 기호, 전달자의 관점 등에 따라 각기 다른 방식으로 이루어져 있다. 그렇기 때문에 다양한 매체 자료를 읽을 때는 비판적이고 능동적인 자세가 요구된다. 예를 들어 동일한 내용의 이야기책, 텔레비전 드라마, 영화, 인터넷 자료 등이 매체의 성격 및 전달자 등에 따라 어떻게 달리 표현되는가를 비교해 본다든지, 동일한 사건이 신문, 텔레비전 뉴스, 인터넷 언론 등을 통해 어떻게 표현되어 보도되는지를 확인하는 등의 비판적 수용자의 자세를 지님으로써 매체 문식성을 키울 필요가 있다.

27 대중 매체를 읽을 때 나타날 수 있는 ㉠을 설명한 내용으로 가장 적절한 것은?

① 시각적인 언어를 포함한 모든 의사소통 기능을 수행하는 능력이 불균형한 상태를 지칭한다.
② 매체가 지닌 감각적 자극만을 추구함으로써 논리적인 사고 능력이 결여되는 현상을 말한다.
③ 매체가 지니는 의사소통의 형식과 구조를 설명하는 매체 언어를 이해하지 못할 때 나타난다.
④ 대중 매체가 구성하는 다양한 이미지와 이야기를 받아들이는 데 익숙해지는 과정에 발생한다.
⑤ 대중 매체로 인해 문식성의 개념이 확장되었음에도 이를 수용하지 않을 때 나타나는 현상이다.

28 윗글을 바탕으로 〈보기〉의 매체를 수용한 내용으로 적절하지 <u>않은</u> 것은?

보기

a. 텔레비전 뉴스

[영상]	[음성]
지지자들의 적극적 환영, '세금 구제' 정책 · **영상 설명**: 많은 사람들의 환호성이 들리고 그 중심에서 손 흔드는 후보의 뒷모습, 그리고 후보의 웃는 모습 클로즈업 · **자막 내용**: 지지자들의 적극적 환영, '세금 구제' 정책	· **기자**: △△ 후보는 ○○ 유세에서 세금을 내는 모든 사람에게 혜택이 돌아가도록 만들겠다고 말하면서 '세금 구제' 정책을 공약으로 내세웠습니다…….

b. 인터넷 기사

tax relief(세금 구제)와
tax cut(세금 감면)의
정책적 차이점
'없음'

   △△ 후보는 '세금 감면'이라는 단어 대신에 '세금 구제'라는 단어를 사용했다. 그러나 이것은 '세금 감면'과 정책적으로 차이가 없다. 이것은 '구제'라는 말이 주는 보살핌, 고통의 감경이라는 긍정적 이미지를 선거에 활용해 자신들을 구해 주는 영웅이 존재할 것이라는 믿음을 가지게 한 것에 불과하다.

① a에서는 카메라의 위치와 클로즈업, 소리를 고려한 영상과 자막 등을 통해서도 전달 의도를 파악할 수 있군.

② b는 특정 어휘가 어떤 가치를 발생시키고 강화하는가를 분석하면서 비판적 견해를 보여 주는군.

③ b의 사진 이미지는 문자를 직접적으로 사용함으로써 전달 의도를 강조하는 효과가 있는 매체 언어로 볼 수 있군.

④ a 또는 b, 하나의 매체만을 접하게 될 경우에는 매체 자료를 비판적으로 분석하고 평가해 보는 자세가 더욱 필요하겠군.

⑤ a와 b가 동일한 사건에 대해 서로 다른 관점을 보이는 것은 전달 매체가 다르고 이에 따른 언어 기호에 차이가 있기 때문이군.

[29~30] 다음 글을 읽고 물음에 답하시오.

기업의 지리적인 패턴을 결정짓는 요인으로 '필요 효과'와 '네트워크 효과'의 상호 작용은 중요한 역할을 한다. 필요 효과는 기업 활동에 필요한 생산 요소의 조달이나 산출물의 유통 및 시장 판로 등을 포함하는 입지 요건으로서의 효과를 말한다. 네트워크 효과는 기업들이 지리적으로 인접해 있어 이익이 발생하는 효과로서 기업들이 모여 있어 또 다른 기업들을 불러들이는 효과를 말한다. 기업이 생산을 위해 생산 요소를 얼마나 쉽게 조달하느냐, 생산물을 시장에 얼마나 신속하게 판매하느냐 등도 고려하지만, 동시에 경쟁 기업이 모여 있는 곳에 입지함으로써 발생하는 유무형의 집적 효과 등도 함께 고려하게 된다. 다만 기업과 산출물에 따라 양자의 상대적인 중요도가 다를 뿐이다.

양자 간의 상대적 우위에 따라 지리적 패턴이 어떻게 달라지는가를 살펴보기 위해 기업의 입지 선정에 필요 효과만 존재할 경우, 네트워크 효과만 존재할 경우, 필요 효과와 네트워크 효과 둘 다 존재할 경우의 3가지 경우를 상정하였다. 지역 1, 2, 3의 세 지역이 있다고 가정하고 먼저 기업의 입지 선정에 있어서 필요 효과만 존재할 경우, 특정 산업에 있어서 기업들의 평균적인 입지 선호도를 각 0.5, 0.25, 0.25라 하였다. 일정 기간 동안 16개 기업의 입지 패턴을 조사하였더니 지역 1, 2, 3의 분포 비율이 각 0.75, 0.125, 0.125로 나타났다. 그다음 197개의 더 많은 기업의 입지 패턴을 조사한 결과, 지역 1, 2, 3의 분포 비율이 각 0.528, 0.221, 0.251로 나타났고 실험을 거듭할수록 애초의 입지 선호도에 가까워졌다. 이처럼 필요 효과만 존재할 경우에는 초기에 어떠한 계기에 의해 지역 2, 혹은 지역 3에 가장 많은 기업들이 분포하였다 할지라도 결국에는 지역 1에 가장 많은 기업이 분포하게 된다. 즉 초기 조건에 관계없이 하나의 균형점으로 수렴하게 되는데, 이는 유일한 균형이 존재함을 의미한다. 네트워크 효과만 존재할 경우에는 각 지역이 가지고 있는 입지 선호도가 입지 패턴을 결정하는 것이 아니라 초기 분포 상태가 최종적인 분포 상태를 결정하는 요인으로 작용한다. 지역 1, 2, 3 중, 초기에 우연히 어떤 요인에 의해 한 지역에 다른 지역에 비해 보다 많은 기업이 입지하였다면 결국 그 지역에 다수의 기업들이 분포하게 되는 균형을 이루게 된다. 네트워크 효과만 존재할 경우엔 유일한 균형이 존재하는 것이 아니라 초기 조건에 따라 균형 상태가 달라짐으로써 다수의 균형이 존재한다.

필요 효과와 네트워크 효과 둘 다 존재할 경우에는 두 효과의 상대적인 우위에 따라 결과가 다르게 나타난다. 먼저 지역 1, 2, 3 중에서 지역 2에 대한 기업들의 입지 선호도가 제일 높다고 하자. 그래서 초기에 〈그림〉의 a처럼 필요 효과가 지배하여 지역 2에 보다 많은 기업이 입지하였다. 그러나 시간이 지남에 따라 어떤 요인에 의해 지역 3에 보다 많은 기업이 모이기 시작하면서 네트워크 효과가 필요 효과보다 더욱 강하게 지배하여 결

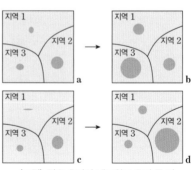

〈그림〉 필요 효과와 네트워크 효과 둘 다
존재할 경우의 입지 패턴

국 지역 3에 가장 많은 기업들이 입지하게 되는 결과를 초래하였는데, 이것이 〈그림〉의 b이다. 다음은 초기에 〈그림〉의 c과 같은 분포를 보이나 입지 선호도가 가장 높은 지역 2에 보다 많은 기업이 입지하게 되는 경우로서 〈그림〉의 d에 해당한다. 두 가지 경우의 결과인 ㉠〈그림〉의 b와 d를 보면, d에서 지역 1, 3 대비 지역 2에의 집 중도가 b에서 지역 1, 2 대비 지역 3에의 집중도보다 더 높게 나타나고 있다. 〈그림〉에서 d의 경우에 (ⓐ   ) 때문에 지역 1, 3에 비해 지역 2에 많은 기업들이 집중하는 결과를 낳았다. 반면 〈그림〉에서 b의 경우에는 (ⓑ   ) 때문에 지역 3에 대한 집중도가 다소 완화되었다. 이 경우에도 네트워크 효과만 존재하는 경우처럼 다수의 균형이 존재하게 된다.

　물론 입지 패턴에 있어서 두 효과의 상대적 중요성은 산업의 특성에 따라 달라진다. 그중에서도 생산 요소의 집약 정도에 따라 구분 지을 수 있는데 원료, 설비, 노동 등에 민감한 산업일수록 필요 효과가 강하게 나타난다. 반면에 지식, 연구 개발, 혁신 네트워크 등 무형의 생산 요소에 민감한 산업일수록 네트워크 효과가 강하게 나타난다.

29 윗글에 대한 이해로 적절하지 <u>않은</u> 것은?

① 기업들의 지리적 패턴은 필요 효과와 네트워크 효과의 상호 작용에 의해 결정된다.
② 기업의 입지 선정에 필요 효과만 존재할 경우에는 하나의 균형점으로 수렴하게 된다.
③ 생산 원료의 조달이 중요한 산업일 경우 필요 효과에 의해 입지가 결정될 가능성이 높다.
④ 기업들의 초기 분포 상태가 입지 패턴을 결정하는 요인으로 작용하였다면 네트워크 효과가 중요한 역할을 한 것이다.
⑤ 연구 개발과 관련된 기업은 초기 분포 상태보다 지역의 입지 선호도에 따라 입지를 결정함으로써 집적 효과를 얻을 수 있다.

30 ㉠의 이유를 추론할 때, ⓐ, ⓑ에 들어갈 내용으로 가장 적절한 것은?

	ⓐ	ⓑ
①	지역 2에 필요 효과만 작용하였기	지역 3에 네트워크 효과만 작용하였기
②	지역 1, 3에는 필요 효과가 지역 2에는 네트워크 효과가 작용하였기	지역 1, 2에 필요 효과가 강하게 작용하였기
③	지역 2에 필요 효과와 네트워크 효과가 함께 작용하였기	지역 2에 입지하려는 필요 효과가 지역 3에 입지하려는 네트워크 효과를 상쇄하였기
④	지역 2에 입지하려는 네트워크 효과가 지역 3에 입지하려는 필요 효과보다 강했기	지역 3에 입지하려는 네트워크 효과가 지역 2에 입지하려는 필요 효과보다 강했기
⑤	지역 2에 필요 효과와 네트워크 효과가 상호 작용하였기	지역 2에 입지하려는 네트워크 효과가 지역 3에 입지하려는 필요 효과를 상쇄하였기

실전 모의고사

정답과 해설

01

이 글은 플라톤의 『소크라테스의 변명』에 나오는 일부이다. 이 책은 소크라테스의 제자인 플라톤이 자신의 스승인 소크라테스가 어떤 사람이었고 어떤 사상을 갖고 어떤 삶을 살아왔는지에 대해 기술한 책이다. 제시된 부분은 고발을 당한 소크라테스의 변론을 다루고 있다. 이 글에서 '나'는 소크라테스로, 그가 멜레토스가 고발한 내용과 아리스토파네스의 희곡에서 묘사되고 있는 자신의 모습을 비교하며 변론하고 있다. 답은 '소크라테스'이다. 이 문항을 풀기 위해서는 소크라테스가 생전에 주장했던 사상과 그가 고소당했던 내용, 그리고 그의 최후에 대해 알고 이를 글과 연결할 수 있어야 한다.

| 오답 피하기 |

① 플라톤은 이 글의 저자로, 소크라테스의 제자이다. 소크라테스의 사상에 감화받아 그의 제자가 되었으며, 소크라테스의 사상을 담은 여러 저서를 남겼다. 원래는 정치가를 희망하였으나 소크라테스의 죽음을 목격한 후, 철학자이자 사상가로서 일생을 보냈다.

② 에피쿠로스는 헬레니즘 시대의 그리스 철학자이며 유물론자다. 에피쿠로스학파의 시조로, 감각론을 주장하였다. 그가 주장한 행복은 평정하고 자율적인 심신의 안정 상태, 즉 '아타락시아'라고 하는 것으로, 이를 쾌락이라 하였다. 이를 바탕으로 쾌락주의를 주장하였다.

④ 소포클레스는 그리스 비극의 완성자라고 불리는 유명한 작가다. 모두 123편의 작품을 남겼다고 하는데, 현재는 7편 정도만 남아 있다. 정치가로서도 뛰어난 식견을 지녔던 것으로 알려져 있다. 하지만 이 글처럼 고소를 당해 변론을 한 적은 없다.

⑤ 아리스토텔레스는 고대 그리스의 철학자로 플라톤의 제자이다. 플라톤이 세운 아카데미아에서 수학하였으며, 스승이 죽은 후 여러 곳을 돌아다니며 연구와 교수를 하다가 리케이온에 돌아와 학원을 설립하였다.

02

이 글은 『맹자』의 「진심(盡心)」편에 나오는 군자삼락(君子三樂)에 관한 이야기이다. 『맹자』는 덕에 의한 정치, 즉 왕도 정치를 주장하는 정치 철학서이며, 「진심」편은 짧막한 진술들로 이루어져 있는데, 천명대로 사는 법과 도덕성의 중요성, 독선과 겸선 등에 대해 다루고 있다. 맹자는 가족 간의 사랑인 효제(孝悌)를 도덕의 기본으로 보았기 때문에 군자삼락의 첫 번째로 부모님이 다 살아 계시고 형제가 무고한 것을 꼽았다.

①, ③, ⑤ 『논어』의 「학이(學而)」편에 나오는 "공자께서 말씀하시기를 배우고 때때로 익히면 또한 기쁘지 아니한가? 벗이 먼 곳에서부터 온다면 또한 즐겁지 아니한가? 남이 알아주지 않아도 화를 내지 않는다면 또한 군자가 아니겠는가?"와 관련된 내용이다.

④ 군자삼락이 효제(孝悌), 수신(修身), 교육과 관련된 내용임을 감안하면 자신의 능력을 펼치는 것은 관련성이 적다.

03   정답 ④

이 글은 칸트의 『실천 이성 비판』의 맺음말이다. 즉 이 문항은 칸트의 중심 사상이 무엇인지를 생각하고 답을 선택해야 한다. 답은 칸트의 『윤리 형이상학 정초』에 수록된 문장이다. 이 책은 도덕 철학을 주제로 한 칸트의 주요 저술 중 첫 번째 것에 해당한다. 『순수 이성 비판』과 『실천 이성 비판』 사이에 출간되었으며, 『실천 이성 비판』과 내용과 소재가 매우 유사하다. ④는 칸트의 정언 명령 중 두 번째 명제로, 그는 도덕 법칙으로 조건이 있는 가언 명령이 아닌, 의무적으로 응당 지켜야 하는 정언 명령을 주장했다. 칸트는 사람이 사람을 이용하려는 마음이 있다는 것을 전제한 상태에서, 다른 사람을 목적이 아닌 수단으로 대해서는 안 된다는 것을 도덕 법칙으로 삼았다.

① 성경의 신약성서 마태복음에서 예수가 설교한 내용이다.

② 도스토옙스키의 『백치』에 나오는 한 구절이다.

③ 탈무드에 나오는 격언이다.

⑤ 그리스 철학자 키케로가 한 말이다.

04   정답 ④

이 글은 김부식이 쓴 『삼국사기』의 「고구려본기 대무신왕」편에 나오는 호동 왕자와 낙랑 공주에 관한 이야기이다. 『삼국사기』는 고려 인종 때 김부식이 왕명을 받아 편찬한 기전체의 역사서로서 본기 28권(신라·통일 신라 12권, 고구려 10권, 백제 6권), 연표 3권, 지(志) 9권, 열전 10권으로 이루어져 있다. 김부식은 『삼국사기』 표문(表文)에서 우리나라의 식자층들조차도 우리 역사를 모르고 있다는 사실을 개탄하면서, 중국 문헌들이 우리나라 역사를 지나치게 간략하게 기록하고 있으니 우리 것을 자세히 써야 한다는 것, 여러 역사서의 내용이 빈약하기 때문에 다시 서술해야겠다는 것, 왕·신하·백성의 잘잘못을 가려 행동 규범을 드러냄으로써 후세에 교훈을 삼고자 한다고 집필 의도를 밝히고 있다.

① 신비한 이야기를 다룬 「기이(奇異)」편은 『삼국유사』에 있다. 호동 왕자와 낙랑 공주 이야기에는 신비스러운 소재가 등장하기는 하지만, 신비한 일이 일어나 사람들에게 영향을 미치는 것은 아니다.

② 『삼국사기』는 신라의 건국부터 시작을 한다. 고조선과 부여에 관한 기록은 『삼국유사』에 있다.

③ 『삼국사기』는 삼국 시대의 일을 신라, 고구려, 백제 순으로 서술하고 있다.

⑤ 『삼국사기』는 왕명을 받아 편찬한 것이다.

05   정답 ⑤

이 글은 레비스트로스가 쓴 『슬픈 열대』에 나오는 글이다. 레비스트로스는 브라질 오지에 사는 인디언들의 생활을 연구하기 위해 떠났던 탐험의 경험을 이 책에 담았다. 여행의 경험을 담은 기행문이자, 자신의 지적인 여정과 일화를 다루고 있는 자서전적인 성격도 띠고 있으며, 구조 인류학에 대한 인식론적인 정당화를 시도하는 학문적 저작이기도 하다.

① 마르크스의 『자본론』은 자본의 생산 과정, 자본의 유통 과정, 자본제적 생산의 총과정, 이렇게 3권으로 구성되어 있으며, 전체가 엄밀한 변증법적 논리에 의해 전개되고 있다. 자본주의의 운용 원리에 대해 밝히려는 목적으로 저술되었다.

② 토머스 모어의 『유토피아』는 저자가 '히스로디'란 선원으로부터 이상의 나라 '유토피아'에 대해 들은 것을 기록하는 형식으로 쓴 공상 소설이다. 간접적으로 유럽, 특히 영국 사회를 비판하기 위한 목적으로 쓰였다.

③ 리처드 도킨스의 『이기적 유전자』는 인간의 사회적 행동도 유전자에 의해 좌우된다는 '유전자 결정론'을 설파한 책이다. 본인이 자료를 수집하여 직접 연구한 것이 아니라 진화 생물학자들의 연구를 집대성하여 대중들이 읽기 쉽게 쓴 책이다.

④ 『오리엔탈리즘』은 에드워드 사이드가 '오리엔탈리즘'이란 개념을 널리 알리게 된 계기가 된 책으로, 사이드는 서구 국가들이 비(非)서구 국가들을 식민지화하고 지배하는 과정에서 동양에 대한 왜곡된 이미지와 개념이 어떻게 만들어지고 확산되었는지를 분석하였다.

06   정답 ①

이 글은 김만중이 쓴 『서포만필(西浦漫筆)』에 수록된 글이다. 이 글에서는 아이들이 소설인 나관중의 『삼국지연의』 이야기를 들을 때는 감정을 이입해서 몰입을 하고, 감동해서 눈물을 흘리지만, 진수나 온공의 역사책을 접할 때는 그렇지 않다고 이야기를 한다. 이는 소설이 사람을 감동시키는 면이 있다는 것을 긍정한 것이다.

| 오답 피하기 |

② 역사서와 소설의 차이를 이야기하는 것이므로 아이의 교육법과는 거리가 멀다.

③ 역사서가 올바른 글쓰기가 아니라는 것을 이야기하는 것은 아니다.

④, ⑤ 소설을 긍정적으로 보는 관점을 이야기하지만 역사에 대한 지식이나 감동을 이야기하는 것은 아니다.

07 정답 ①

이 글은 다윈의 『인간의 기원』 (원제: 『인간의 유래와 성선택』)에 나오는 일부이다. 다윈은 이 책에서 자연 선택에 의거하여 인간이 어떻게 생겨나게 되었는지를 탐구하였다. 그는 이 책에서 앞서 저술한 『진화론』에서 설명하지 못한 다양한 질문들, 그리고 여기에서 다루었던 자신의 주장에 반하는 것처럼 보이는 특성들의 해답을 제시하고 있다.

| 오답 피하기 |

② 갈릴레이의 『대화』는 당시 천동설에 맞서 지동설을 주장했던 책이다.

③ 『동물론』은 라마르크가 '용불용설'을 주장하였던 책으로, 다윈의 진화론에 의해 재평가를 받았다.

④ 재레드 다이아몬드의 『제3의 침팬지』는 진화 인류학의 입장에서 인간의 진화를 분석하고 있는 책이다. 인간이 침팬지에서 인류로 발전하게 된 이유를 DNA 분석을 통해 탐구하고, 인류가 작은 유전 형질의 차이에도 불구하고 어떠한 진보를 이루었는지 고고학적 유적과 생물학적 증거를 들어 설명한다.

⑤ 『인간 불평등 기원론』은 루소가 인간의 평등과 불평등에 대해 다룬 책이다. 생물학적 기원을 다루고 있지는 않다.

08 정답 ①

이 글은 사마천의 『사기』 「굴원 가생 열전」에서 사마천이 굴원과 가생(가의)의 삶에 대해 평가하는 부분이다. 굴원은 초나라 회왕 때의 신하로 좌도의 중책을 맡아 활약했으나 왕이 합종연횡의 계책을 이야기한 장의의 술수에 속아 왕과 멀어지게 되었다. 시인으로도 유명한데 「이소(離騷)」와 「천문(天問)」, 「초혼(招魂)」, 「애영(哀郢)」 등의 작품을 남겼으며, 세상의 타락을 한탄

하며 「회사부(懷沙賦)」를 쓴 후 멱라수에 몸을 던졌다고 한다. 여기에서 사마천은 세상과 화합하지 못하는 굴원과 자신의 동질성을 발견하고 자신의 고뇌가 사라졌다고 말하고 있다.

| **오답 피하기** |

② 여불위는 조나라에 인질이 되어 있었던 진나라 장양왕을 도와 그 공로로 승상이 되고 시황제로부터 중부(仲父)로 존칭되었지만 밀통(密通) 사건에 연루되어 실각하였다. 『여씨 춘추』를 편찬하였다.

③ 오자서는 춘추 시대의 초나라 사람이다. 아버지와 형이 초나라 평왕에게 피살되자 오나라를 도와 초나라를 쳐서 원수를 갚았다. '와신상담(臥薪嘗膽)', '일모도원(日暮途遠)'이 그와 관련된 고사성어이다.

④ 이사는 진시황제의 승상으로서 군현제의 실시, 문자·도량형의 통일 등 통일 제국의 확립에 공헌했다. 시황제가 죽은 뒤, 이세(二世) 황제를 옹립하고 권력을 잡았으나 조고의 참소로 실각하여 처형되었다.

⑤ 형가는 「자객 열전」에 나오는 인물이다. 연나라 태자 단의 식객이 되어 진(秦)이 침략한 땅을 되찾아 주거나 진시황을 죽여 달라는 단의 부탁을 받고 진나라로 떠나는데, 진시황을 직접 만나기 위해 진의 배신자로 알려진 번오기의 목을 가지고 간다. 진왕을 알현하고 삼척검으로 죽이려 했으나 실패했다.

09   정답 ④

이 글은 『장자(莊子)』의 「제물론(齊物論)」에 나오는 글이다. '처음'이라는 것에 대해 사람들은 절대적인 시작점이나 기준점이라고 생각을 하지만, 장자는 처음이 '있다'는 것은 '있지 않다'는 것이 있기 때문이며, '있지 않다'는 것도 '있지 않지 않다'가 있기 때문이라고 한다. 이처럼 장자는 자유로운 사고를 통해 인간 한계를 벗어나야 참된 진리에 도달할 수 있다고 보았다.

| **오답 피하기** |

①『대학』은 유교의 기본 경전으로 삼강령 팔조목으로 구성되어 있는데, 삼강령은 명명덕(明明德), 신민(新民), 지어지선(止於至善)이고, 팔조목은 격물(格物)·치지(致知)·성의(誠意)·정심(正心)·수신(修身)·제가(齊家)·치국(治國)·평천하(平天下)를 말한다.

②『묵자』는 묵자의 사상을 담은 책이다. 묵자는 겸애(兼愛), 즉 나의 몸을 사랑하듯이 남을 사랑하고 서로 이익을 도모한다는 사상을 내세워, 가족애에 입각한 유교의 차별적 인(仁)에 반대하였으며, 검소한 삶을 추구하였다. 그리고 전쟁이 빈번하던 시기에 민중의 편에 서서 전쟁을 반대하여 민중들에게 큰 호응을 얻었다.

③ 『순자』는 순자라는 유학자가 지은 책이다. 순자는 인간의 존엄성은 예에 의해서만 유지되는 것으로 보고, 예를 모르는 상태가 악이라 보고 성인이 정한 사회 규범을 따를 때 질서와 평화가 유지된다는 사상을 피력한다.

⑤ 『회남자』는 회남왕 유안이 쓴 책으로 한나라 초기에 성행한 다양한 학술, 사상의 흐름을 종합적으로 정리했다는 면에서 특징적이다. 핵심적인 사상이 없는 것으로 간주되기도 하지만 당대 학술 풍토를 잘 보여 준다는 평가를 받기도 한다.

10   정답 ②

이 글은 소스타인 베블런의 『유한계급론』에 수록된 글이다. 베블런은 이 책을 통해 당시 주류를 차지하던 경제 이론인 수요 공급의 법칙을 정면으로 반박하였다. '베블런 효과'란 용어는 이 『유한계급론』에서 유래한 것으로, 가격이 오르는데도 일부 계층의 과시욕이나 허영심 등으로 인해 수요가 줄어들지 않는 현상을 일컫는다.

| 오답 피하기 |

① 분수 효과는 저소득층의 소득 증대가 총수요 진작 및 경기 활성화로 이어져 궁극적으로 고소득층의 소득도 높이게 되는 효과를 가리키는 말이다.

③ 바그너 법칙은 산업 경제가 발전함에 따라 국민 총생산에서 차지하는 공공 지출의 몫이 증가한다는 법칙을 이야기하는 것으로, 독일의 경제학자 아돌프 바그너의 이름을 딴 용어이다.

④ 밴드 왜건 효과는 유행에 따라 상품을 구입하는 소비 현상을 뜻하는 용어로, 곡예나 퍼레이드의 맨 앞에서 행렬을 선도하는 악대차(樂隊車)가 사람들의 관심을 끄는 효과를 내는 데에서 유래했다.

⑤ 더닝-크루거 효과는 능력이 없는 사람이 잘못된 결정을 내려 부정적인 결과가 나타나도, 능력이 없기 때문에 스스로의 오류를 알지 못하는 현상을 말한다. 심리학 이론의 인지 편향 중 하나로, 이 이론에 따르면 능력이 없는 사람은 자신의 실력을 실제보다 높게 평가하는 반면 능력이 있는 사람은 오히려 자신의 실력을 과소평가한다.

11   정답 ③

이 글은 『삼국유사』의 「기이」편에 나오는 김유신에 대한 설화이다. 김유신이 백석의 꾐에 빠져 고구려로 가려다가 호국신의 도움으로 백석의 정체를 알게 되어 백석을 문초하는 부분이다. 이 글에서 단서가 되는 부분은 추남이 고구려를 멸망시킬 것이라고 한 뒤 환생을 하는 부분과 서현공 부인의 품으로 들어갔다는 부분이다. 서현공은 김유신의 아버지인데, 이를 모르더라도 고구려를 멸망시킨 인물이라는 점을 통해 김유신을 추론할 수 있다.

| 오답 피하기 |

① 『삼국유사』에 전해지는 신라 진성여왕 대의 명궁이다. 당나라에 사신으로 가는 여왕의 아들 양패를 수행하는 도중 풍랑을 만났는데, 양패의 꿈에 노인이 나타나 궁사 한 명을 곡도에 남겨 놓고 가면 무사하다는 말을 해 거타지는 홀로 곡도에 남겨진다. 그곳에서 노인의 부탁으로 늙은 여우가 변신한 사미승을 쏘아 죽이고 노인의 딸과 결혼한다.

② 김사다함은 신라의 화랑으로, 가야를 정벌하는 데 큰 공을 세운 인물이다.

④ 아자개는 상주 지방의 호족으로, 후백제를 건국한 견훤의 아버지이다.

⑤ 연개소문은 고구려의 장군으로, 보장왕을 추대하고 최고 실권자가 되어 안시성 싸움을 승리로 이끌기도 했다. 『삼국사기』에서는 고구려를 멸망으로 이끈 인물이라고 평하지만, 신채호는 『조선상고사』에서 위대한 혁명가로 평했다.

12 　　　　　　　　　　　　　　　　　　　　　　　　　　　　　　　　　정답 ③

이 글은 톨스토이의 『인생론』에 수록된 글로, 저자는 이 글에서 사랑이란 인간의 유일한 합리적인 활동이며, 스스로를 희생하게 만든다는 것을 역설하고 있다. 톨스토이는 이 책에서 사랑, 죽음, 교육, 종교 등 다양한 주제에 걸쳐 그의 생각을 보여 주고 있다.

| 오답 피하기 |

① 저자는 이 글에서 많은 이들이 행복을 위해 투쟁하지만, 진정한 행복은 투쟁을 통해 얻어지는 것이 아니라고 지적하고 있다.

② 동물적 자아의 목표는 분명 행복이지만, 이성은 개인적 행복이 그릇된 것임을 알려 주고 결국 사랑으로 이끈다.

④ 저자는 이 글에서 사랑이 인간이 경험할 수 있는 극단의 공포를 극복하게 해 준다고 주장하고 있다.

⑤ 모순된 괴로움을 제거해 주는 것이 바로 사랑이다.

13 　　　　　　　　　　　　　　　　　　　　　　　　　　　　　　　　　정답 ②

(가)와 (나)는 『소학집주』에 나오는 이야기이다. 『소학집주』는 주자가 제자 유자징에게 소년들을 학습시켜 교화시킬 수 있는 내용의 서적을 편집하게 하여 주자가 교열·가필(加筆)한 것이다. 교육의 과정과 목표 자세 등을 밝히고 있는 입교(立敎), 인륜의 중요성을 언급하면서 인간

의 오류을 설명하고 있는 명륜(明倫), 학문하는 사람의 몸가짐과 마음 자세를 설명하고 있는 경신(敬身), 본받을 만한 옛 성현의 사적을 기록하여 놓은 계고(稽古), 옛 성현들의 교훈을 인용하여 기록한 가언(嘉言), 선인들의 착하고 올바른 행실만을 모아 정리한 선행(善行) 편으로 구성되어 있다. (가)와 (나)에 나오는 왕상과 노래자는 모두 효자로 유명한 사람들이다. 효와 관련이 있는 사자성어는 '부모의 뜻을 받드는 정성스러운 효성'을 뜻하는 '양지성효(養志誠孝)'이다.

| 오답 피하기 |

① '교학상장(敎學相長)'은 가르치고 배우는 과정에서 스승과 제자가 함께 성장한다는 것을 의미한다.

③ '입신양명(立身揚名)'은 출세하여 이름을 세상에 떨침을 의미한다.

④ '주경야독(晝耕夜讀)'은 낮에는 농사짓고 밤에는 글을 읽는다는 뜻으로, 어려운 여건 속에서도 꿋꿋이 공부함을 이르는 말이다.

⑤ '지란지교(芝蘭之交)'는 지초(芝草)와 난초(蘭草)의 교제라는 뜻으로, 벗 사이의 맑고도 고귀한 사귐을 이르는 말이다.

14　　　　　　　　　　　　　　　　　　　　　　　　　　　　　　　정답 ③

이 글은 막스 베버의 『직업으로서의 정치』에 수록된 글이다. 이 책에서 베버는 정치를 직업으로 하기 위해서는 어떤 조건이 필요한지, 그리고 정치가가 갖추어야 할 자질은 무엇인지에 대해 논의한다. 그리고 정치가 우리의 삶에서 어떤 사명을 해야만 하는지를 이야기하고 있다. 제시된 부분에서 베버는, 정치가 결국 숭고한 의도를 목적으로 한다고 해서 권력이나 폭력을 사용하는 것을 용인할 수 있는지에 대해 의문을 제기하고 있다.

| 오답 피하기 |

① 정치적인 목적을 성취하려는 의도를 갖고 권력을 수단으로 사용하는 사례를 이야기하고 있으나, 권력의 목적에 대해서는 구체적으로 언급하고 있지는 않다.

② 이 글은 정치에서 윤리를 요구하기 위해서 결국 정치의 수단인 권력에 대한 논의를 먼저 해야 한다는 이야기로 시작하고 있으므로 답이 아니다.

④ 글의 끝부분에 '칼을 쓰는 사람은 칼로 망하느리라.'라는 말을 하고 있으나, 저자가 이 글에서 궁극적으로 하고자 하는 이야기는 아니다.

⑤ 저자는 이 글에서 고귀한 의도에 대해서는 수단을 통해 생각해 볼 수 있다는 전제를 갖고 이야기하고 있다.

15

이 글은 정약용의 『다산 시문집』과 『여유당전서(與猶堂全書)』에 나오는 「전론(田論)」이다. 이 글에서는 정약용이 구상한 토지 제도인 여전제(閭田制)에 대해 설명하고 있다. 여전제는 마을 단위의 공동 농장을 만들어 공동 생산하고, 노동력에 따라 수확량을 나누어 가지는 제도이다. 정약용은 초기에는 여전제를 주장하였지만 실현 가능성이 없는 것으로 여기고 정전제를 주장하였다. 정전제는 토지의 사유를 인정하되 전국의 토지를 정(井) 자 모양으로 구획하고 1/9를 공전(公田)으로 하여 국가에 세금을 내도록 하는 제도이다. 여전제에서는 세금을 먼저 내고 남은 양곡을 일한 일수에 따라 분배하는 것이다. 그러므로 소득을 더 많이 올렸다고 해서 세금을 더 많이 내는 것은 아니다.

| 오답 피하기 |

① 노력을 많이 한 사람은 양곡을 많이 얻게 된다고 하였다.

② 다 함께 전지의 일을 다스리고 함께 수확을 한다고 하였다.

③ 여전제에서 전지를 다스리는 사람은 농사를 짓는 사람들이며, 전지에서 나오는 이익도 경작민들에게 분배된다. 그러므로 여전제는 농민이 농지를 소유한다는 경자유전의 원칙이 지켜지는 방안이라고 할 수 있다.

④ 백성의 재산이 풍부해지고. 백성의 재산이 풍부해지면 풍속이 순후해지고 효제(孝悌)가 행해지게 될 것이라고 하였다.

16

이 글은 테오도어 아도르노의 『음악사회학』에 수록된 글이다. 음악 사회학은 음악과 사회의 상호 관련성을 체계적으로 연구하는 학문으로, 아도르노는 이 저서를 통해 인식론적·철학적 시각에서 음악과 사회와의 관계를 규명하였다. 제시된 부분은 음악이 여론, 즉 사회 구성원의 생각과 의견 등에 어떠한 영향을 미칠 수 있는지를 설명하고 있다.

| 오답 피하기 |

① 음악 미학은 음악적 아름다움, 즉 예술적 가치의 입장에서 본 음악의 미적 본질을 연구하는 학문으로, 예술의 한 분야인 음악과 철학의 한 분야인 미학이 합쳐진 것이다.

② 음악 사학은 음악의 역사에 관한 학문이다. 역사적 사실의 엄격한 고증을 중시하는 일반 사학의 한 분야이면서, 그 대상이 미적인 체험을 전제하는 예술, 즉 음악을 다루기 때문에 연구 과정 및 서술 측면에서 여러모로 복잡성을 띤다.

③ 비교 음악학은 20세기 초엽 독일에서 일어난 음악학의 한 분야로 여러 민족의 음악을 비교 연구하는 학문이다. 최근에는 민족 음악학이라는 이름으로 더 많이 통용되고 있다.

⑤ 음악 심리학은 실험을 기초로 하는 심리학적 방법에 의해 음악 현상을 해석하는 학문으로서, 음악학과 심리학 양쪽의 학문과 관련을 맺고 있다.

17

이 글은 고려 말기의 학자 도은(陶隱) 이숭인이 쓴 한시 「수암 문 장로가 해인사 장경을 찍은 것에 대해 우스개 시를 바침」이다. 이숭인은 정몽주와 함께 실록을 편수했지만, 친명·친원 양쪽의 모함을 받아 여러 옥사를 겪었다. 조선 개국 때 정도전의 원한을 사서 살해되었다. 이 시는 도의 진면목을 깨달았다고 인정받는 수암이 경판을 인쇄하는 것을 보고 왜 쓸데없는 일을 하느냐고 우스개로 전하는 시이다. 깨달음과 진리는 말로 전하는 것이 아니라 부처님이 꽃을 잡고 대중들을 보며 보인 '염화의 미소'처럼 마음에서 마음으로 전하는 것이라고 이야기하고 있다. 이러한 불교의 선종 사상은 '교외별전(敎外別傳)', '불립문자(不立文字)', '심심상인(心心相印)', '이심전심(以心傳心)'이라는 말에 들어 있다. 그러나 '제행무상(諸行無常)'은 불교의 근본 원리인 삼법인(三法印)의 하나로 우주의 모든 사물은 늘 돌고 변하여 한 모양으로 머물러 있지 아니함을 뜻한다.

18
정답 ③

이 글은 케이트 밀렛이 쓴 『성 정치학』의 일부분이다. 밀렛은 이 책을 통해 정치의 의미를 확장하여 '가부장제'를 정치적인 시각으로 분석하고 이를 비판하고 있다. 제시된 글에서 언급하고 있는 '내면의 식민화'란 표면적으로 드러나는 지위의 차이 외에도 정신적으로 자신이 낮은 지위라는 것을 은연중에 받아들이고 낮은 계급으로서의 삶을 자연스레 받아들이는 상황을 이야기한다. 밀렛은 보다 수동적이고 보다 노동 지향적으로 살아가는 여성의 삶을 '내면의 식민화'라는 말로 표현하였다.

| 오답 피하기 |

① 밀렛은 모순과 예외가 체제 안에 늘 공존하기 때문에 가부장제 역시 완벽한 체제를 갖춘 것은 아니라고 주장했다. 이에 대한 예로 계급 사회에서 귀족 여성이 평민 남성을 지배하는 상황이 벌어진다면, 이는 성별보다도 계급이 차별과 통제의 힘이 더 강력하다는 것을 의미하는데, 실제 근대 이전 계급 사회에서 그런 일은 흔히 벌어졌다고 언급하였다.
② 남성이 여성을 지배하는 생득적 우월성에 대해서는 과학적으로 엄밀하게 증명된 바 없고, 이 글의 서두에서도 이를 언급하고 있지 않다.
④ 가부장제의 모순이 점차 드러나고 있는 현실이기는 하나, 이것이 내면의 식민화를 나타내는 구체적인 진술이라고 보기는 어렵다.

실전 모의고사_ 정답과 해설 • **169**

⑤ 직접적인 압력을 행사하는 것이 아니라, '내면의 식민화'는 여성이 스스로 그 상황을 받아들이고 수긍한다는 점에서 더 큰 문제점을 갖고 있다.

19 정답 ①

이 글은 『조선왕조실록』 인조 7년 3월 3일의 기록이다. 이 글에서 신하들은 흰 무지개가 나타난 원인에 대해 동중서의 천인감응(天人感應) 이론을 적용하고 있다. 이것은 자연 현상과 사회 현상 사이에는 마치 거울에 비친 듯한 상관관계가 수립된다는 설이다. 이 글에서 인용한 동중서의 말에 의하면 하늘이 임금을 사랑하기 때문에 임금이 제 할 도리를 지키면 하늘이 인간을 편안하게 보호해 주려고 한다. 따라서 현재의 천재지변을 해결하기 위해서는 임금이 선으로 감응해야 하고, 그러기 위해서는 몸가짐이나 언행을 조심해야 한다.

| 오답 피하기 |

② 하늘은 이미 흰 무지개를 통해 이상을 경고한 것이므로, 하늘의 뜻을 관찰하기 위한 시설을 만든다는 것은 적절한 해결책이 아니다.

③ 백성이 단결하지 않아서 이상 현상이 생긴 것이라고는 생각하지 않는다.

④ 이상 현상의 정확한 원인은 알 수 없는 것이고, 정확한 사실을 제시하는 것은 천인감응 사상과 관련이 없다.

⑤ 천재지변이 저절로 해결되는 것이라고 생각했다면 임금이 신하들과 이런 논의를 하지 않았을 것이다.

20 정답 ③

이 글은 마르틴 하이데거의 『존재와 시간』에 수록된 글이다. 하이데거는 존재를 이해하고 있는 현존재, 즉 인간을 상정하여 존재에 대한 논의를 시작하였다. 그는 이 책에서 기존 서양 철학이 존재에 대해 잘못 이해하고 있다고 비판하며 '존재'의 의미에 대한 새로운 해석을 시도했다. 이 부분은 '존재'와 '존재자'에 대해 논의하고 있는 부분이다.

| 오답 피하기 |

① 하이데거는 감성을 모든 인식의 원천으로 간주하고 존재를 감각함으로써 증명하는 경험주의 철학과는 다른 입장을 가지고 있다.

② 존재란 시간성을 갖는 개념으로, 하이데거는 시간적 · 초시간적 · 비시간적이란 의미 역시 시간적이란 의미로 해석하였다.

④ 하이데거는 우리가 생성 소멸하는 세계의 한가운데에 처해 있는 무력한 존재라 규정하고 이

안에서 어떻게 우리 존재의 소중함을 구현할 수 있는지를 고뇌하는 존재로 보았다.

⑤ 하이데거는 현존재, 즉 인간 존재의 본질은 각자 독립적인 존재로서 실존하는 것에 있다고 하였다.

21 정답 ④

기상청이 보도자료를 배포하며 배포 일시와 언론이 이를 기사화하여 보도하는 시점을 명시한 것에서 보도자료가 기관의 뉴스를 대중들에게 알릴 목적으로 작성하는 글임을 알 수 있으므로 적절하다.

| 오답 피하기 |

① 기관에서 배포하는 글이므로 기관 책임자의 말을 인용하여 신뢰성을 높일 수는 있으나, 전문가의 말을 인용한 부분이 없을 뿐만 아니라 전문가의 견해를 바탕으로 작성하는 글도 아니므로 적절하지 않다.

② 본문의 앞에 제목과 본문 내용을 요약 제시하고 있으나 보도의 시점에 따라 단계별로 제시한 것은 아니다. 또한 제목은 전달할 내용을 압축하고, 이를 보충하는 부제는 세 항목으로 간략하게 제시하고 있으므로 시의성이 드러나는 제목과 함축적인 부제로 작성한다는 것은 적절하지 않다.

③ 본문에서 앞부분에 확충할 지진관측망의 개수를 제시하고 있으나 통계 자료는 제시하고 있지 않을 뿐만 아니라, 보도자료는 기관의 뉴스를 알릴 목적의 글이지 주장을 전달하는 글이 아니므로 적절하지 않다.

⑤ 뉴스의 핵심 내용은 '지진 발생 시 ~ 추가 확보된다.'와 같이 본문의 맨 앞에 제시되어 있어 역피라미드 구성을 취하고 있으므로 적절하지 않다.

22 정답 ①

지진경보 시간 단축의 방법은 시스템을 개선하거나 지진탐지 시간을 단축하는 것이다. 다만 시스템 개선만으로는 지진경보 시간 단축에 한계가 있는 것이지, 지진경보 시간을 단축할 수 없는 것은 아니다.

| 오답 피하기 |

② 기상청장의 말을 인용한 본문의 끝부분에서 현재의 과학 기술로는 지진의 발생 위치와 시기를 예측할 수 없다는 내용을 확인할 수 있다.

③ 지진관측망 확충이 완료되면 현행 16km이었던 국가 지진관측망 조밀도는 7km로 2배

이상 촘촘해지고, 지진탐지 시간도 3.4초에서 1.4초로 2초 단축된다는 내용을 확인할 수 있다.

④ 지진탐지 시간이 2초 단축되면 36km 이상 떨어진 지역부터 근거리 대피가 가능해진다는 내용을 확인할 수 있다.

⑤ 지진 발생 시 근거리 대피가 가능하면 인명 피해의 80%를 줄일 수 있으며, 지진탐지 시간 단축으로 지진 발생 시 근거리 대피가 가능한 지역이 더 넓어져 지진으로 인한 피해를 줄일 수 있다는 내용을 확인할 수 있다.

23 정답 ③

지문에서 근거리 대피 가능 지역은 지진 발생 위치로부터 떨어진 거리를 기준으로 하며, 국가 지진관측망이 완료되면 지진 발생 위치로부터 40km 이상 떨어진 지역부터 근거리 대피가 가능했던 것이 36km 이상 떨어진 지역부터 근거리 대피가 가능해진다고 하였다. 따라서 〈보기〉의 국가 지진관측망 확충 계획에서 일반감시구역과 집중감시구역의 확충 개수의 차이로 인해 근거리 대피 가능 범위가 달라지는 것은 아니므로 적절하지 않다.

| 오답 피하기 |

① 지문에서 지진이 발생하였을 때 피해가 클 것이 예상되는 인구 밀집 지역, 원자력 이용시설 지역, 주요 단층 지역을 중심으로 2027년까지 총 329개소의 지진관측망을 확충한다고 하였다. 〈보기〉에서는 지문에서 언급한 집중감시구역뿐만 아니라 일반감시구역에서의 확충 계획도 밝히고 있으므로 우리나라 전역에서 이루어진다는 판단은 적절하다.

② 지문에서 현재 국가 지진관측망은 기상청과 관계기관의 지진관측소 총 390개가 설치되어 있다고 하였다. 〈보기〉에서 집중감시구역에 총 329개소, 일반감시구역에 총 132개소를 확충할 계획이라고 하였다. 따라서 2027년까지 기상청과 관계기관의 지진관측소 설치를 통해 국가 지진관측망이 총 851개소가 확충된다는 판단은 적절하다.

④ 지문에서 지진 발생 시 큰 피해가 우려되는 지역은 〈보기〉의 집중감시구역이다. 〈보기〉에서 집중감시구역은 일반감시구역 면적 대비 약 8배의 국가 지진관측망을 확충할 계획이라고 기술하고 있으므로 적절하다.

⑤ 지문에서 언급하고 있는 인구 밀집 지역, 원자력 이용시설지역, 주요 단층 지역은 지진이 발생하였을 때 큰 피해가 예상되는 지역으로 〈보기〉의 집중감시구역이다. 〈보기〉에서 집중감시구역의 지진관측망 확충은 관계기관에 지진관측소를 2023년에 220개소, 2024년에 7개소를 설치할 계획이라 기술하고 있으므로 적절하다.

24 정답 ④

(주) ○○○에서 주관한 행사에서 식전 행사로 클래식 연주, 환경 퍼포먼스 공연, 폐품과 재활용을 이용한 스포츠 게임 등이 진행되었다고 하였으므로 적절하지 않다.

| 오답 피하기 |

① 쓰레기 줍기 행사에 아이들과 함께 참여한 조△△ 씨의 사례와 포항 주부들의 모임 '쓰맘쓰맘', 목포 ◇◇구의 '쓰줍은 동네'가 벌인 쓰레기 줄이기 캠페인 활동 사례를 통해 볼 때 적절하다.

② 지구 환경을 생각하는 소비자들이 '쓰레기 줍기', '쓰레기 줄이기'를 실천하며 생산자인 기업에 '쓰레기 안 만들기'를 요구하는 의미 있는 행사였다고 하였으므로 적절하다.

③ 쓰레기 줍기가 하나의 문화로 자리 잡으면서 쓰레기를 줄이기를 위한 노력으로도 이어지고 있다고 하였으므로 적절하다.

⑤ 스웨덴에서 시작된 플로깅이 '줍깅' 혹은 '쓰담달리기'로 진화하면서 우리 사회에 정착하고 있으며, 이번 쓰레기 줍기 행사에는 서울, 인천, 대전, 광주, 대구, 부산 등 전국 12곳에서 3,500여 명이 참여하였다고 기술하고 있으므로 적절하다.

25 정답 ③

〈보기〉는 기업의 위장 환경주의에 대한 설명이다. 이를 바탕으로 쓰레기 줍기 행사를 비판적으로 평가한다면 기업이 주관하는 행사인지, 그렇다면 어떤 기업인지, 위장의 의도가 없는지를 판단할 필요가 있다. 즉 일회용품 포장재를 많이 사용하면서도 친환경적인 것처럼 기업의 이미지를 포장하기 위해 쓰레기 줍기 행사를 주관한 것이 아닌지를 판단해 보는 것은 적절하다.

| 오답 피하기 |

① 〈보기〉는 기업의 그린워싱에 대한 설명으로, 이를 바탕으로 쓰레기 줍기 행사를 비판적으로 평가한다면 참여한 사람이 아니라 기업에 대한 비판이 되어야 하므로 적절하지 않다.

② 쓰레기 줍기 행사 참여자의 구성은 기업의 그린워싱 은폐 의도와는 관련이 없으므로 적절하지 않다.

④ 기업과의 관련성을 판단하지 않고 단지 폐품 수거와 재활용품 분리에 초점을 맞추어 진행되는 쓰레기 줍기 행사를 친환경적인 행사라 할 수 있는지 비판하는 것은 적절하지 않다.

⑤ 기업에 '쓰레기 안 만들기'를 요구하는 캠페인을 중심으로 쓰레기 줍기 행사가 진행된다고 하여 기업의 그린워싱을 부각할 필요가 없다는 평가는 적절하지 않다.

26

공동으로 제안한 아이디어가 최우수상을 수상하게 된 경우, 시상식에서 수여하되 표창은 개인별이 아닌 접수한 단체 명의로 수여된다고 하였으므로 적절하지 않다.

| 오답 피하기 |

① 응모 횟수에 제한이 없다고 하였으므로 동일인이 2건 이상 다수의 아이디어를 제안할 수 있다.

② 공모의 취지가 국민의 일상생활에 불편함을 주거나 불합리한 규제의 혁신을 위해 개선이 필요한 법령 등을 발굴하고 이를 정비하기 위한 것이며 대한민국 국민 누구나 응모할 수 있다고 하였으므로 적절하다.

③ 동일 내용의 아이디어가 2건 이상 접수된 경우, 먼저 접수된 아이디어를 우선하여 심사한다고 하였으므로 적절하다.

⑤ 심사 과정에서 적합한 응모작이 없다고 결정할 경우, 시상 규모가 변경될 수 있다고 하였으므로 시상 계획과 다른 경우가 발생할 수 있다.

27

국민 선호도 평가는 심사 기준에 포함된 것으로 제안한 법령의 선호도를 평가하기 위한 계획을 세우는 것은 공모 주체가 할 내용이므로 공모 서식에 포함되는 것은 적절하지 않다.

| 오답 피하기 |

① 공모의 목적이 불편·불합리한 법령의 개선을 위한 아이디어 발굴에 있으므로 공모 서식에 법령의 개선 방안이 포함되는 것은 적절하다.

② 서면 심사 기준에 제안의 실현 가능성, 효과 및 파급력 등을 종합 평가한다고 하였으므로 법령 개선의 기대 효과가 공모 서식에 포함되는 것은 적절하다.

③ 서면 심사 기준에 제안의 필요성을 평가한다고 하였으므로 공모 서식에 개선하고자 하는 법령의 문제점이 포함되는 것은 적절하다.

④ 공모 주제에 제시되어 있는 개선이 필요한 법령의 여러 경우를 통해 볼 때, 법령이 적용되고 있는 현재 상황이 개선이 필요한 상황임을 드러내는 내용이 공모 서식에 포함되는 것은 적절하다.

28

의약품 개발에서는 약효를 지니는 자연계 분자를 본보기로 해서 비슷한 구조의 분자를 인공적으로 합성함으로써 약으로 이용해 왔기 때문에 적절하지 않다.

① 클릭 화학은 의약품 개발에서 신약 후보가 되는 분자를 합성할 때 사용되며 섬유나 플라스 틱 등의 새로운 재료 개발에도 활용되고 있다고 하였으므로 적절하다.

② 클릭 화학은 알킨과 아지드라는 화학 구조가 결합하는 것으로 부산물이 거의 생기지 않으며 실온에서뿐만 아니라 물속에서도 빠르게 진행된다고 하였으므로 적절하다.

③ 클릭 화학이 가능한 이유는 아지드와 알킨의 화학 구조가 생체 안에는 존재하지 않으며, 생체 분자와 반응해 결합하는 경우도 없기 때문이라고 하였으므로 적절하다.

⑤ 생체 직교 화학이 생체 안의 반응을 교란하지 않고 분자끼리 효율적으로 결합시키는 방법이 라고 하였으므로 적절하다.

29   정답 ③

㉠이 가능하게 된 이유는 세포 표면의 당 사슬과 형광 색소를 클릭 화학을 이용해 결합시킴으로써 당 사슬을 빛나게 하는 데 성공했기 때문이다. 클릭 화학을 이용해 결합시키기 위해서는 세포 표면의 당 사슬과 형광 색소가 각각 아지드라는 화학 구조와 알킨이라는 화학 구조를 지녀야 한다. 따라서 아지드를 가진 세포 표면의 당 사슬과 알킨을 가진 형광 색소를 결합시켜 당 사슬을 빛나게 함으로써 당 사슬의 위치를 확인할 수 있게 된 것이므로 적절하다.

① 클릭 화학은 알킨과 아지드라는 화학 구조가 결합하는 것이므로 아지드와 알킨을 모두 가진 당 사슬 분자가 형광 색소 분자를 합성하는 것이 아니다. 또한 당 사슬 연구에서는 구리를 필요로 하지 않는 아지드와 알킨 반응이 개발되어 응용되었으므로 적절하지 않다.

② 알킨과 아지드는 화학 구조이지 분자가 아니므로 적절하지 않다.

④ 클릭 화학을 이용해 알킨과 아지드를 결합시키지 않았고, 당 사슬의 화학 구조를 밝히는 것도 아니므로 적절하지 않다.

⑤ 세포 표면의 당 사슬과 형광 색소를 클릭 화학을 이용해 결합시키기 위해서는 당 사슬과 형광 색소가 각각 아지드라는 화학 구조와 알킨이라는 화학 구조를 지녀야 한다. 따라서 아지드를 가진 당 사슬과 알킨을 가진 형광 색소를 결합시키는 것이므로 아지드를 당 사슬에, 형광 색소를 알킨에 결합시켜 당 사슬과 형광 색소의 위치를 분별할 수 있게 되는 것은 적절하지 않다.

30   정답 ④

유전자는 생물학적인 방법인 생식을 통해 수직적으로 전파되는 데 반해 밈은 모방이라는 사회적 방법을 통해 수평적으로 전달되며, 한 사람의 선행 혹은 악행이 여러 명에게 전달되어 영향을 미치는 것도 밈의 한 예라 하였으므로 악행이 수직적으로 수렴되므로 밈이 결합과 배척을 통해 진화한다는 이해는 적절하지 않다.

| 오답 피하기 |

① 많은 사람들이 권력을 추구하는 경향은 권력이 자신의 밈을 전파할 수 있는 가장 효과적인 도구이기 때문이다. 이는 자신의 유전자를 전파하는 데에 직접적인 관련이 없으며 유전자를 전파하는 것을 포기하면서까지 나타나는 현상이므로 유전자와 밈이 다르게 진화함을 보여준다는 이해는 적절하다.

② 밈에 의한 문화의 전달은 진화의 메커니즘, 즉 변이, 선택, 보유 또는 유전이라는 세 조건을 충족한다는 점에서 유전자와 유사하다. 또한 밈은 개체의 기억에 저장되거나 다른 개체의 기억으로 복제될 수 있는 비유전적 문화 요소·단위·양식·유형을 말하므로 적절한 이해이다.

③ 밈의 개념을 이용하여 유전자만으로는 설명할 수 없는 많은 사회 문화적 현상을 설명할 수 있다고 하였으므로 적절한 이해이다.

⑤ 대중문화의 새로운 소비 방식으로 등장하고 있는 인터넷 밈의 사례를 통해, 밈이 디지털 세상에서 무시할 수 없는 문화의 소비 키워드로도 작용하고 있음을 알 수 있으므로 적절한 이해이다.

01 　　　　　　　　　　　　　　　　　　　　　　　　　　　　　　　　　　　정답 ①

이 글은 제자백가 중 법가(法家) 사상의 대표적 인물인 한비자의 사상을 집성한 『한비자(韓非子)』의 「세난(說難)」편에 나오는 글이다. 「세난」편은 글자 뜻 그대로 '설득의 어려움', 즉 상대방의 심리를 잘 파악하여 그에 알맞은 말로 설득하는 것이 얼마나 힘들고 어려운 것인가를 밝히고 있다. 이 글에서 미자하의 행동은 변함이 없지만 전에는 칭찬받던 것이 후에는 비난받게 된 것은 왕의 마음이 변한 것을 살피지 못하고 그에 맞게 행동하지 못했기 때문이다. 따라서 왕을 설득하기 위해서는 왕의 마음이 멀어지게 해서는 안 되고, 왕의 심기를 잘 살펴서 적절한 설득 전략을 사용해야 한다고 이야기를 한다.

| 오답 피하기 |

②, ③, ④ 미자하가 왕에게 말을 잘못했기 때문에 왕이 미자하에 대한 생각이 바뀐 것은 아니다.

⑤ 미자하의 고운 얼굴이 시든 것은 나이가 들어서 자연히 그렇게 된 것이다. 미자하가 벌을 받고 옛일에 대해 비난을 받은 것은 변화된 임금의 마음을 읽지 못한 것 때문이지, 자기 관리가 부족해서 그런 것은 아니다.

02 　　　　　　　　　　　　　　　　　　　　　　　　　　　　　　　　　　　정답 ③

이 글은 아우렐리우스의 『명상록』 2권에 실린 글이다. 여기에서 스토아학파의 영향을 받은 아우렐리우스의 행복론에 대한 생각을 파악할 수 있다. 스토아학파는 '아파테이아', 즉 정념을 제거한 상태에서의 평온함을 통해 행복에 도달한다고 주장하였다. 제시된 글에서는 '외부의 유혹이나 정념에 흔들리지 않는 자세'에 대해 이야기하고 있다.

| 오답 피하기 |

① 애덤 스미스가 『도덕 감정론』에서 밝힌 행복에 대한 정의이다. 그는 필요 이상의 많은 재산을 탐하는 것 역시 행복하지 않은 상태로 여겼다.

② 스콜라 철학의 토마스 아퀴나스가 주장했던 행복에 대한 주장으로, 그는 최종적인 행복은 인간의 생애에서 도달하기 힘든 불가능한 목표라고 이야기하였다.

④ 염세적으로 세상을 바라보았던 쇼펜하우어는 인간의 삶은 고통이며, 행복은 고통을 제거하는 것이라고 하였다.

⑤ 에피쿠로스학파가 주장한 아타락시아에 도달한 상태를 의미한다.

03

이 글은 정도전이 쓴 「불씨잡변(佛氏雜辨)」의 일부분으로 유교적 사상에 입각해 불교를 비판하고 있다. 이 글에서 정도전은 호흡을 할 때 들이마시는 것과 내쉬는 것이 같은 것이 아니고, 생명체들도 왕성하게 생장했다가 죽는 것처럼 만물이 순환하는 것이 아니라는 점을 강조하고 있다. 이는 만물이 소멸하지 않고 본원으로 돌아갔다가 다시 돌아오는 것, 즉 불교의 윤회 사상을 비판하는 것이다.

| 오답 피하기 |

①, ③ 만물이 물질로 환원될 수 있다거나 인간의 존재도 물질의 집합이라는 생각은 유물론적 사고이다.

④ 삼라만상의 변화가 기의 작용이라는 생각은 유학자들의 생각이다.

⑤ 정도전은 자신의 생각이 인간과 자연에 모두 적용되는 것이라고 이야기하고 있다.

04

이 부분은 비트겐슈타인이 쓴 『논리 철학 논고』의 결론 부분이다. 그는 이 저서를 통해서 인간이 논리적으로 접근할 수 있는 것의 한계를 분명하게 밝히고자 하였다. 그리고 이 생각을 가장 잘 나타내고 있는 것이 바로 이 결론의 마지막 구절인 '말할 수 없는 것에 관해서는 침묵해야 합니다.'이다.

| 오답 피하기 |

① 소크라테스가 언어에 대해 이야기한 것으로, 올바른 언어의 사용에 대해 강조한 말이다.

③ 소쉬르의 『일반 언어학 강의』의 내용이다.

④ 푸코의 『말과 사물』에 언급된 말이다. 그는 여기에서 언어의 분절적인 특성을 이야기하고자 하였다.

⑤ 촘스키가 『누가 무엇으로 세상을 지배하는가』에서 이야기한 내용이다. 가벼운 수준의 의사소통이 넘쳐나는 세태에 대한 비판을 담은 부분이다.

05

이 글은 당나라 시인인 이백(李白)이 봄날 밤에 연회를 열고 친척, 친구들과 어울리면서 시를 쓴 내막을 서술한 「춘야연도리원서(春夜宴桃李園序)」이다. 인생은 짧고 덧없으니 현재를 즐길 것을 이야기한다. 인생이 무상하다는 것을 이야기하기 위해 천지는 '만물을 맞는 여관', 시간은 잠시 머물다 가는 '영원한 나그네'로 비유를 하고 있다.

① ㉡은 의미에 부합할 수 있으나 ㉠이 만물을 품고 있는 천지의 의미와 맞지 않는다.

③ 바다로 흘러가는 물은 목적지가 있는 것으로 ㉡의 문맥에는 맞지 않는다.

④ 바람 앞에 선 촛불은 위태로운 상황을 이야기하는 것이므로 ㉡의 문맥에는 맞지 않는다.

⑤ 천지가 시간을 기르고 품는다는 것은 천지와 시간의 관계에 맞지 않는다.

06 정답 ①

이 글은 아널드 토인비의 『역사의 연구』에서 '도전, 그리고 비전과 응전' 장에 수록된 글이다. 이 책에서 저자는 서유럽 문명 중심의 국가 단위 역사관을 극복하고자 하였다. 그는 인간의 문명이 타당한 인과 관계에 의해서가 아니라 각자에게 처해진 도전과 이에 대한 응전하는 방식에 의해 발생했다고 보고 있다.

| 오답 피하기 |

② 에릭 홉스봄이 이야기한 것으로, 그의 『역사론』에 기록되어 있다. 역사가의 의무와 책임에 대해 이야기하고 있다.

③ 토인비가 책에서도 비판한 '인종설'의 내용이다.

④ 독일의 지리학자 라첼이 체계화한 이론으로 '환경 결정론'을 설명한 내용이다.

⑤ 헤겔의 발전적 역사관을 설명한 진술이다.

07 정답 ⑤

이 글은 사서삼경(四書三經)의 하나인 『대학(大學)』 「지어지선(止於至善)」편의 일부분이다. 여기에서는 『시경』의 일부분을 인용하여 명명덕(明明德)하는 사람의 지어지선(止於至善)을 밝힌 것이다. '절차탁마(切磋琢磨)'라는 말은 이 부분에서 나온 말인데, 지어지선을 위해 학문을 꾸준히 닦는 것을 말한다. 그러나 지어지선은 깨달음의 순간이 올 때를 포착해야 얻을 수 있는 것이 아니다.

| 오답 피하기 |

① ㉠을 가진 사람들은 빛나고 점잖은, 겉으로 드러나는 위의(威儀)를 가지고 있다.

② '조각하여 갈아 놓은 듯하다[如琢如磨]'라는 것은 스스로 수양을 꾸준히 해 가는 것을 말한다.

③ ㉠을 가진 사람들은 엄밀하고 굳센 마음의 근엄(謹嚴)을 가지고 있다.

④ '잘라서 갈아 놓은 듯하다[如切如磋]'는 것은 학문을 꾸준하고 정교화해 가는 것을 말한다.

08

이 글은 리처드 도킨스의 『만들어진 신』의 6장에 수록된 내용이다. 이 장에서 저자는 종교 없이 어떻게 인간이 선에 도달, 유지할 수 있는가에 대해 탐구하였다. 이와 함께 종교를 가지고 있다 하더라도 인간이 어떻게 악행을 저지르는가를 반증으로 제시하고 있다.

| 오답 피하기 |

①, ②, ④, ⑤ 각각 신과 종교가 갖고 있는 허상을 증명하기 위해 설정된 장으로, 개인의 경험과 통찰이 담겨 있다. 제시된 글은 인간 개개인의 '선'이 어디에서 유래한 것인지에 대해 탐구하는 내용으로, 그의 저서 『이기적 유전자』의 내용과 그에 대한 오해를 다루고 있다. '선'에 대해 탐구한 것은 6장이므로 적절하지 않다.

09

이 글은 조선 중기 유학자인 기대승이 이황과의 사단칠정(四端七情) 논쟁을 할 때 주고받았던 편지글이다. 이황은 사단은 이의 발현이고, 칠정은 기의 발현이기 때문에 사단은 선하지만 칠정은 선악이 있다고 하였다. 이에 기대승은 의문을 제기한다. 기대승은 맹자나 자사 모두 사람의 본성이 발하기 전이 성(性)이고, 그것이 발현된 것을 정(情)이라고 한 것을 근거로 들어 성은 선하지만 정에 선악이 있는 이유가 그 때문이라고 이야기를 한다. 그런데 만약 사단은 이에서 발하고, 칠정은 기에서 발한다고 하면 사단과 칠정이 다른 근원을 갖는다는 것을 이야기하므로, 맹자나 자사의 의견과는 모순이 있다는 점을 지적하고 있다.

| 오답 피하기 |

① 앞의 말은 사단이 선하다는 것을 이야기한다.

② 칠정은 선악이 있는 것이므로 권장해야 하는 것은 아니다.

③ 이와 기가 상호 경쟁 관계는 아니다. 이황은 이와 기가 분리될 수 없다는 기대승의 반박을 수용하여 최종적으로 '이발이기수지(理發而氣隨之) 기발이이승지(氣發而理乘之)'라는 입장으로 정리하였다.

④ 자사는 전체를 말하고 맹자는 일부분을 떼어 낸 것일 뿐, 맹자와 자사는 같은 입장이라고 하였으므로 둘 중 하나가 틀리게 되는 것은 아니다.

10

이 글은 에드워드 윌슨의 『통섭』이라는 책의 마지막 부분이다. 윌슨은 이 책의 주제에 대해 '지식이 갖고 있는 본유의 통일성'이라고 서문에서 밝히고 있다. '통섭'은 『귀납적 과학의 철학』에서 휴얼이 처음 사용한 용어로서 '더불어 넘나듦(jumping together)'이라는 의미이다. 윌슨은 이 책에서 학문의 미래를 설명하기 위해 이 개념을 부활시켜 설명하고 있다.

| 오답 피하기 |

① 둘 또는 그 이상의 대상이 결합하여 새로운 성질을 가진 대상이 되는 것을 의미한다. 산소와 수소가 결합하여 물이 되는 일과 같이 화학 작용에서 유래한 용어이나, 지금은 다양한 영역과 분야에서 보편적으로 쓰이고 있다.

② 융합은 다른 종류의 것이 녹아서 서로 구별이 없게 하나로 합하여지거나 그렇게 만드는 일을 의미하는 것으로, 심리학에서는 둘 이상의 요소가 합쳐져 하나의 통일된 감각을 일으키는 일을 의미한다. 정신 분석에서는 생(生)의 본능과 죽음의 본능을 동시에 충족시키려는 충동을 이르기도 한다.

③ 나누어진 것들을 합쳐서 하나의 조직·체계 아래로 모이게 한다는 의미로 '일치'에 초점이 맞추어진 개념이다.

⑤ 여러 요소들이 조직되어 하나의 전체를 이루는 일을 가리키는 개념으로 하나로 합쳐진다는 의미를 강조한다는 점에서 '통섭'과는 다소 차이가 있다.

11 정답 ②

이 글은 춘추 전국 시대 사상가인 순자의 사상을 집대성한 『순자』의 「성악(性惡)」편에 나오는 글로, 성악설에 대한 생각을 밝힌 부분이다. 성악설은 인간의 본성이 악하다는 것인데, 이때의 '악(惡)'은 예의와 도덕을 모르기 때문에 본능이나 욕망에 따라 행동하는 것이다. 이 글에서 순자는 인간의 본성은 노력한다고 바꾸기 어렵지만 배우고 노력하면 예의(禮儀)를 갖출 수 있다고 이야기를 한다. ㉠에서는 비유를 통해 휘어지거나 무딘 본성을 가지고 있더라도 교육과 같은 방법으로 바로잡을 수 있다는 것을 이야기한다.

| 오답 피하기 |

①, ③, ④ ㉠은 인위적인 방법을 쓰지 않고 그대로 두면 본성에 따라 행동하기 때문에 이를 바로잡아야 한다는 점을 이야기한다.

⑤ 도지개로 바로잡고 숫돌에 칼을 가는 것은 숨겨진 본성을 찾는 것이 아니다.

12 정답 ②

맬서스는 『인구론』에서 인구가 기하급수적으로 증가하는 반면, 식량은 산술급수적으로 증가하기 때문에 결국 이를 제한하지 않으면 인구는 큰 위기에 처할 것이라고 주장하였다. 그러나 실상을 보면, 현대의 식량 생산량은 인구와 마찬가지로 기하급수적으로 증가하였는데 반대로 세계 인구는 감소하는 추세에 있다.

| 오답 피하기 |

①, ④, ⑤ 맬서스는 빈곤층에서 이를 벗어나기 위해서는 조혼을 하지 않고, 스스로 양육이 가능한 때 출산을 해야 한다고 주장하였다. 그리고 이를 닥쳐서 겪고 깨닫게 하기보다는 미리 교육과 계몽을 통해 스스로 예측하고 선택할 수 있게 해야 한다고 하였다.

③ 맬서스는 『인구론』에서 인간이 출산율을 조절하지 않은 결과로 빈곤, 전쟁, 전염병 등의 외부적 요인으로 인해 보다 고통스런 방법으로 인구 증가율이 낮아질 수 있음을 지적하고 있다.

13   정답 ①

이 글은 『맹자집주(孟子集註)』의 「양혜왕」편에 나오는 글로 '오십보백보(五十步百步)'라는 말의 유래가 된다. 양혜왕은 자신이 정치를 잘하고 있다는 점을 강조하지만, 맹자는 오십보백보의 이야기를 통해 양혜왕을 깨우치고 있다. 주석에서는 작은 은혜는 있었으나 왕도 정치를 실현하지 않은 것은 이웃 나라와 같다는 점을 이야기한다. 맹자는 양혜왕에게 왕이 전쟁을 좋아하니 전쟁에 비유를 하겠다고 하는데, 전쟁을 좋아한다는 것은 이미 왕도 정치와 거리가 멀다는 것을 우회적으로 비판하는 것이다.

| 오답 피하기 |

②, ⑤ 양혜왕은 흉년에 대비하고 나라를 다스림에 백성들에게 마음을 다했다고 이야기하고 있다.

③ 이웃 나라와 비교하는 것이 잘못된 것은 아니다.

④ 군대의 규율이 엄격한 것과 왕도 정치를 실현하는 것은 거리가 멀다.

14   정답 ③

슘페터는 『자본주의, 사회주의, 민주주의』에서 자본주의 경제 체제의 성공을 이끌었던 여러 가지 요인들이 되려 고도로 발달한 자본주의를 쇠퇴시키는 요인이 될 것이며, 결국에는 자본주의가 사회주의로 전환될 것이라고 주장하였다. ③에서와 같이 자기모순에 의해 계급 간의 갈등이 심화되어 자본주의가 스스로 붕괴할 것이라는 주장은 마르크스의 주장이다. 슘페터는 마르크스와 마찬가지로 자본주의가 붕괴할 것이라고 했지만, 그와는 입장이 달랐다. 슘페터는 계급의 투쟁이 아닌 자본주의 내 사람들의 심리적인 문제로 서서히 붕괴할 것이라 주장하였다.

15

이 글은 사서삼경의 하나인 『중용(中庸)』의 「성론(誠論)」편의 일부분이다. 여기에서는 국가를 다스리는 아홉 가지 방법과 그 이유에 대해서 설명하고 있다. 세 번째 항목으로 친족을 친애하는 것을 들고 있는데, 친족을 친해하면 제부(諸父)와 형제들이 원망하지 않는다고 하였다. 그러므로 가족 간이라 할지라도 법률을 엄격하게 집행해야 한다는 것은 아홉 가지 방법과 거리가 먼 것이다.

| 오답 피하기 |

① 백공(百工)들이 모이게 하는 것에 해당한다.

② 제후들을 포용하는 것에 해당한다.

③ 신하들을 몸소 살펴보는 것에 해당한다.

④ 자신을 닦는 것에 해당한다.

16

정답 ①

이 글은 에른스트 피셔의 『예술이란 무엇인가』이라는 책에 수록되어 있는 글이다. 피셔의 예술관은 '예술은 강제에 의해서는 아무것도 하지 못한다.', '예술은 자발적으로 무엇이든지 한다.'라고 알려져 있다. 제시된 글은 예술가가 사회에 타협하지 않는 자세에 대해 이야기하고 있다. 자본주의 체제하에서 왜 예술가에게 비판적인 생각과 자유로운 입장이 중요한지를 역설하는 부분이다.

| 오답 피하기 |

② 파블로 피카소가 가지고 있는 예술관이다. 그는 화가의 입장에서 그림 그리는 행위에 대해 이야기하였다.

③ 하이데거가 예술가와 예술 작품이 떼어 놓을 수 없는 관계라는 것을 이야기하는 것으로, 예술가는 예술 작품으로 이야기한다는 것을 강조하고 있다.

④ 요한 볼프강 폰 괴테가 예술에 대해 한 말이다.

⑤ 곰브리치가 『서양미술사』에서 언급하고 있는 내용이다.

17

정답 ④

(가)는 박지원의 『열하일기』 중 「옥갑야화」에 나오는 허생에 대한 이야기이다. 여기에서 허생은 글 아는 사람을 화근이라고 이야기를 한다. 문자를 통한 지식의 축적이 계급 사회를 만들어 온

것에 대한 부정적인 시각이 담긴 것이라고 할 수 있다. (나)는 전한의 종실의 한 명인 회남왕 류안이 휘하의 문인들이 가진 지식을 집대성한 책인 『회남자』의 「본경훈(本經訓)」편에 수록된 글이다. 인간이 글자를 만들고 기술이 늘어 가면서 신들은 인간을 피하고 세상은 각박해졌다고 이야기를 한다. 두 글에서 공통적으로 이야기를 하는 것은 인간의 지식이 늘어 가는 것이 반드시 좋은 것만은 아니라는 것이다.

| 오답 피하기 |

① (가)에는 경제적 바탕이 갖추어져야 안정된 삶을 살 수 있음을 추론할 수 있는 내용이 있지만 (나)에는 그런 내용이 없다.

② (가)에서는 50만 냥을 바닷속에 던지는 부분을 통해 돈이나 곡식 등 재화의 가치는 쓰임새에 따라 결정된다는 것을 추론할 수 있지만 (나)에는 그런 내용이 없다.

③ (가)에서는 숟가락을 오른손으로 잡게 하고 하루라도 먼저 태어난 사람이 먼저 먹게 하라는 부분을 통해 인간 사회에 규칙이 있어야 한다는 내용을 추론할 수 있지만 (나)에는 그런 내용이 없다.

⑤ (나)에서는 기술의 발전이 덕을 박하게 한다고 하였다.

18   정답 ①

이 글은 보부아르의 『제2의 성』에 실린 일부이다. 이 책의 제목인 '제2의 성'은 글에서 설명하고 있는 바와 같이, 제1의 성인 남성에 의해 2차적으로 만들어진 성이라는 의미를 담고 있다. 보부아르는 이 책에서 여성의 특성을 생리적 조건과 현상을 통해 설명하고 있으며, 여성을 남성에게 종속된 존재라고 생각해 온 남성 본위의 여성론을 반박하고 있다.

| 오답 피하기 |

② '제3의 성'을 일컫는 말로, 이는 성별이 남성도 여성도 아닌, 세 번째의 젠더를 의미한다. 개인이 제3의 성으로 정체화하는 것은 스스로의 정체성에 의할 수도 있고, 사회적 구분에 의한 것일 수도 있다. 네덜란드에서 최초로 제3의 성을 인정한 바 있다.

③ 아리스토텔레스가 『정치학』에서 밝힌 여성관으로, 중세 말기까지 여러 사상에 영향을 미쳤다. 여성을 남성에 종속되었으나 노예보다는 우월한 존재로 간주하였다.

④ 에코 페미니즘에서 여성이 남성에 의해 억압받고 있는 사회 현상을 바라보고 있는 관점이다.

⑤ 현재 페미니즘에서 가장 급진적인 입장의 주장으로, 래디컬 페미니즘이라고 표현하기도 한다. 보부아르는 당시 여성관에 대한 비판을 하고 있으나, 급진적인 개혁이나 혁명을 주장한 것은 아니었다.

19

이 글은 조선 효종 때 김육이 대동법의 확대 실시를 청하는 차자(일정한 격식을 갖추지 않고 사실만을 간략이 적은 상소문)이다. 김육은 임진왜란과 병자호란이 발발한 조선 초유의 국난 시기를 살았던 인물로, '대동법' 등의 제도 시행을 통해 백성 구제를 중심으로 하는 재정 복구를 시도한 조선 최고의 경세가이다. 대동법은 공물(貢物)을 쌀로 통일하여 바치게 한 납세 제도로 방납(防納)의 폐해를 시정하고 상공업을 활성화하는 계기가 되었다. 이 글에서는 부역을 고르게 하고 백성들을 편하게 하는 제도이며, 경기와 관동 지방에 시범적으로 실시하여 좋은 평가를 받았다는 점을 통해 이 제도가 대동법이라는 것을 알 수 있다.

| 오답 피하기 |

② 중국 명나라의 형법전으로, 조선의 『경국대전』의 제정에 많은 영향을 주었다.

③ 조선 후기에, 해마다 필요한 세금의 총액을 정하고 각 지방에 할당하여 세금을 걷던 방법으로, 숙종 때 시행되어 영조 36년(1760)에 법제화되었다.

④ 고려 말기 · 조선 초기에, 관리나 토지 주인이 직접 농작의 상황을 조사하여 보고하면 작황의 손결에 따라 일정한 세금을 감면하던 세율 규정법이다.

⑤ 세종 26년(1444)에 실시한 조세 부과의 기준으로, 그해의 수확을 농사의 풍흉에 따라 지역 단위로 상상년(上上年)에서 하하년(下下年)까지 아홉 등급으로 나누어 토지세를 다르게 부과하였다.

20

이 글은 막스 베버의 『프로테스탄트 윤리와 자본주의 정신』의 일부로, 금욕주의와 노동에 의한 부의 추구에 대해 설명하고 있으나 정신과 물질의 지배 관계에 대해서는 설명하고 있지 않다.

| 오답 피하기 |

① 노동을 통한 부의 획득은 신의 축복이므로, 곧 신을 위한 부의 추구는 삶의 목적이라 할 수 있다.

② 목적으로서의 부의 추구는 죄악이나 직업 노동의 열매인 부의 획득은 신의 축복이라 보고 있으므로 곧 노동은 신앙의 증거라 할 수 있다.

③ 금욕은 종교적으로 신실하고 진실한 삶의 가치로 여겨졌으며, '부단하고 지속적이며 체계적인 세속적 직업 노동을 단적인 최고의 금욕적 수단'으로 간주해 왔다.

⑤ 직업 노동을 통해 부를 획득하는 것을 신앙을 실천하는 자세로 보고 있으므로, 금욕하고 열심히 노동하는 삶의 태도는 종교적으로 가치 있는 것이라 할 수 있다.

(가)의 수신자는 정부 각 부처 및 지자체이며, (나)는 (가) 공문을 수신한 교육부가 하부 기관인 시도교육청과 고등교육기관 전체에 발송한 공문이다. 따라서 (가)와 (나) 공문의 수신자는 각각 다르며 (가)의 수신 범위가 (나)에 비해 넓다고 볼 수도 없으므로 적절하지 않다.

| 오답 피하기 |

① (가) 공문의 수신자에 '교육부장관'이 포함되어 있으며 (나) 공문의 '관련'이 (가) 공문에 해당하므로, (가)는 (나)를 작성하는 근거가 된 공문이라고 판단할 수 있다.

③ (나) 공문의 수신자에 해당하는 고등교육기관인 각급 학교는 (나)를 접수한 후에 공문의 내용을 이행하기 위해 학생들의 헌혈 참여를 위한 계획을 수립하였을 것이므로 적절한 판단이다.

④ (가) 공문은 제목과 본문 3에서 단체 헌혈을 적극 추진하고 협조해 줄 것을 당부하고 있으나, (나) 공문은 제목과 본문 2에서 각급 학교 학생들의 자발적 헌혈 참여 독려를 당부하고 있으므로 적절한 판단이다.

⑤ (가) 공문의 발송 이유는 최근 혈액 일일보유량이 '주의 단계'로 진입이 우려되고 있어서이고, 목적은 이에 각 부처 및 지자체 등에 단체 헌혈 적극 추진과 헌혈 참여 협조를 요청하기 위해서이다. (나) 공문의 발송 이유는 최근 혈액 일일보유량이 '주의 단계'로 진입이 우려되는 상황에 따라 보건복지부가 학생들의 헌혈 참여를 요청해 와서이고, 목적은 각 시도교육청 및 대학에 학생들이 자발적으로 헌혈에 참여할 수 있도록 협조를 요청하기 위해서이다. 따라서 적절한 판단이다.

문서의 첨부가 있을 때에는 '붙임' 표시를 하고 첨부물의 명칭과 수량을 쓴다. 그러나 (가)와 같이 첨부물이 하나일 경우에는 본문이 끝난 줄 다음에 '붙임' 표시를 하지만 항목 번호는 표시하지 않는다. (나)와 같이 첨부물이 2개 이상일 경우에는 본문에서 한 줄을 띄우고 '붙임' 표시를 하고 1, 2의 순서로 항목 번호를 표시한다.

| 오답 피하기 |

① (가)와 (나) 모두 첫째 항목을 '1, 2'의 순서로 표시하고 있으며, (가)의 2 항목에서 하위 항목이 둘째 항목 표시인 '가, 나'의 순서로 표시되어 있으므로 적절하다.

② (가)의 2 항목 '가'에서 혈액 보유량 기준일 표시가 '2023. 4. 21.'과 같이 되어 있으므로 적절하다.

③ (가)와 (나)에서 '끝' 표시가 첨부물의 마지막 글자 다음에 2타를 띄우고 표시되어 있으므로 적절하다.

④ (가)와 (나)는 각각 보건복지부장관과 교육부장관 명의로 발신하는 공문으로 모두 관인이 찍혀 있다. 또한 각 기관장의 마지막 글자 '관'이 관인의 가운데 오도록 찍혀 있으므로 적절하다.

23
정답 ⑤

공공누리는 공공저작물에 대한 이용허락절차의 부재, 저작권 권리처리 문제 등으로 인한 활용의 어려움을 없애고자 도입한 표준화된 이용허락표시제도로 국가, 지방자치단체, 공공기관의 공공저작물 정보를 통합 제공하는 서비스이다. 따라서 국가와 공공기관이 저작권 분쟁을 해결해 주는 서비스가 아니므로 적절하지 않다.

| 오답 피하기 |

① 국가나 지방자치단체 및 공공기관이 보유·관리하고 있는 공공저작물은 그 양이 방대하고 품질과 정보가 정확하다고 하였으므로 적절하다.

② 국가, 지방자치단체, 공공기관이 4가지 공공누리 유형 마크를 통해 개방한 공공저작물은 저작물별로 적용된 유형별 이용조건에 따라 별도의 이용 허락 없이 활용할 수 있다고 하였으므로 적절하다.

③ 공공저작물을 원천 소재로 활용하여 새로운 콘텐츠나 비즈니스 모델을 개발하는 민간 기업이 늘어나고 있으며, 이것이 적극적으로 활용된다면 경제적·문화적 부가가치 창출에 큰 도움을 줄 수 있다고 하였으므로 적절하다.

④ 공공누리는 공공저작물에 대한 이용허락절차의 부재, 저작권 권리처리 문제 등으로 인한 활용의 어려움을 없애고자 도입한 표준화된 이용허락표시제도라고 하였으므로 적절하다.

24
정답 ③

〈보기〉에서 이용자가 내려받은 저작물은 출처를 표시만 하면 변경과 상업적 이용이 모두 가능한 제1유형에 해당하는 것으로, 자유이용의 경우에도 반드시 저작물의 출처를 구체적으로 표시하여야 한다고 하였으므로 적절하지 않다.

| 오답 피하기 |

① 〈보기〉에서 이용자가 공공누리 사이트에서 '직지사 비로전 부연'이라는 검색물을 검색하였음을 확인할 수 있다.

② 〈보기〉에서 '직지사 비로전 부연'의 검색 결과가 총 43건임을 확인할 수 있고 이 중 한국문화정보원의 정보를 선택하고 링크를 통해 원문을 제공하는 사이트로 이동하여 해당 저작물을 확인하였음을 알 수 있다.

④ 〈보기〉에서 링크를 통해 이동한 한국문화정보원 사이트에서 '이미지 다운로드'가 된다는 것을 확인할 수 있으므로 '직지사 비로전 부연'의 이미지를 무상으로 내려받을 수 있음을 알 수 있다.

⑤ 〈보기〉에서 공공누리가 적용된 해당 저작물의 유형이 출처를 구체적으로 표시하되 변경이 가능한 제1유형임을 확인할 수 있으므로 내려받기 후 변경하여 활용할 수 있음을 알 수 있다.

25

호모 사피엔스가 약 7만 년 전 아프리카를 벗어나 이동하며 네안데르탈인과 데니소바인 모두와 교잡이 있었음은 확인하였지만, 네안데르탈인과 데니소바인의 교잡은 확인할 수 없으므로 적절하지 않다.

| 오답 피하기 |

① 유럽과 서아시아에 분포하던 네안데르탈인은 약 3만 년 전에 절멸하였고, 호모 사피엔스는 약 7만 년 전 아프리카를 벗어나 전 세계로 퍼졌으므로 양자가 공존하는 시기에 일부가 교잡하였다. 따라서 절멸 직전의 네안데르탈인에게는 유라시아로 옮겨 와 살던 호모 사피엔스의 유전자가 있을 것이므로 적절하다.

② 네안데르탈인의 DNA 염기 서열이 유럽이나 아시아의 호모 사피엔스와 가까운 것이 밝혀졌고, 데니소바인과 호모 사피엔스 사이에서도 일부 교잡이 있었음이 밝혀졌다. 이를 통해 네안데르탈인과 데니소바인의 유전자가 호모 사피엔스에게 계승되었음을 알 수 있으므로 적절하다.

③ 인류의 난제 중 하나는 현생 인류 호모 사피엔스가 어디에서 왔는지, 절멸한 다른 사람족과의 차이는 무엇인지를 밝히는 것이다. 이를 밝히기 위한 과정으로 호모 사피엔스의 유전체는 1990년대 말까지 거의 해독되었다. 그러나 호모 사피엔스와 절멸한 다른 사람족과의 관계에 대해서는 아직 밝혀지지 않은 것이 많으므로 호모 사피엔스의 직접 조상은 밝혀지지 않았고 여전히 난제로 남아 있다고 보는 것은 적절하다.

⑤ 네안데르탈인의 유전체는 해독을 위해 발굴된 뼈를 이용하는데, 분석 1단계에서는 뼈의 내부에 존재하는 세포 속에 남은 세포 내 소기관 미토콘드리아의 DNA를 이용하였다. 그런데 미토콘드리아의 DNA는 작아서 정보량이 적었기 때문에 다음 단계에서 세포핵의 DNA 염기 서열을 해독하였다고 하였으므로 적절하다.

26

된장의 발효 과정에서의 미생물 변화 연구는 음식을 물질적 연구의 대상으로 보고 식품학이나 영양학에서 접근하는 방법이므로 적절하지 않다.

| 오답 피하기 |

① 음식과 유교 문화의 관계를 중심으로 한 연구는 음식을 물질적 연구의 대상으로 본 것이 아니라 문화적으로 접근한 것으로 인문·사회 분야에서의 연구라고 할 수 있으므로 적절한 사례이다.

② 제사 음식을 단순히 물질적 연구의 대상으로 본 것이 아니라 죽음에 대한 인식과 관련지어 살펴보았으므로 적절한 사례이다.

③ 음식을 인간의 주거 공간의 변화와 관련지어 살펴보았으므로 적절한 사례이다.

⑤ 비빔밥을 영양학이나 식품학에서처럼 물질적 대상으로 보고 음식 자체를 연구한 것이 아니라 기술, 조직, 이념이라는 총체적 입장에서 조리법의 변화 과정을 통해 그 역사를 살펴보았으므로 적절한 사례이다.

27

일본에서 고추냉이를 주로 사용하게 된 것은 지리적으로 해산물을 많이 접하고 고추냉이를 먹으면 맵고 맑으며 상쾌한 기분을 느끼는 일본인들의 맛에 대한 성향 때문이므로 이는 각각 기술과 조직이라는 요소와 상호 작용한 결과로 해석할 수 있다. 우리나라가 고추를 위주로 매운 맛을 내게 된 것은 고추 수용 이전에 사용한 천초의 생산량이 적었기 때문이고 관혼상제의 확대에 따른 소금 수요의 급증, 이앙법과 대동법의 실시 때문이므로 이는 각각 기술과 조직이라는 요소와 상호 작용한 결과로 해석할 수 있다. 따라서 물질적 대상인 고추가 이념이라는 문화적 요소와 상호 작용한 결과로 해석하는 것은 적절하지 않다.

| 오답 피하기 |

① 일본의 경우, 지리적으로 해산물을 많이 접할 수밖에 없고 고추냉이를 먹으면 맵고 맑으며 상쾌한 기분을 느끼는 일본인들의 맛에 대한 성향 때문이므로 이는 각각 자연환경과 사회적 요인에 따른 문화적 선택이라고 할 수 있다. 중국의 경우, 날씨가 차고 습하며 이를 이겨 내기 위해 마라 맛을 선택하였기 때문이므로 이는 각각 자연환경과 사회적 요인에 따른 문화적 선택이라고 할 수 있다. 우리나라의 경우, 고추 수용 이전에 사용한 천초가 환경적 이유로 생산량이 적었고 관혼상제의 확대에 따른 소금 수요의 급증, 이앙법과 대동법의 실시 때문이므로 이는 각각 자연환경과 사회·경제적 요인에 따른 문화적 선택이라고 할 수 있다.

② 음식에 대한 문화적 접근으로 기술과 조직, 이념이 역동적으로 상호 작용한다는 관점에서 보면 이앙법과 대동법의 실시라는 제도의 변화는 쌀의 생산량을 증가시켰으며, 쌀을 주식으로 고추의 매운맛을 선택한 우리 사회의 문화적 지향성이 '밥＋짠 반찬＋매운맛'의 만남이라는 한국식 식단을 형성하였다고 볼 수 있으므로 적절하다.

④ 고추 수용 이전에 사용한 천초가 환경적 이유로 생산량이 적었던 것은 기술적 측면에서, 관혼상제의 확대에 따른 소금 수요의 급증으로 비싼 소금 대신에 고추 양념을 사용한 것은 조직이라는 측면에서 접근할 수 있다. 따라서 음식에 대한 문화적 접근으로 기술과 조직, 이념이 역동적으로 상호 작용한다는 관점에서 보면 우리나라의 고추 수용 양상을 기술과 조직의 상호 작용이라는 총체적 입장에서 파악해야 한다는 설명은 적절하다.

⑤ 중국 쓰촨 지역의 차고 습한 자연환경은 마라 맛을 선택하게 하였고, 마라 맛을 내기 위해 천초, 산초, 고추를 함께 사용하는 조리법을 개발한 것이다. 따라서 이를 인간과 자연환경의 상호 작용을 통해 만들어 낸 기술적 체계로 이해할 수 있으므로 적절하다.

28 정답 ⑤

1문단에서 인간은 생물의 형태와 기능을 모방하려는 시도를 해 왔으며, 2문단에서 생물 모방 기술은 새와 박쥐의 골격을 모방한 레오나르도 다빈치의 글라이더와 비행기 설계에서도 엿볼 수 있다고 하였다. 따라서 생물 모방이 나노 세계를 관찰할 수 있게 되면서 시작되었다고 볼 수 없으므로 적절하지 않다.

| 오답 피하기 |

① 3문단에서 홍합 족사는 물속에서도 강력한 접착력을 유지한다고 하였고, 4문단에서 연잎의 나노 돌기 구조는 물을 밀어내는 작용을 하기 때문에 완벽에 가까운 방수 효과를 얻을 수 있으며, 미세한 나노 돌기 구조를 표면에 깎아 넣으면 방오 효과도 있다고 하였다. 또한 연잎의 나노 돌기 구조로 가공한 선박 표면에는 해양 생물이 달라붙지 못한다고 하였으므로 홍합 족사도 붙기 어려울 수 있다는 것은 적절하다.

② 3, 4문단에서 생물 모방 기술이 의료, 건축, 선박, 자동차 등에 활용되어 인간에게 도움을 줄 뿐만 아니라 오염을 막고 연료 효율을 증가시키는 등 환경에도 도움이 됨을 보여 주고 있다. 5문단에서는 생물 모방이 지구 각지에 서식하는 동식물의 모든 부분에서 아이디어를 끌어내는 유용한 기술이며 이것이 인류의 삶을 변화시킴과 동시에 인간과 지구의 공존을 추구한다고 하였다. 따라서 생물 모방 기술은 인간의 삶에 유용할 뿐만 아니라 지구 환경을 지키는 데도 도움이 된다는 것은 적절하다.

③ 3문단에서 물속에서도 강력한 접착력을 유지하는 홍합의 생체 접착 성분은 수분이 많은 인체 곳곳에 다양하게 활용되는데, 망막 박리 현상을 치료하는 접착제나 수술 환부를 봉합하는 용도로 쓰인다고 하였으므로 의료 접착제로 활용된다는 것은 적절하다.

④ 3문단에서 동식물의 나노 단위까지 관찰하여 아이디어를 얻는 나노 생물 모방 기술을 언급하고, 먼저 동물에 해당하는 홍합의 족사에 대해 밝히고 있다. 4문단에서는 식물인 연잎이 물을 배척하는 초소수성 표면이며 돌기가 있는 프랙털 구조가 물을 밀어내는 작용을 함을 밝히고 있다. 따라서 연잎의 표면 구조와 성질은 나노 생물 모방 기술이 밝혀낸 것이므로 적절하다.

29
정답 ③

[A]에서 유체가 물체의 표면을 따라 이동하다가 어느 시점에 표면에서 떨어져 나가 제멋대로 흐르며 저항을 일으키는 현상을 '유동 박리'라고 하였고, 혹등고래의 등과 지느러미에 있는 혹들이 유동 박리를 막아 준다는 점에 착안하여 팬을 개발하였다고 하였다. 따라서 〈보기〉의 에어컨 팬은 혹등고래의 지느러미 돌기에서 물과의 접촉 면적을 최소화하는 성질을 모방한 것이 아니라 물이 표면에서 떨어져 나가 제멋대로 흐르는 현상을 막는 성질에 착안한 것이므로 적절하지 않다.

| 오답 피하기 |

① [A]에서 유체가 물체의 표면에서 떨어져 나가 제멋대로 흐르며 저항을 일으키는 현상을 '유동 박리'라고 하였다. 그렇다면 유동 박리 현상이 일어나면 이동에 방해를 받는다고 할 수 있다. 〈보기〉에서 홈이 있는 독특한 껍데기 모양을 한 가리비의 이동성이 매우 강하다고 하였고, 팬에 가리비 껍데기와 같은 홈을 추가하여 새겨 넣음으로써 전력 소모와 소음이 줄어드는 효과가 있었다고 하였다. 따라서 가리비가 이동성이 뛰어난 것은 껍데기의 홈이 유동 박리를 막아 주는 기능을 하기 때문이라는 이해는 적절하다.

② [A]에서 유체가 물체의 표면에서 떨어져 나가 제멋대로 흐르며 저항을 일으키는 현상을 '유동 박리'라고 하였고, 〈보기〉에서 혹등고래의 지느러미 돌기와 가리비의 껍데기 모양을 모방한 팬을 장착한 에어컨이 소음 저감 효과가 있었다고 하였으므로 공기 분자의 저항을 적게 받기 때문이라는 이해는 적절하다.

④ [A]에서 유체가 물체의 표면을 따라 이동하다가 어느 시점에 표면에서 떨어져 나가 제멋대로 흐르며 저항을 일으키는 현상을 '유동 박리'라고 하였고, 혹등고래의 등과 지느러미에 있는 혹들이 유동 박리를 막아준다는 점에 착안하여 팬을 개발하였다고 하였다. 〈보기〉에서 혹등고래의 지느러미 돌기와 가리비의 껍데기 모양을 모방한 팬을 장착한 에어컨의 평균 소비 전력이 감소하였다고 하였으므로 유동 박리를 최소화하여 전기를 절약할 수 있다는 이해는 적절하다.

⑤ [A]에서 생물의 모양으로부터 유체역학적인 디자인을 추출하는 생물 모방 기술은 해양 생물에도 적용된다고 하였고, 〈보기〉에서 팬에 흑등고래의 지느러미 돌기와 같은 모양을 만들어 넣자 돌기로 인해 공기가 팬의 표면을 따라 곡선으로 흐르는 효과를 볼 수 있었다고 하였다. 따라서 흑등고래의 지느러미 돌기와 가리비 껍데기의 모양은 유체가 표면을 따라 흐르도록 하는 기능을 하는 유체역학적인 디자인이라는 이해는 적절하다.

30

나이팅게일이 고안한 원형 다이어그램은 조각의 각도에 따라 비율을 나타내는 원형 그래프와 달리, 동일한 각도의 각 조각이 원의 중심부에서 밖으로 뻗어 나가는 길이로 비율을 표현한 것이므로 적절한 반응이 아니다.

| 오답 피하기 |

① 다이어그램은 뜻을 전달하기 위한 단순화된 그림이나 시각 언어일 뿐만 아니라 인간의 지속적인 관찰과 실험, 숙고, 추상적 사고와 미적 훈련의 최종 산물로서 이미지의 혁명이자 지식의 설계도라 할 수 있으므로 적절하다.

③ 이모티콘은 느낌이나 감정을 시각적으로 표시하는 작은 그림으로 키보드상의 기호들을 조합한 것이기 때문에 흔히 인터넷의 사용과 더불어 탄생하였을 것이라 생각할 수 있다. 그러나 19세기 잡지에서 이슈에 대해 편집자들의 기쁨, 우울, 무관심, 놀라움 등의 감정을 명확하게 표현하기 위해 사용한 몇 개의 활자 기호가 이모티콘의 기원이 되었으므로 적절한 반응이다.

④ 해리스는 모든 색조는 빨강, 노랑, 파랑 색소의 혼합으로 환원시킬 수 있으며 세 가지 혼색, 주황, 초록, 보라도 있다는 것을 발견하고 이를 이미지로 나타내기 위해 다이어그램을 만들었다. 중간색인 혼색들은 다시 중간 단계를 두 가지로 나타냄으로써 바깥 원은 총 18색으로 표현했는데, 빨강, 주황-빨강, 빨강-주황, 주황, 노랑-주황, 주황-노랑, 노랑 등과 같은 형식이라고 하였다. 이러한 형식으로 18색을 나타내 보면, '빨강, 주황-빨강, 빨강-주황, 주황, 노랑-주황, 주황-노랑, 노랑, 초록-노랑, 노랑-초록, 초록, 파랑-초록, 초록-파랑, 파랑, 보라-파랑, 파랑-보라, 보라, 빨강-보라, 보라-빨강'이므로 적절하다.

⑤ 해리스의 색상환은 프리즘 원(Prismatic circle) 다이어그램으로, 열한 개의 동심원으로 이루어진 다이어그램이다. 즉 원의 중심부에는 빨강, 노랑, 파랑의 기본 3색의 중첩을 통해 검정색이 나오는 것을 나타내고, 바깥 원의 18색에 번호를 부여하여 명암과 색조의 단계를 열한 개의 동심원으로 구분하여 나타낸 것이다. 따라서 열한 개의 동심원을 이용하여 명암과 색조를 프리즘을 통과시켜 형성된 것처럼 10단계로 구분하여 나타낸 것이라는 반응은 적절하다.

01 정답 ③

이 글은 『아리스토텔레스 수사학』 제3권의 18장 '질문'에 수록된 부분이다. 이 책에서 다루고 있는 '수사학'은 아리스토텔레스가 제시한 변증학을 기반으로 자신의 윤리학과 정치학을, 대중 연설과 법정에서 현실 정치로 구현해 내는 기술을 의미한다. 〈보기〉의 [A]는 ⓒ의 예로, [B]는 ㉠의 예로 본문에 삽입되어 있다. 소크라테스는 질문을 통해 상대의 허점과 불합리를 이끌어 내는 방식을 사용하고 있다. [A]에서 소크라테스는 멜레토스가 신의 소생인 정령을 언급한 것은 곧 신에 대해 인정하고 있는 것임을 상대방의 답변을 통해 증명해 내고 있다. 이는 '정령=신의 소생'이라는 전제를 참으로 인정하고 추가적인 질문을 던진 것이라 할 수 있다. 또한 [B]는 페리클레스가 람폰이 밀교에 입교했다는 것을 질문을 통해 드러내는 예이다. 입교 의식은 그 종교에 들어간 사람만이 알 수 있는 것이므로, 람폰은 질문에 대한 대답을 통해 자신의 입으로 '허구성'을 자인한 셈이 되었다. 그러므로 답은 ③이다.

02 정답 ③

이 글은 이규보의 『동국이상국집』에 있는 「동명왕편」의 일부분이다. 「동명왕편」은 고구려 시조인 주몽의 일대기를 그린 영웅 서사시이다. 민족에 대한 강한 자긍심을 가지고 지은 것으로 동명성왕의 신이한 혈통과 탄생, 고난을 이겨 내는 건국 과정, 그리고 그의 아들 유리왕의 즉위 과정을 오언의 한시체로 그리고 있다. 제시된 부분은 동명왕의 아버지인 해모수와 외할아버지가 되는 물의 신 하백의 대결을 그리고 있는 부분이다. 해모수는 『삼국사기』 '고구려본기 건국 신화 조'에 의하면, 천제(天帝)의 아들로서 천제의 명령에 따라 기원전 58년 오룡거(五龍車)를 타고 지상으로 내려와 북부여를 세웠다고 한다. 하백의 딸 유화와 정을 통해 주몽(동명성왕)을 낳았다고 한다.

| 오답 피하기 |

① 단군 신화에 나오는 인물로, 천제(天帝)인 환인의 아들이다. 천부인 3개와 무리 3천 명을 거느리고 태백산 신단수 밑에 내려와 신시를 베풀고 인간의 360여 가지 일을 맡아서 세상을 다스렸으며, 웅녀와 결혼하여 단군을 낳았다고 한다.

②, ④ 해부루는 동부여의 왕인데 늙도록 자식이 없어 산천에 기도하던 어느 날 못가의 큰 돌 밑에서 금빛으로 빛나는 개구리 모양의 아이를 발견하여 '금와'라고 이름지었다. 자라서 태자가 되고, 해부루를 이어 부여의 왕이 되었다. 뒤에 태백산 남쪽 우발수에서 하백의 딸 유

화를 만나, 궁중으로 데려와 깊숙한 방에 가두었더니 알을 낳았는데, 그 알에서 주몽이 나왔
다고 한다.

⑤ 하백과 대결하고, 하백의 딸을 수레에 태웠다는 부분을 통해 동명성왕의 아버지에 대한 이
야기임을 알 수 있다.

03
정답 ③

이 글은 니체의 『비극의 탄생』에 수록된 것으로, 니체는 희랍에서 아폴론과 디오니소스의 개념
을 빌어 와 예술을 설명하고 있다. 그는 여기에서 아폴론을 '꿈'으로, 디오니소스를 '도취'로 표
현하고 있다. 제시된 글은 이 두 신을 대비하여 예술을 논하고 있다.

| 오답 피하기 |

① 아폴론이 아닌 디오니소스에 대한 설명이다.

② 디오니소스가 아닌 아폴론에 대한 설명이다.

④ 디오니소스적 음악의 성격을 결정하는 사람을 뒤흔드는 기운이 서린 소리, 하나 되어 몰아
치는 선율, 세상 어디에도 다시없을 선율의 세계는 비(非)아폴론적인 것으로 간주되어 조심
스럽게 배척되었다.

⑤ 아폴론적인 것과 디오니소스적인 것이 서로 대립하는 것이 예술적 힘이며, 이 힘은 예술가
인 인간이 이를 표현하기 이전에 자연에 의해 표출된 것이다. 그러므로 이는 자연의 힘에 의
해 역행이라기보다는 오히려 더 본능적인 것에 가깝다.

04
정답 ②

(가)는 노자가 쓴 『도덕경』의 「무위의 정치」편에 있는 글이다. 여기에서 노자는 능력이 있는 사
람을 우대하지 않고 백성들에게 욕심낼 만한 것을 보여 주지 않으면 백성들이 꾀나 욕심도 없
게 된다고 말한다. 남들보다 높은 지위, 더 많은 소유를 향한 욕심이 인간을 불행하게 만든다는
생각이 내포되어 있다. (나)는 루소의 『인간 불평등 기원론』에서 자연 상태의 인간에게 불평등
이 시작되는 상황을 설명하는 글이다. 이 글에서 루소는 인간이 사회생활을 하게 되면서 남들
에게 우월한 존재로 인정받고 주목받고 싶다는 생각이 불평등을 만들어 내게 되었다고 이야기
를 한다.

| 오답 피하기 |

① (가)와 (나) 모두 희소가치가 있는 물건을 공평하게 분배해야 한다는 주장을 하고 있지는
않다.

③ (가)와 (나) 모두 인간의 선천적인 능력 차이가 불평등을 만들어 낸다고 보고 있지는 않다. (나)는 인간에게 우월에 대한 욕망이 생기기 시작하면서 선천적인 능력 차이에 가치를 가지게 된다고 보았다.

④ (가)에서는 꾀가 있는 것을 부정적으로 보며, (나)에서도 불평등을 만들어 내는 것으로 보았다. 그러나 그 꾀를 공익을 위해 사용하는 것에 대해서는 언급하고 있지 않다.

⑤ (가)에서는 백성의 경제적 문제를 해결하는 것에 대해서는 언급하고 있지 않다. (나)에서는 지도자에 대한 언급이 없다.

05   정답 ①

이 글은 E.H. 카의 『역사란 무엇인가』의 5장 '진보로서의 역사'에 수록된 글의 일부분이다. 카는 기본적으로 역사는 진보한다는 입장을 가지고 있으며, 역사가는 단순히 사실을 기록하는 것이 아니라 역사를 해석하고 이를 일반화하는 사람이라고 주장하였다.

| 오답 피하기 |

② 실증 사관을 설명하고 있는 진술이다.

③ 우연 사관을 가리키는 것으로, 어떤 결과에는 그에 대한 필연적인 원인이 있다는 시간적인 인과 관계에 주목하는 것이 아니라, 일반적인 현상으로 설명하기 힘든 우연성을 가진 일에 의해 역사가 변화한다는 입장이다. 카의 경우 이 우연 사관을 강도 높게 비판한 바 있다.

④ 유물 사관을 설명하고 있는 것으로, 마르크스주의의 역사관을 가리킨다. 유물 사관은 사적 유물론의 줄임말이다.

⑤ 역사에는 규칙 또는 법칙이 있어, 역사상 부각되는 사건과 인물이 다르다고 해도 그 기저에는 공통적인 인간성을 기반으로 하고 있으므로, 역사가 반복된다는 것이다. 토인비의 문명 순환론 역시 이와 궤를 같이한다고 볼 수 있다.

06   정답 ②

이 글은 이익의 『성호사설(星湖僿說)』에 나오는 임꺽정에 대한 설명이다. 양주 사람이고 황해도 지방(해서 지방)을 근거로 활동했나는 점, 서림이 참모였다는 점을 통해 임꺽정이라는 것을 확인할 수 있다.

| 오답 피하기 |

① 조선 전기 선조 때 정여립 사건의 연루자를 심문하는 과정에서 언급되었던 인물이다. 길삼봉을 처음 언급하였던 인물은 정여립의 아들 정옥남이었다. 정옥남은 선조의 친국을 받으면

서 사건의 주모자로 길삼봉을 언급하였다. 하지만 여러 사람의 국문 과정에서 그와 관련된 진술이 일치하지 않았고, 이름도 다르게 언급되었다. 이후 길삼봉의 이름이 간간이 언급되었고, 역모를 주도하였다거나 지리산으로 들어갔다는 진술 등이 있었지만, 실체를 확인할 수 없었다.

③ 조선 숙종 때 황해도 구월산(九月山)을 중심으로 전국적으로 활동한 도둑의 우두머리이다. 장길산은 서얼, 승려 세력과 함께 봉기하여 거사를 도모하려고 하였다.

④ 소설 「전우치전」의 모델이 된 인물이며, 『지봉유설(芝峯類說)』에는 본래 중종 시절에 살았던 서울 출신의 선비로 환술과 기예에 능하고 귀신을 잘 부렸다고 한다.

⑤ 연산군 시절 활동한 도적으로 소설 「홍길동전」의 모델이 된 인물이다.

07   **정답 ②**

이 글은 오스트리아의 물리학자 에르빈 슈뢰딩거의 『생명이란 무엇인가』에 실려 있는 것으로, 과연 생명이 물리 법칙에 근거하는가를 탐구하는 내용이 서술되어 있다. 그가 주장한 이론인 '슈뢰딩거 고양이'는 밀폐된 상자 속에 독극물과 함께 있는 고양이의 생존 여부를 이용하여 양자 역학의 원리를 설명한 것이다. 상자 속 고양이의 생존 여부는 그 상자를 열어서 관찰하는 여부에 의해 결정되므로 관측 행위가 결과에 영향을 미친다는 사실을 사고 실험을 통해 설명하고 있다.

| 오답 피하기 |

① 맥스웰의 도깨비는 영국의 물리학자 제임스 맥스웰(1831~1879)이 만들어 낸 사고 실험을 말한다. 이 사고 실험은 맥스웰이 열역학 제2법칙의 위배 가능성을 제시하는 실험이다.

③ 파인만의 경로 적분은 어떤 물체가 이동 가능한 경로를 모조리 더해서 나타내는 것을 말한다. 미국의 물리학자 리처드 파인만이 양자 전기 역학에서 도입한 개념으로, 파인만은 이를 활용하여 양자 전기 역학으로 노벨상을 수상하였다.

④ 독일의 물리학자 루돌프 클라우지우스가 1865년에 변화를 뜻하는 그리스어 τροπη와 에너지를 뜻하는 En을 합쳐 엔트로피라는 이름을 붙였다. 이 엔트로피에 대해 기술한 것이 바로 열역학 제2법칙이다. 이 법칙은 자연 현상의 물질 상태 또는 에너지 변화의 방향을 설명해 준다.

⑤ 아인슈타인이 1905년과 1916년에 발표한, 빛의 전반 속도(傳搬速度)에 관한 일반적인 특징 및 그것으로부터 유도되는 시간, 공간, 그 밖의 관측량이 관측자의 운동에 의존하는 상태에 관한 물리 이론을 말하며, 일반 상대성 이론과 특수 상대성 이론의 두 분야가 있다.

08

(가)는 『맹자』의 「이루(離婁)」편에 있는 글로, 공수자의 정교한 기술도 규와 구라는 도구의 도움을 받아야 이룰 수 있는 것처럼 요순의 도(道)도 어진 정치를 하지 않으면 완성될 수 없다는 것을 이야기한다. (나)는 『묵자』의 「노문」편에 있는 글이다. 공수자는 정교한 기술로 까치 한 마리를 만들었지만, 묵자는 그 나무 까치가 사람들의 생활에 실제로 도움을 주는 것이 없기 때문에 수레 굴대의 비녀장보다 못하다고 이야기를 한다. 따라서 공수자의 기술에 대해 맹자는 정교함을 이룬 방법에 주목한 반면, 묵자는 실용성에 주목한다고 볼 수 있다.

| 오답 피하기 |

① 공수자가 나무를 깎아 만든 까치도 실제로 구현한 것이므로 묵자가 실제 구현을 중시한 것은 아니다.

③ 맹자가 공수자의 기술이 다른 분야에 이용될 수 있다고 하지는 않았다.

④ 묵자가 공수자의 기술에 대해 비판한 것은 공수자가 자신의 재능으로 교만해질 수 있어서가 아니라 그의 재능이 쓸모가 없기 때문이었다.

⑤ 맹자가 다른 인물과 비교한 것은 아니다. 또한 묵자는 수레 굴대의 비녀장과 나무 까치를 비교하기는 하지만 정교함을 말하는 것이 아니라 실용성을 이야기하는 것이다.

09

이 글은 칼 마르크스의 『자본론』의 일부이다. 자본론은 주로 영국의 고전파 경제학 및 자본주의와 영국 사회에 대한 비판을 담고 있다. 이 책의 목차에는 상품과 화폐, 자본의 축적 과정, 절대적 잉여 가치, 상대적 잉여 가치, 노동과 임금 등의 내용이 포함되어 있다. 그러나 이 책에는 프로테스탄티즘에 대한 내용은 포함되어 있지 않다. 이것은 막스 베버의 저서 『프로테스탄트의 윤리와 자본주의 정신』에서 다루고 있다.

10

이 글은 청나라 때 유희주인(遊戱主人)이 편찬한 소화집(笑話集) 『소림광기(笑林廣記)』에 나오는 이야기이다. 이 글은 '형설지공(螢雪之功)'의 고사를 비틀어서 풍자하고 있다. '형설지공'은 진나라 차윤이 반딧불을 모아 그 불빛으로 글을 읽고, 손강이 겨울밤에는 눈빛에 비추어 글을 읽었다는 고사에서 유래한다. 그런데 이 글에서는 이미 성공한 차윤과 손강이 공부를 할 수 있음에도 불구하고 반딧불이를 잡느라, 눈이 안 와서 공부를 안 하는 것을 풍자하고 있다. 그러나 이 글은 초심을 유지하라는 것을 이야기하지는 않는다.

① 반딧불이를 잡거나 눈에 비추지 않아도 되는 상황이 되었음에도 그에 집착하는 모습을 풍자하며 상황이 달라졌으면 그에 맞게 행동도 달라져야 함을 이야기한다.

② 부유하게 되었으면 그에 맞게 공부 방법도 달라져야 하지만 그렇지 못한 점을 지적하고 있다.

④ 이 이야기에서는 차윤과 손강이 형설지공이라는 세간의 평가에 집착해 더 이상 발전하지 못하는 것을 꼬집고 있다.

⑤ 중요한 것은 공부를 하는 것인데, 반딧불이를 잡고 눈을 기다리느라 공부를 하지 못하는 것은 본질적인 것을 생각하지 못하는 것이다.

11　　　　　　　　　　　　　　　　　　　　　　　　　　　　　　　　　정답 ④

『천자문』은 한문을 처음 배우는 사람을 위한 입문서이지만 내용은 우주와 자연의 섭리, 인간의 도리와 처세의 교훈 등 삼라만상을 망라하고 있다. 4언(四言) 250구의 총 1,000글자로 이루어진 한시의 형태를 띠고 있는데, '천지현황(天地玄黃)'은 그 첫 번째 구절이다.

① 『예기』의 한 편(篇)이었던 것을 송나라의 사마광이 처음으로 따로 떼어서 『대학광의(大學廣義)』를 만들고, 그 후 주자(朱子)의 교정으로 현재의 형태로 되었다.

② 장자의 사상을 모은 것으로 내편(內編) 7, 외편(外編) 15, 잡편(雜編) 11 모두 33편으로 이루어져 있다. 우언우화(寓言寓話)의 형식으로 우주 본체와 근원에 대한 자유로운 사유를 보여 준다.

③ 유학 오경(五經)의 하나로 만상(萬象)을 음양 이원으로써 설명한 책이다. 으뜸을 태극으로 하고, 64괘를 만들어 철학·윤리·정치상의 해석을 덧붙였다.

⑤ 어린이들의 인격 수양을 위한 한문 교양서로 고려 충렬왕 때에 추적(秋適)이 중국 고전에서 보배로운 말이나 글 163항목을 가려서 엮은 책이다.

12　　　　　　　　　　　　　　　　　　　　　　　　　　　　　　　　　정답 ①

이 글은 베르너 하이젠베르크의 『물리와 철학』에 실린 것으로, 상보성의 원리에 대해 언어적으로 해석하고 있는 부분이다. 상보성의 원리는 양자 역학적 물체가 어떤 실험을 하느냐에 따라 파동 또는 고전적 입자의 성질을 보인다는 원리이다. 코펜하겐 해석의 기본 원리이며, 입자의 파동－입자 이중성과 관련이 있다.

② 고전 물리학에서 주장하는 것이다. 하이젠베르크는 이에 동의하지 않고 '불확정성의 원리'

를 주장한 바 있다. 이는 양자 역학에서의 기본적인 원리 중 하나로 입자의 위치와 운동량을 모두 정확하게는 알 수 없다는 것이다. 이 원리는 입자의 에너지와 그 에너지가 지속되는 시간에 대해서도 성립한다.

③ 아인슈타인의 '광전 효과'를 설명한 것이다. 양자 역학의 해석과 관련하여 아인슈타인은 하이젠베르크에 비판적인 입장을 취해 왔다.

④ 일반적인 '원자론'에 대한 것으로, 그리스 철학자 데모크리토스에서 시작하였다. 19세기 초기에는 돌턴에 의해 원소를 분해할 수 있는 최소 단위로서 원자가 도입되었다. 그러나 19세기 말부터 원자는 불가분의 것이 아니고, 또 불변하는 것도 아님이 밝혀지게 되고, 나아가 원자핵과 전자로 이루어져 있다는 것이 판명되었다. 이 글에서 이야기하는 양자 역학과는 시대적으로 맞지 않는다.

⑤ '초끈 이론'을 설명한 것으로, 상대성 이론의 거시적 연속성과 양자 역학의 미시적 불연속성 사이에 존재하는 모순을 해결할 수 있다고 기대되고 있는 후보 이론이다.

13
정답 ②

이 글은 최한기의 『기측체의(氣測體義)』에 나오는 밀물과 썰물이 일어나는 원리를 설명하고 있다. 『기측체의』는 우주의 궁극적인 본체를 기(氣)로 보고 인간과 만물도 기를 통해 설명하는 최한기의 철학을 정리한 책이다. 이 글에서 밀물과 썰물이 생기는 것은 마찰하는 기 때문이라고 하였는데, 이는 뉴턴의 만유인력과 관련된 것이다.

| 오답 피하기 |

① 뉴턴의 운동 법칙 중 제2법칙이다. 힘이 가해졌을 때 물체가 얻는 가속도는 가해지는 힘에 비례하고 물체의 질량에 반비례하는 것이다.

③ 열역학 제2법칙이다. 고립된 계에서는 엔트로피가 시간이 지날수록 증가한다는 것이다.

④ 뉴턴의 운동 법칙 중 제3법칙이다. 어떤 물체가 다른 물체에게 힘을 가하면 다른 물체 역시 힘을 가한 물체에게 똑같은 크기의 힘을 가한다는 것이다.

⑤ 화학 반응이 일어날 때 반응하는 물질의 총질량과 반응 후 물질의 총질량은 서로 같다는 것이다.

14
정답 ⑤

이 글은 1575년(선조 8년)에 율곡 이이가 제왕의 학문 내용을 정리하여 선조에게 바친 『성학집요』를 올리는 차자(箚子, 신하가 임금에게 올리는 간단한 상소문)의 일부분이다. 『성학집요』의 1편은 임금에게 이 책을 올리는 의미를 밝힌 '진차(進箚)'와 서문, 통설 등을 실었고, 2~4편은 「수기(修己)」편으로서 자기 몸의 수양에 대한 내용을, 5편은 「정가(正家)」편으로 가문을 바로 하는 법을, 6~7편은 「위정(爲政)」편으로 올바른 정치의 방법을, 8편은 학문과 위정의 바른 줄기를 밝힌 성현도통(聖賢道統)을 담았다. 저자는 사서와 육경에 담긴 도를 개략적으로 밝힌 것이라고 설명하였다. 그러나 성학(聖學)의 개요를 그림으로 설명한 책은 퇴계 이황이 쓴 『성학십도(聖學十圖)』이다.

| 오답 피하기 |

① '계유년(1573년)에 특별한 조서를 받고 감히 끝까지 사양하지 못하고 명을 받들어 직무를 맡아'라는 구절을 통해 확인을 할 수 있다.

② '성현이 다시 나오더라도 더 이상 미진(未盡)한 말이 없을 것입니다. 그러니 다만 성인의 말로써 이치를 살피고'라는 구절에서 확인할 수 있다.

③ 『성학집요』의 2~4편은 「수기(修己)」편으로서 자기 몸의 수양에 대한 내용을 담고 있다.

④ 『성학집요』 6~7편은 「위정(爲政)」편으로 올바른 정치의 방법을, 8편은 학문과 위정의 바른 줄기를 밝힌 성현도통(聖賢道統)을 다루고 있다.

15 정답 ⑤

이 글은 루소의 『에밀』에 실린 글이다. 루소는 『에밀』에서 성장기별로 적절한 양육, 교육 방법을 제안하고 있다. 그는 유아기에는 인위적인 것이 아닌 자연적인 발육과 자연 질서에 따른 양육 방법으로 아이를 길러야 한다고 주장하였다. 조금 더 자란 아동기에는 학생이 스스로 판단할 수 있는 교육 환경을 만들어 스스로 생각하고 행동하는 자아를 길러 줘야 한다고 이야기하였다. 그리고 소년기에는 본격적인 교육을 실시하는 시기로 보고 자연 및 주변을 관찰하는 기회를 주어야 한다고 하였다. 청년기는 교육의 정점을 이루는 시기이므로 형이상학적이고 추상적인 학문을 탐구할 필요가 있음을 역설하였다. 즉 〈보기〉의 ㉠~㉣에 언급한 내용이 모두 실려 있다. 그러므로 답은 ⑤이다.

| 오답 피하기 |

『에밀』에서 제시한 주장을 모두 고르는 문제이므로, 일부만을 고른 ①, ②, ③, ④는 답이 될 수 없다.

16 정답 ①

이 글은 '베다', '우파니샤드'와 함께 힌두교 3대 경전의 하나로 꼽히는 '바가바드기타'에 나오는 수양법에 대한 글이다. 행동의 훈련으로 요가를 이야기하고 있다는 점에서 인도의 종교, 그 중에서 힌두교와 관련이 있다는 것을 알 수 있다.

| 오답 피하기 |

② 미트라교는 페르시아에서 기원한 종교로, 광명의 신 미트라스를 제신(祭神)으로 하는 종교 이다. 로마 제국 내에서 1세기 후반부터 4세기 중엽까지 유행하였으나 그리스도교의 보급과 함께 쇠퇴하였다.

③ 이슬람교는 아랍의 예언자 무함마드가 610년에 제창한 세계 종교로, 서아시아, 아프리카, 인도 대륙, 동남아시아를 중심으로 현재 약 10억의 신자를 가진다. 아라비아어로 이슬람은 유일한 신 알라에 절대적으로 복종하는 것을 의미한다.

④ 자이나교는 부처와 거의 동시대의 사람인 마하비라를 조사(祖師)로 받들며, 불살생의 세계 를 준수하는 등 그 철저한 고행과 금욕주의를 실천하는 인도의 종교이다. 불교와 역사가 비 슷하지만, 불교와 달리 인도 이외의 지역에는 거의 전해지지 않았다.

⑤ 조로아스터교는 조로아스터가 이란 북동부에서 제창한 종교로 주신(主神) 아후라 마즈다를 숭배하며 성화(聖火)를 중시하는 의례의 특징 때문에 '배화교(拜火敎)'라고도 한다. 조로아 스터는 니체의 저서 『짜라투스트라는 이렇게 말했다』의 모델이기도 하다.

17   정답 ②

이 글은 뉴턴이 쓴 『프린키피아』의 일부분으로, 가속도의 법칙을 설명하고 있다. 이 책에는 뉴 턴의 운동 법칙에 대해 설명하고 있으며, 열역학 법칙은 『프린키피아』에서 설명하고 있는 내용 이 아니다.

| 오답 피하기 |

① 관성의 법칙은 뉴턴의 운동 법칙 중 제1법칙으로, 이는 외부에서 힘이 가해지지 않는 한 모 든 물체는 자기의 상태를 그대로 유지하려고 하는 것을 말한다.

③ 만유인력의 법칙은 질량을 가진 모든 물체는 다른 물체를 끌어당기는 힘이 있다는 것을 전 제로 한다. 이 힘은 두 상호 작용하는 물체 사이의 질량의 곱에 비례하며, 두 물체 사이의 거 리에는 제곱에 반비례한다는 것이나.

④ 가속도의 법칙은 운동하는 물체의 가속도는 힘이 작용하는 방향으로 일어나며, 그 힘의 크 기에 비례한다는 뉴턴의 운동 법칙 중 제2법칙을 말한다.

⑤ 작용 반작용의 법칙은 뉴턴의 운동 법칙 중 제3법칙으로, A 물체가 B 물체에게 힘을 가하면 (작용) B 물체 역시 A 물체에게 똑같은 크기의 힘을 가한다(반작용)는 것이다.

18

이 글은 『민주주의와 교육』의 일부분으로, 저자는 존 듀이이다. 『억눌린 자들을 위한 교육학』은 파울로 프레이리의 저서이다.

| 오답 피하기 |

① 듀이가 진보적 학교에 대한 자신의 생각을 이론적으로 기술한 저서이다.

② 교육사상가로 잘 알려진 듀이가 사고는 어떻게 해야 하는지의 대한 질문으로 시작하여 사고의 본질과 함께 과학적 사고의 중요성을 강조하는 책이다.

③ 듀이가 현대 교육학의 다양한 주제를 다룬 책으로, 교육학에서 어떤 주제를 중요하게 다루고 논의해야 하는지에 대한 생각을 기술하고 있다.

④ 듀이가 아동의 삶과 교육과정이 분리된 것이 아니라 같은 연장선상에 있다는 것을 주장하고 있는 저서이다.

19

정답 ④

이 글은 홍대용의 『담헌서』 내집 4권 「의산문답」의 일부분이다. 「의산문답」은 홍대용이 1766년(영조 42) 초 60일 동안 청나라의 북경을 다녀온 뒤 자신의 경험과 사상을 토대로 쓴 책으로, 인문 사회 분야부터 자연 과학에 이르기까지 다양하고 폭넓은 논의를 담고 있다. 이 글에서 '춘추(春秋)란 주나라 역사 기록인데 주나라 안과 바깥에 대해서 엄격히 한 것이 또한 마땅치 않겠느냐?'라는 내용을 통해 볼 때 공자가 이적에게 본받을 점이 많다고 하지는 않았음을 알 수 있다.

| 오답 피하기 |

① '제 임금을 높이며 제 나라를 지키고 제 풍속을 좋게 여기는 것은 중국이나 오랑캐가 한가지다.'를 통해 중화가 절대적인 것이 아님을 이야기한다.

②, ③ '춘추(春秋)란 주나라 역사 기록인데 주나라 안과 바깥에 대해서 엄격히 한 것이 또한 마땅치 않겠느냐?', '공자가 바다에 떠서 구이(九夷)로 들어와 살았다면 구이의 풍속을 변화시키고 도(道)를 역외(域外)에 일으켰을 것이다.'라는 내용을 통해 공자가 주나라의 입장에서 역사서를 썼지만, 다른 나라에 살았다면 다른 입장이 되어 역사서를 썼을 것이라고 이야기한다.

⑤ '장보(章甫)건 위모(委貌)건 문신(文身)이건 조제(雕題)건 간에 다 같은 자기들의 습속인 것이다. 하늘에서 본다면 어찌 안과 밖의 구별이 있겠느냐?'와 같은 부분을 통해 중국의 법도가 절대적으로 지켜야 하는 표준은 아니라는 것을 이야기한다.

20 정답 ①

이 글은 프로이트의 『꿈의 해석』에 실린 일부분이다. 프로이트의 『꿈의 해석』이 학계에 미친 공헌은 그간에 연구자들의 통찰로 이루어지던 심리학 연구를 과학적인 방식으로 탐구하는 것을 보여 주었다는 점이다. ①은 기존에 인간의 정신과 꿈을 연구하던 방식에 대해 설명하고 있는 부분이다. 프로이트는 이러한 방식을 극복하고 새로운 방식을 정신 분석에 도입하였다. 그는 인간의 정신을 탐구하기 위해 최면 암시, 자유 연상 등을 동원하여 연구를 진행하였으며, 꿈에 대한 고찰을 통해 인간 정신의 의식과 무의식의 차이를 밝히고자 하였다.

21 정답 ⑤

전동킥보드는 전기를 동력으로 사용하는 1인용 교통수단으로 원동기장치자전거에 해당하지만, 이 중 최고속도 25km/h 미만, 총중량 30kg 미만인 것만으로 분류되므로 적절하지 않다.

| 우답 피하기 |

① 개인형 이동장치의 종류인 전기자전거는 '교통법규상 개인형 이동장치 이용 방법'에서 13세 미만의 어린이는 이용할 수 없고 탑승도 할 수 없다고 하였으므로 적절하다.

② '교통법규상 개인형 이동장치 이용 방법'에서 개인형 이동장치를 이용하기 위해서는 원동기장치자전거 면허 이상의 운전면허를 소지해야 한다고 하였다. 따라서 자동차운전면허증은 원동기장치자전거 면허 이상의 운전면허에 해당하므로 이를 소지한 사람은 이용할 수 있다.

③ 전동외륜보드는 자전거도로 통행을 허용할 경우 교통안전에 위험 요소가 되어 「도로교통법」에 따른 개인형 이동장치에 포함되지 않은 상태라고 하였으므로 적절하다.

④ 개인형 이동장치는 전기를 동력으로 사용하는 1인용 교통수단으로, '교통법규상 개인형 이동장치 이용 방법'에서 인도로 주행할 수 없다고 하였으므로 적절하다.

22 정답 ③

(가)는 개인형 이동장치의 정의와 종류, 교통법규상 이용 방법, 이용 안전 수칙 등을 통해 안전을 강조하고 있으나 법규 위반 비율과 구체적인 피해 사례를 제시하고 있지는 않다. 그러나 법규 위반 비율과 피해 사례는 (나)에도 제시되어 있지 않으므로 보완 내용으로 적절하지 않다.

| 오답 피하기 |

① (가)는 개인형 이동장치의 정의와 종류, 교통법규상 이용 방법, 이용 안전 수칙 등을 제시하

고 있으나 법규 위반 시의 범칙금은 제시하고 있지 않다. 이를 보완하여 (나)의 왼쪽 하단에 여섯 가지 위반 사례에 대해 범칙금을 명시적으로 제시하고 있으므로 적절하다.

② (가)는 개인형 이동장치의 정의와 종류, 교통법규상 이용 방법, 이용 안전 수칙 등을 제시하고 있으나 위험성을 알리고 경각심을 주는 내용은 없다. 이를 보완하여 (나)의 왼쪽 중앙에 최근 5년간 사고 증가 추세를 제시하여 경각심을 주고 작은 사고도 치명적인 피해로 이어질 수 있는 개인형 이동장치의 위험성을 알리고 있으므로 적절하다.

④ (가)는 개인형 이동장치의 교통법규상 이용 방법, 이용 안전 수칙 등을 통해 안전한 이용에 대해 안내하고 있으나 안전 수칙과 관련하여 이미지로 이해를 돕고 있지는 않다. 이를 보완하여 (나)에서 3단계 행동 수칙을 이미지로 제시하되 안전 수칙을 지키는 행동은 'O'로, 그렇지 않은 경우는 '×' 표시로 전달하여 이해를 돕고 있으므로 적절하다.

⑤ (가)는 개인형 이동장치의 교통법규상 이용 방법, 이용 안전 수칙 등을 통해 안전한 이용에 대해 안내하고 있으나 이용 과정에 따라 행동 수칙을 단계적으로 제시하고 있지는 않다. 이를 보완하여 (나)에서 이용 전, 중, 후의 3단계로 행동 수칙을 제시함으로써 전달력을 높이고 있으므로 적절하다.

23   정답 ①

월간 점심 식단의 물 발자국 산정 결과, 직접 물 사용량은 전체 사용량의 0.1~0.2% 정도였고, 식재료의 생산에 필요한 간접 물 사용량이 대부분을 차지하고 있었으므로 직접 물 사용량이 간접 물 사용량보다 높게 산정되었다는 것은 적절하지 않다.

| 오답 피하기 |

② 우리나라에서 재배되고 생산되는 모든 식재료의 물 발자국이 포함되도록 물 발자국 표준안을 마련할 필요가 있으며, 물 발자국을 활용하여 소비자들은 물 발자국이 낮은 식재료를 구입하거나 생산자들은 생산 활동 전 과정에서 물을 절약하는 등 물 부족에 대비하여 물 발자국을 낮추기 위한 노력이 요구된다고 하였으므로 적절하다.

③ 물 발자국은 단위 제품 및 서비스의 생산 전 과정(life cycle)에 직·간접적으로 이용되는 물의 총량을 뜻한다. 따라서 음식물의 물 발자국은 직접 물 사용량, 즉 식재료를 이용하여 직접 음식을 조리할 때 필요한 물 사용량과 간접 물 사용량, 즉 식재료를 재배하고 생산하는 과정에서 사용되는 물 사용량을 모두 포괄하는 개념이라 할 수 있으므로 적절하다.

④ 물 발자국은 단위 제품 및 서비스의 생산 전 과정(life cycle)에 직·간접적으로 이용되는 물의 총량을 뜻하며, 식재료의 물 발자국은 소고기 1kg당 15,415ℓ, 돼지고기 1kg당 5,988ℓ,

양배추 1kg당 200ℓ, 오렌지 1kg당 460ℓ 등으로 나타난다. 이 식재료를 이용하여 조리 시에 사용되는 물 사용량을 포함하여 음식물의 물 발자국을 산정한 결과, 높은 물 발자국을 보인 식단은 소고기, 돼지고기 등의 육류를 이용한 식단이었고, 채소 및 과일을 이용한 식단이 낮은 물 발자국을 보였다고 하였으므로 물 발자국의 수치가 높을수록 사용된 물의 양이 많다는 의미라는 것은 적절한 설명이다.

⑤ 음식물의 물 발자국을 산정하기 위해 한 고등학교의 점심 식단 자료를 바탕으로 음식을 조리할 때 필요한 각 재료들의 그램 수를 이용하였는데, 이를 바탕으로 간접 물 사용량과 직접 물 사용량을 구분하여 산정하였다. 이때 간접 물 사용량을 산출하기 위해서 ○○○에서 제공하는 물 발자국을 이용하였다. 따라서 소고기무국의 물 발자국을 산정하기 위해서는 ○○○에서 제공하는 소고기, 무, 파 각 식재료의 물 발자국을 기준으로 필요한 그램 수에 따라 간접 물 사용량을 산출해야 하므로 적절한 설명이다.

24   정답 ①

〈보기 1〉은 식재료의 온실가스 배출량, 즉 탄소 발자국과 물 소모량인 물 발자국을 나타낸 것이다. 지문에서 산정한 음식물의 물 발자국은 소고기, 돼지고기, 닭고기 등의 육류를 이용한 식단이 높았고 생선, 채소 및 과일을 이용한 식단이 낮았다. 〈보기 1〉에서 육류는 물 소모량뿐만 아니라 온실가스 배출량도 높으며, 토마토나 바나나와 같은 채소는 온실가스 배출량도 낮음을 확인할 수 있다. 이를 통해 육류가 채소에 비해 온실가스 배출량과 물 소모량이 모두 많다는 것을 알 수 있다. 또한 지문에는 제시되어 있지 않지만 〈보기 1〉에 제시되어 있는 식재료의 가공 여부에 따른 물 소모량을 보면, 가공을 한 쌀이 가공하지 않은 쌀에 비해 물 소모량이 높음을 확인할 수 있다. 이를 통해 같은 재료도 기계로 가공하고 포장하는 과정을 거칠수록 물 발자국이 높아지기 때문에 환경을 위해서는 가공을 적게 한 재료를 선택하는 것이 좋다는 것을 알 수 있다.

25   정답 ④

이 글은 교육에 인공 지능을 응용하는 데 있어 그 단초를 보여 주는 초기 형태를 프레시와 스키너의 연구에서 찾고 그들이 고안한 교수 기계의 작동 방식과 교육적 의의를 소개하고 있다. 또한 이 연구가 현재의 지능형 튜터링 시스템의 전조를 보여 주고 있다고 평가하고 있으므로 적절하다.

① 인공 지능이 교육에 응용되기 이전, 그 단초를 보여 주는 초기 형태에 대해 설명하고 있으므로 적절하지 않다.

② 프레시와 스키너의 교수 기계가 작동하는 과정에 대해 설명하고 있으나, 인공 지능과의 차이에 대해 언급하고 있지는 않다.

③ 교육에 인공 지능을 응용하기 이전의 형태로서 프레시와 스키너의 교수 기계를 소개하고 있으므로 인공 지능을 교육적으로 응용한 사례라 할 수 없다.

⑤ 지능형 튜터링 시스템의 전조를 보여 주는 두 교수 기계를 소개하고 있으므로 적절하지 않다.

26 정답 ③

ⓒ은 질문들이나 혹은 질문들의 순서를 개별 학생들의 필요나 성취에 따라서 맞춤형으로 제시하지는 못했다고 하였으므로 적절하지 않다.

① ⓗ에는 정답을 나타내는 구멍이 뚫려 있고 다섯 개의 타자기 키가 하나씩 들어 있었다. 즉 학생이 각 질문에 대한 답을 선택하기 위해 장치에 있는 키 중 하나를 누르는 방식이므로 적절하다. ⓒ은 종이 롤에 답을 작성하면 나중에 교사가 표시할 수 있도록 하였는데, 학생들이 제한된 선택지에서 선택하기보다는 스스로 답을 구성하도록 한 것이므로 적절하다.

② ⓗ은 학생들이 올바른 선택을 했는지를 즉시 알 수 있도록 구성되었고 그들이 알 때까지 다음 질문으로 옮겨 가지 못하게 했다고 하였으므로 적절하다. ⓒ은 미리 정해진 질문에 따라 모든 학생이 동일한 순서로 답해야 하지만 학생들이 자신만의 속도로 학습을 진행할 수는 있다고 하였으므로 적절하다.

④ ⓗ은 학생이 인쇄된 문답 시트를 확인하고 장치에 있는 키 중 하나를 눌러 각 질문에 대한 답을 선택하면 학생들이 올바른 선택을 했는지를 즉시 알 수 있도록 구성되었고 이는 교사들의 채점 부담을 덜어 준다고 하였으므로 교사가 학생의 답안에 직접 표시하여 피드백하지는 않았다. ⓒ은 종이 롤에 학생이 답을 작성하면 나중에 교사가 표시할 수 있도록 하였으므로 적절하다.

⑤ ⓗ은 학생이 인쇄된 문답 시트를 확인하고 장치에 있는 키 중 하나를 눌러 각 질문에 대한 답을 선택하면 학생들이 올바른 선택을 했는지를 즉시 알 수 있도록 구성되었으므로 적절하

다. ㉡은 학생이 종이 롤에 답을 작성하고 과정을 진행하면 작성한 답이 자동으로 가려져 바꿀 수 없게 되고 동시에 모범 답안이 나타난다. 이런 방식은 학생들에게 모범 답안과 자신의 답을 비교하도록 함으로써 자동적이고 즉각적인 강화를 제공하는 것이라고 하였으므로 적절하다.

27

1문단에서 ㉠의 예로 제시한 '지핑재핑'의 상황은 자료에 대한 판단 없이 내용을 단편적으로 받아들이게 함으로써 지적 자극보다는 감각적 자극에 더 관심을 갖게 하고 논리적으로 생각하는 능력을 떨어뜨려 정보를 처리하는 능력의 결여를 초래한다고 하였다. 따라서 정신적인 불균형 현상은 매체 자료에 대한 판단 없이 매체가 지닌 감각적 자극을 추구하게 됨으로써 논리적 사고 능력이 결여되는 현상으로 볼 수 있다.

| 오답 피하기 |

① ㉠은 매체 자료가 지닌 시각적 감각에 관심을 가짐으로써 읽고 쓰고 논리적으로 사고하는 능력이 결여되어 초래되는 현상이므로 시각적인 언어를 포함한 모든 의사소통 능력이 불균형한 상태를 지칭하는 것은 아니다.

③ ㉠은 달라진 매체 환경에서 다양한 매체 자료를 일정한 판단 기준 없이 받아들일 때 발생하는 것이므로 매체가 지니는 의사소통의 수단인 매체 언어를 이해하지 못할 때 나타나는 현상이라 볼 수 없다.

④ ㉠은 달라진 매체 환경에서 다양한 매체 자료를 일정한 판단 기준 없이 받아들일 때 발생하는 것이므로 대중 매체를 받아들이는 데 익숙해지는 과정에서 나타나는 현상으로 볼 수 없다.

⑤ 시각적인 언어를 포함한 모든 의사소통 기능을 수행하는 능력으로 문식성의 개념이 확장되고 있으며, ㉠은 달라진 매체 환경에서 다양한 매체 자료를 일정한 판단 기준 없이 받아들일 때 발생한다고 하였다. 따라서 ㉠은 문식성의 개념이 확장되었음을 수용하지 않을 때 나타나는 현상으로 볼 수 없다.

28

3문단에서 다양한 매체 자료는 전달 매체와 이에 따른 언어 기호, 전달자의 관점 등에 따라 각기 다른 방식으로 이루어져 있다고 하였으며, 수용자는 매체의 성격 및 전달자 등에 따라 어떻게 달리 표현되는가를 비교해 본다든지, 동일한 사건이 매체에 따라 어떻게 표현되어 보도되는지를 확인하는 등의 비판적 수용의 자세를 지녀야 한다고 하였다. 따라서 a와 b가 동일한 사건에 대해 서로 다른 관점을 보이는 것은 전달 매체나 언어 기호의 차이라기보다는 전달자의 관점이 다르기 때문이라 할 수 있다.

| 오답 피하기 |

① 시각 언어(많은 사람들 속에서 손 흔드는 후보의 뒷모습을 잡은 카메라의 위치, 후보의 웃는 모습 클로즈업)와 청각 언어(사람들의 환호성 소리), 문자 언어('지지자들의 적극적 환영', '세금 구제' 정책'이라는 자막) 등을 통해서 전달 의도를 파악할 수 있다.

② '감면'과 정책적으로 차이가 없는데도 '구제'라는 단어를 사용함으로써 긍정적 이미지를 만들어 이를 선거에 활용하고 있다는 비판적 견해를 보여 주고 있다.

③ 사진 이미지는 인터넷 매체에서 주로 사용하는 의사소통의 수단으로써 매체 언어로 볼 수 있으며, 특히 b에 쓰인 사진 이미지는 일반적인 사진 이미지와 달리 문자를 사용하여 전달 내용을 직접적으로 드러냄으로써 전달 의도를 강조하는 효과를 거두고 있다.

④ 다양한 매체 자료는 매체의 성격 및 전달자의 관점 등에 따라 달리 표현되기 때문에 하나의 매체를 접하게 될 경우에는 비판적 자세를 지닐 필요가 있다.

29 정답 ⑤

지식, 연구 개발, 혁신 네트워크 등 무형의 생산 요소에 민감한 산업일수록 네트워크 효과가 강하게 나타난다. 네트워크 효과가 강하게 나타나는 경우는 입지 패턴의 결정에 각 지역이 가지고 있는 입지 선호도보다 초기 분포 상태가 최종적인 분포 상태를 결정하는 요인으로 작용할 가능성이 높으므로 적절하지 않다.

| 오답 피하기 |

① 기업의 지리적인 패턴을 결정짓는 요인으로 필요 효과와 네트워크 효과의 상호 작용은 중요한 역할을 한다고 하였으므로 적절하다.

② 필요 효과만 존재할 경우에는 초기에 어떠한 계기에 의해 특정 지역에 가장 많은 기업들이 분포하였다 할지라도 결국에는 입지 선호도가 높은 지역에 가장 많은 기업이 분포하게 된다. 즉 필요 효과만 존재할 경우에는 초기 조건에 관계없이 하나의 균형점으로 수렴하게 되므로 적절하다.

③ 입지 패턴에 있어서 필요 효과와 네트워크 효과의 상대적 중요성은 산업의 특성에 따라 달라지는데, 원료, 설비, 노동 등에 민감한 산업일수록 필요 효과가 강하게 나타난다고 하였으므로 적절하다.

④ 네트워크 효과만 존재할 경우에는 각 지역이 가지고 있는 입지 선호도가 입지 패턴을 결정

하는 것이 아니라 초기 분포 상태가 최종적인 분포 상태를 결정하는 요인으로 작용한다고 하였으므로 적절하다.

30　　　　　　　　　　　　　　　　　　　　　　　　　　　　　　**정답 ③**

필요 효과와 네트워크 효과가 둘 다 존재할 경우에는 두 효과의 상대적인 우위에 따라 결과가 다르게 나타난다. 〈그림〉 b와 d는 각각 지역 3과 지역 2에 집중되어 있는 분포를 보이지만, b와 d의 각 지역 집중도를 비교해 보면 b의 지역 3(지역 1, 2에도 어느 정도 분포되어 있음)보다 d의 지역 2(지역 1, 3에 상대적으로 적게 분포되어 있음)에의 집중도가 높게 나타난다. 그렇다면 d의 경우는 입지 선호도가 제일 높았던 지역 2에 필요 효과에 의해 기업들이 모였고 이 초기 분포 상태에 따라 기업들이 계속 모이게 되어 b의 지역 3에 비해 집중도가 높게 나타난 것이다. 따라서 d의 경우는 지역 2에 필요 효과와 네트워크 효과가 함께 작용하였기 때문에 많은 기업들이 지역 2에 집중하게 된 것이라 할 수 있다. b의 경우, 먼저 a를 보면 초기에는 입지 선호도가 제일 높았던 지역 2에 필요 효과에 의해 기업들이 모여 있는데, 어떤 요인에 의해 지역 3에 보다 많은 기업이 모이기 시작하면서 네트워크 효과가 필요 효과보다 더욱 강하게 지배하게 된다. 즉 지역 2에 입지하려는 필요 효과와 어떤 요인에 의해 지역 3에 입지하려는 네트워크 효과가 함께 나타나면서 지역 3에의 집중도가 d의 지역 2에 비해 낮아지게 된 것이다. 따라서 b의 경우는 지역 2에 입지하려는 필요 효과가 지역 3에 입지하려는 네트워크 효과를 상쇄하였기 때문에 지역 3에의 집중도가 다소 완화된 형태로 나타나게 된 것이라 할 수 있다.

참고 자료

Ⓘ 성인 독서 문해력 평가란 무엇인가

- 길호현, 「'목적에 따른 독서'의 교육 내용 재구조화 연구」, 『한국언어문화』 제66집, 한국언어문화학회(구 한양어문학회), 2018.
- 김해인, 「성인 애독자와 비독자의 독서 가치와 목적 인식 비교」, 『독서연구』 제56호, 한국독서학회, 2020.
- 네이버 지식백과, 고전[古典, Classic, Klassik](문학비평용어사전, 2006.1.30, 한국문학평론가협회).
- 이경화, 『읽기 교육의 원리와 방법』, 박이정, 2003.
- 정윤희, 「출판 불황과 독서 문화 위기는 같은 문제다」, 프레시안, 2022.8.22.
- 천경록·김혜정·류보라, 『독서 교육론』, 역락, 2022.
- 천경록, 「독서교육과 독서 평가」, 『독서연구』 4호, 한국독서학회, 1999.
- 천경록, 「읽기의 의미와 읽기 과정 모형에 대한 고찰」, 『청람어문교육』 38집, 청람어문교육학회, 2008.

Ⅱ 성인 독서 문해력, 어떤 유형으로 평가되는가

- 김매순, 『삼한의열녀전』 서문, 『대산집』, 한국고전번역원.
- 니버, 『도덕적 인간과 비도덕적 사회』, 이한우 옮김, 문예출판사, 2003.
- 루카치, 『소설의 이론』.
- 마키아벨리, 『군주론』, 정영하 옮김, 산수야, 2020.
- 박제가, 『북학의』.
- 신동준, 『한비자-난세 리더십의 보고』, 인간사랑, 2012.
- 정약용, 『정선 목민심서 1』, 다산연구회 엮음, 창비, 2018.
- 주희, 『맹자집주』, 성백효 옮김, 전통문화연구회, 2008.
- 『중용』, 동양고전연구회 옮김, 민음사, 2016.
- 찰스 다윈, 『종의 기원』.
- 『춘추좌씨전』, 『사자성어대사전』.
- 칸트, 『순수 이성 비판』, 정명오 옮김, 동서문화사, 2015.
- 토드 로즈, 『평균의 종말(평균이라는 허상은 어떻게 교육을 속여왔나)』, 21세기북스, 2021.
- 토머스 모어, 『유토피아』, 박문재 옮김, 현대지성, 2020.
- 토머스 쿤, 『과학 혁명의 구조』, 김명자·홍성욱 옮김, 까치글방, 2013.
- 프레이리, 『프레이리의 교사론』.
- 플라톤, 『국가론』.
- 허균, 『성소부부고』 제11권 문부 8 「유재론」, 한국고전번역원.
- 홉스, 『리바이어던, 근대 국가의 탄생』, 박완규 풀어 씀, 사계절, 2007.

Ⅲ 성인 독서 문해력 평가, 어떻게 실전에 대비하는가

< 실전 모의고사 1회 >

- 기상청 보도자료, 2023. 4. 20.
- 김만중, 『서포만필』, 전규태 옮김, 범우사, 1990.
- 김부식, 『삼국사기』「고구려본기 대무신왕」편, 국사편찬위원회 한국사 DB.
- 마거릿 미드, 『사모아의 청소년』, 한길사, 2008.
- 마르틴 하이데거, 『존재와 시간』, 동서문화사, 2015.
- 막스 베버, 『직업으로서의 정치』, 문예출판사, 2017.
- 『맹자』「진심(盡心)」편.
- 법제처 공문, 법령정비과—449, 2023. 4. 17.
- 사마천, 『사기열전』「굴원 가생 열전」.
- 소스타인 베블런, 『유한계급론』, 문예출판사, 2019.
- 《우리문화》, 2021 5월호, vol—295.
- 이숭인, 『도은집』「수암 문 장로가 해인사 장경을 찍은 것에 대해 우스개 시를 바침」, 한국고전번역원.
- 일연, 『삼국유사』「기이」편.
- 장자, 『장자』「제물론」.
- 정약용, 『다산 시문집』 제11권 「전론」, 한국고전번역원.
- 『조선왕조실록』, 인조 7년 3월 3일, 한국고전번역원.
- 주희, 『소학집주』「계고(稽古) 제4 – 명륜(明倫)」, 동양고전종합 DB.
- 주희, 『소학집주』「선행 제6 – 실명륜(實明倫)」, 동양고전종합 DB.
- 찰스 다윈, 『인간의 기원』, 동서문화사, 2018.
- 칸트, 『실천 이성 비판』, 아카넷, 2009.
- 케이트 밀렛, 『성 정치학』, 쌤앤파커스, 2020.
- 테오도어 아도르노, 『음악사회학』.
- 톨스토이, 『인생론』.
- 플라톤, 『소크라테스의 변명』, 문예출판사, 1999.
- 《Newton》 2022 12월호, 2022 노벨 화학상.

< 실전 모의고사 2회 >

- 교육부 공문, 학생건강정책과—2971, 2023. 4. 27.
- 교육부 누리집(https://www.moe.go.kr/sub/infoRenewal.do?page=040502&m=041101&s=moe), 공공누리 제도 안내.
- 기대승, 『고봉전서』「양선생 사칠 · 이기 왕복서」, 한국고전번역원.

• 김명철, 『우리의 상상은 현실이 된다』, EBSBOOKS, 2020.

• 김육, 『잠곡유고(潛谷遺稿)』 「양호(兩湖)에 대동법(大同法)을 시행하기를 청하는 차자」, 한국고전번역원.

• 『대학』 「지어지선(止於至善)」.

• 리처드 도킨스, 『만들어진 신』, 김영사, 2007.

• 마르쿠스 아우렐리우스, 『명상록』, 현대지성, 2018.

• 막스 베버, 『프로테스탄트 윤리와 자본주의 정신』, 박성수 옮김, 문예출판사, 2010.

• 맬서스, 『인구론』, 이서행 옮김, 동서문화사, 2016.

• 『맹자집주』 「양혜왕」.

• 문화체육관광부 누리집(https://www.mcst.go.kr/kor/s_open/kogl/intro.jsp), 공공누리 제도 안내.

• 박지원, 『열하일기』 「옥갑야화」, 한국고전번역원.

• 보건복지부 공문, 보건복지부 혈액장기정책과-1279, 2023.4.24.

• 비트겐슈타인, 『논리 철학 논고』, 책세상, 2020.

• 『순자』 「성악(性惡)」편.

• 스콧 크리스찬슨, 『세상을 훔친 지식 설계도, 다이어그램』, 다빈치, 2013.

• 시몬 드 보부아르, 『제2의 성』, 이희영 옮김, 동서문화사, 1992.

• 아널드 토인비, 『역사의 연구』, 동서문화사, 2016.

• 에드워드 윌슨, 『통섭』, 최재천 옮김, 사이언스북스, 2005.

• 에른스트 피셔, 『예술이란 무엇인가』.

• 이백, 『고문진보』 「춘야연도리원서(春夜宴桃李園序)」.

• 자사, 『중용』 「성론(誠論)」.

• 정도전, 『삼봉집』 제5권, 한국고전번역원.

• 조지프 슘페터, 『자본주의·사회주의·민주주의』, 변상진 옮김, 한길사, 2011.

• 주영하, 『음식 인문학』, 휴머니스트, 2011.

• 『한비자』 「세난(說難)」편.

• 『회남자』 「본경훈(本經訓)」.

• 《Newton》 2022 12월호, 2022 노벨 의학·생리학상.

사진 출처

• 『퍽(Puck)』의 기사 :

https://www.researchgate.net/figure/Typographical-art-and-the-proto-emoticon-from-Puck-Magazine-no-212-p65-March-30_fig1_267695183

< 실전 모의고사 3회 >

- 개인형 이동장치, 대구광역시교육청 안전총괄과 공문, 안전총괄과−2059, 2022.5.30.
- 김뇌헌·김준범, 「우리나라 음식물의 물발자국 산정: 국내 고등학생 점심 식단 자료를 바탕으로」, (사)한국환경교육학회 발표 논문집, 2012.12.
- 노자, 『도덕경』 「무위의 정치」.
- 뉴턴, 『프린키피아』, 이무현 옮김, 교우사, 1998.
- 듀이, 『민주주의와 교육』, 김성숙·이귀학 옮김, 동서문화사, 2008.
- 루소, 『에밀』, 이용철·문경자 옮김, 세창출판사, 2021.
- 루소, 『인간 불평등 기원론』, 고봉만 옮김, 책세상, 2018.
- 마야 비알릭 외, 『인공 지능 시대의 미래 교육』, 정제영·이선복 옮김, 박영사, 2020.
- 『맹자집주』 「이루(離婁)」.
- 묵자, 『묵자』 「노문(魯問)」.
- 『바가바드기타』.
- 베르너 하이젠베르크, 『물리와 철학』, 조호근 옮김, 서커스, 2018.
- 아리스토텔레스, 『아리스토텔레스 수사학』, 박문재 옮김, 현대지성, 2020.
- 에드워드 핼릿 카, 『역사란 무엇인가』, 김택현 옮김, 까치, 1997.
- 에르빈 슈뢰딩거, 『생명이란 무엇인가』, 서인석·황상익 옮김, 한울, 1992.
- 유희주인, 『소림광기(笑林廣記)』.
- 이규보, 『동국이상국집』 제3권 「동명왕편」, 한국고전번역원.
- 이덕희, 『네트워크 이코노미』, 동아시아, 2008.
- 이이, 『성학집요(聖學輯要)』, 김태완 옮김, 청어람미디어, 2011.
- 이익, 『성호사설(星湖僿說)』, 한국고전번역원.
- 『천자문』.
- 최한기, 『기측체의(氣測體義)』, 한국고전번역원.
- 칼 마르크스, 『자본론』, 김수행 옮김, 비봉출판사, 2015.
- 프로이트, 『꿈의 해석』, 김인순 옮김, 열린책들, 2012.
- 프리드리히 니체, 『비극의 탄생』, 열린책들, 2014.
- 홍대용, 『담헌서』 내집 4권 「의산문답」, 한국고전번역원.

사진 출처

- 유세 사진: 셔터스톡

⭐ 저자 소개

이도영   서울대학교 국어교육과에서 학사, 석사, 박사를 마쳤습니다. 한국교육개발원, 한국교육과정평가원 연구원을 거쳐 현재 춘천교육대학교 국어교육과에 재직하고 있습니다. 평가에 관심이 있어, 국어과 교육 평가 모형, 읽기 평가 틀 구성 방안, 읽기 선다형 평가 문항 개발의 절차와 실제 등 다수의 논문을 발표하였습니다. 지은 책으로는 『선다형 평가 문항 어떻게 만들어지나?』(공저, EBS), 『언어력』(창비) 등이 있으며, EBS 교재 집필에 다년간 참여했습니다.

민송기   서울대학교 국어교육과를 졸업하고 현재 대구 능인고등학교에 재직하고 있습니다. 전국연합학력평가 출제팀장을 역임하였으며, 수능특강 외 다수의 EBS 교재를 집필하였습니다. 2013년에서 2018년까지 매일신문 「민송기의 우리말 이야기」 칼럼을 연재하였습니다. 지은 책으로는 『선다형 평가 문항 어떻게 만들어지나?』(공저, EBS), 『자장면이 아니고 짜장면이다』, 『삼천포에 빠지다』(학이사) 등이 있습니다.

박윤희   현재 경북고등학교에 재직하고 있으며, 읽기 능력 향상에 관심이 많아 읽기 지도로 고려대학교에서 석사 학위를 받았습니다. EBS 수능 연계 교재 집필 등 각종 평가 관련 활동에 다년간 참여하였습니다.

서수현　고려대학교 국어교육과에서 학사, 석사, 박사를 마쳤습니다. 광주교육대학교 학생들과 함께 공부하고 있습니다. 박사 학위 논문을 평가로 쓴 덕분인지 평가와 관련하여 크고 작은 경험들을 해 오고 있습니다. 좋은 평가가 무엇인지에 대해 여전히 고민하고 있습니다. 지은 책으로는『선다형 평가 문항 어떻게 만들어지나?』(공저, EBS), 『서술형·논술형 평가 문항 어떻게 만들어지나?』(공저, EBS) 등이 있습니다.

김지연　고려대학교 국어교육과에서 학사, 석사, 박사를 마쳤습니다. 현재 명지대학교 교육대학원에 재직하고 있습니다. 디지털 리터러시에 관심을 갖고 다양한 디지털 공간에서 실천가이자 연구자로서 연구를 진행하며 논문을 발표하고 있습니다. 도올서원에서 서양 고전과 동양 고전을 공부하였으며, 함께 지은 책으로는『과학, 10월의 하늘을 날자』(청어람미디어), 『쇼미더사이언스』(청어람미디어), 『학생이 질문하는 즐거운 수업 만들기: 중등활동편』(사회평론아카데미) 등이 있고, 함께 번역한 책으로는『교실 의사소통』(커뮤니케이션북스), 『언어로 생각나누기』(역락) 등이 있습니다.

EBS
독서 문해력 평가

초판 1쇄 발행 2023년 10월 31일

지은이 이도영·민송기·박윤희·서수현·김지연
펴낸이 김유열

편성센터장 김광호 | **지식콘텐츠부장** 오정호
단행본출판팀·기획 장효순·최재진·서정희 | **마케팅** 최은영 | **제작** 정봉식
북매니저 윤정아·이민애·정지현·경영선

책임진행 ㈜글사랑 | **편집** 홍주선 | **인쇄** 애드그린

펴낸곳 한국교육방송공사(EBS)
출판신고 2001년 1월 8일 제2017-000193호
주소 경기도 고양시 일산동구 한류월드로 281
대표전화 1588-1580
홈페이지 www.ebs.co.kr
전자우편 ebsbooks@ebs.co.kr

ISBN 978-89-547-7844-2